徐 峰 魏金营 主编

汽车钣金喷漆快速入门

化学工业出版社

·北京·

本书结合最新的汽车维修作业先进理念，并借鉴了企业员工培训的内容编写。书中以汽车车身钣喷技能为主线，介绍了汽车钣金基础知识、车身轻微损坏的修复、事故车的修复技术、车身喷漆基础知识、汽车车身喷漆工艺、车身涂装修复与防治内容，由浅入深，紧扣车身钣喷的实际要求，密切联系实际。另外，本书在讲解维修知识的同时，有实际操作示范，便于学习参考。

　　本书特别适合作为车身维修人员和汽车美容涂装人员入门学习、培训或自学使用，也可作为职业院校汽车车身维修及相关专业的教材。

图书在版编目（CIP）数据

汽车钣金喷漆快速入门/徐峰，魏金营主编. —北京：化学工业出版社，2018.4
ISBN 978-7-122-31680-6

Ⅰ.①汽⋯　Ⅱ.①徐⋯ ②魏⋯　Ⅲ.①汽车-钣金工 ②汽车-喷漆　Ⅳ.①U472.4

中国版本图书馆CIP数据核字（2018）第042880号

责任编辑：韩庆利　　　　　　　　　　　　　装帧设计：刘丽华
责任校对：边　涛

出版发行：化学工业出版社（北京市东城区青年湖南街13号　邮政编码100011）
印　　装：中煤（北京）印务有限公司
787mm×1092mm　1/16　印张15¾　字数390千字　2018年6月北京第1版第1次印刷

购书咨询：010-64518888（传真：010-64519686）　　售后服务：010-64518899
网　　址：http://www.cip.com.cn

凡购买本书，如有缺损质量问题，本社销售中心负责调换。

定　价：69.00元　　　　　　　　　　　　　　　　　　　版权所有　违者必究

《汽车钣金喷漆快速入门》编写人员名单

主　　编：徐　峰　魏金营

副 主 编：杨光明　姚东伟　潘明明

参编人员：杨小波　夏红民　卢小虎　满维龙　程宇航　汪倩倩
　　　　　汪立亮　连　昺　黄　芸　张能武　潘旺林　陈忠民
　　　　　徐伟平　冯宪民　周　钊　程宇航　邱立功　潘珊珊
　　　　　陈梅艳　刘兴武　唐亚鸣　韩满林　桂黎红　王治平
　　　　　江建刚　方立友　杨　文　孙　波　王吉华　李树军
　　　　　姚韵红　程国元

前言

汽车工业作为我国的支柱产业,发展日新月异,深入到社会生活的各个领域。随着汽车保有量的不断增加,非专业驾驶员数量剧增,导致交通事故大增,使原本承受能力不大的事故车维修逐渐从汽车维修领域中分离出来,成为相对独立的行业和专业;与此同时,新技术的快速发展,汽车车身材料和结构也发生了较大变化,都使现代汽车与传统汽车有巨大的差距,导致车身钣喷工艺、技术也不断更新。这对汽车维修业,尤其是汽车车身钣喷专业人才的培养提出了更高的要求。正是在此背景下,我们编写了《汽车钣金喷漆快速入门》一书。

本书针对初学入门者的特点,避免大量的理论和文字,采用了大量图片和实施流程图,内容通俗易懂,可以有效增强实际操作能力。本书特点如下。

1. 本书在编写过程中,按照实际工作实施流程的思路编写,较好地满足了当前各初学入门者的需求。

2. 本书在编写过程中,在内容的安排上遵照循序渐进的原则,文字和图片在分量上更加均衡,充分增强了培训者学习的主观能动性。

3. 本书在编写过程中,紧密结合汽车技术发展方向,对技术进行了更新。

4. 本书在编写过程中,参考了大量汽车品牌的售后服务培训资料,内容、形式和体例都有创新,真正实现了与企业需求之间的并轨。

本书以汽车车身钣喷技能为主线,简明扼要地介绍了汽车钣金基础知识、车身轻微损坏的修复、事故车的修复技术、车身喷漆基础知识、汽车车身喷漆工艺、车身涂装修复与防治等内容,由浅入深,紧扣车身钣喷的实际要求,做到理论知识适用、够用,专业技能实用、好用,密切联系实际。本书实用性强,特别适合作为车身维修人员和汽车美容涂装人员培训或自学参考书,也可作为汽车专业相关职业院校汽车车身维修及相关专业的教材。

本书在编写过程中参考了许多资料,特别是维修生产第一线一些资料给了我们许多有益的启示和帮助,在此一并向这些作者致谢。由于编者的水平有限,时间仓促,书中难免有疏漏之处,恳请专家、读者朋友给予批评指正。

编　者

三、车身测量系统 …… 122
【车身电子测量操作示范】 …… 123

第三节　车身变形的校正 …… 126
一、车身校正的作用 …… 127
二、车身校正的原理 …… 128
【车身前纵梁校正操作示范】 …… 131

第四节　车身钣件的更换 …… 133
一、车身钣件更换工作 …… 134
二、结构件的整体更换 …… 135
三、结构件的分割更换 …… 137
【车身钣件的更换操作示范】 …… 142

第四章　车身喷漆基础知识 …… 145

第一节　汽车喷漆健康与安全 …… 145
一、个人安全防护 …… 145
二、车间布置 …… 145
三、环境保护 …… 146
四、安全操作规程和防火技术 …… 146

第二节　油漆基础知识 …… 149
一、认识油漆 …… 149
二、干燥油漆 …… 151

第三节　涂装工具与设备 …… 153
一、刮涂工具 …… 153
二、干磨设备 …… 154
【研磨设备操作示范】 …… 156
三、砂纸 …… 157
【砂纸使用操作示范】 …… 159
四、喷涂工具 …… 160
【喷涂工具使用操作示范】 …… 165
五、烘烤设备 …… 166
【烘烤设备使用操作示范】 …… 168

第五章　汽车车身喷漆工艺 …… 170

第一节　常规涂装工艺 …… 170
一、清洁 …… 170
【清洁操作示范】 …… 172
二、损伤评估 …… 173
【损伤评估操作示范】 …… 175
三、研磨羽状边 …… 176
【羽状边研磨操作示范】 …… 177
四、底漆施工 …… 178
【汽车用底漆施工操作示范】 …… 180
五、原子灰施工 …… 181
【原子灰施工操作示范】 …… 184
六、中涂漆施工 …… 185
【中涂漆施工处理操作示范】 …… 187
七、面漆施工 …… 189
【面漆施工处理操作示范】 …… 191

第二节　抛光工艺 …… 192
一、抛光缺陷评估 …… 192
【抛光缺陷评估操作示范】 …… 195
二、抛光前处理 …… 196
【抛光前处理操作示范】 …… 199
三、抛光打蜡 …… 200
【抛光打蜡操作示范】 …… 202

第三节　调色技术 …… 203
一、调色材料、工具和设备 …… 203
二、素色漆微调 …… 204
【素色漆微调操作示范】 …… 206
三、金属漆微调 …… 208
【金属漆微调操作示范】 …… 210
四、珍珠漆微调 …… 213

第四节　驳口工艺 …… 214
一、损伤评估 …… 214
【车辆损伤评估操作示范】 …… 216
二、驳口施工 …… 217
【驳口工艺施工操作示范】 …… 222

目录

第一章　汽车钣金基础知识　1

第一节　汽车钣金安全与防护 …………… 1
　一、车身修理车间的布置 …………… 1
　二、升降车身校正仪平台的操作 …… 2
　三、车身修复安全与防护 …………… 5
第二节　车身结构与常用材料 …………… 9
　一、认识车身结构 …………………… 9
　二、车身常用制造材料 ……………… 17
第三节　钣金件的焊接与切割 …………… 19
　一、钣金件的气体保护焊 …………… 19
　【气体保护焊操作示范】 …………… 31

　二、钣金件的电阻点焊 ……………… 36
　【电阻点焊操作示范】 ……………… 44
　三、钣金件空气等离子弧切割 ……… 46
　【等离子弧切割操作示范】 ………… 48
　四、钣金件的气动锯切割 …………… 52
　【气动锯切割操作示范】 …………… 53
第四节　车身部件非焊接连接 …………… 54
　一、车门内饰及保险杠拆装 ………… 54
　【车门内饰及保险杠拆装操作示范】 … 58
　二、铆接和粘接 ……………………… 60

第二章　车身轻微损坏的修复　66

第一节　前翼子板的修复 ………………… 66
　一、车身钢板维修工艺流程 ………… 66
　二、车身钢板的维修方法 …………… 66
　【前翼子板维修操作示范】 ………… 70
第二节　车门面板的修复 ………………… 72
　一、拉拔修复原理 …………………… 72
　二、拉拔修复方法 …………………… 73
　【车门面板维修操作示范】 ………… 74
第三节　车身钢板的收缩 ………………… 77

　一、应用收缩锤或收缩顶铁进行
　　　收缩 ……………………………… 78
　二、加热法收缩金属——缩火 ……… 78
　【钢板收缩操作示范】 ……………… 81
第四节　车身塑料件的修复 ……………… 83
　一、塑料件的焊接修理 ……………… 83
　【前保险杠修复操作示范】 ………… 89
　二、塑料件的粘接修理 ……………… 95

第三章　事故车的修复技术　97

第一节　事故车损伤评估 ………………… 97
　一、损伤评估基础理论 ……………… 97
　二、汽车正面碰撞损伤评估 ………… 106
　三、汽车侧面碰撞损伤评估 ………… 108
　四、汽车后面碰撞损伤评估 ………… 111

　五、座椅损伤评估 …………………… 112
　【事故车评估操作示范】 …………… 113
第二节　车身测量技术 …………………… 119
　一、车身电子测量 …………………… 119
　二、车身测量的方法 ………………… 119

第六章　车身涂装修复与防治　225

第一节　汽车车身典型损伤涂装
　　　　修复 …………………………… 225
　　一、车身表面防腐工艺 …………… 225
　　二、酸雨的损伤与修复 …………… 230
　　三、表面划痕与擦伤的修理 ……… 231
　　四、汽车表面锈蚀的修理 ………… 233
第二节　汽车塑料件的漆装修理 …… 235
　　一、塑料件的损伤修理 …………… 235
　　二、塑料零部件的喷漆准备 ……… 236
　　三、塑料件面漆 …………………… 237
第三节　汽车车身涂装涂膜的
　　　　缺陷与防治 ………………… 240
　　一、涂膜缺陷的产生 ……………… 241
　　二、涂膜缺陷的分类 ……………… 241
　　三、常见缺陷及防治 ……………… 242

参考文献　244

第一章

汽车钣金基础知识

第一节 汽车钣金安全与防护

在整个车身修复作业中,安全与防护极为重要,不但关系到车辆维修的质量,更涉及作业中个人的安全隐患。本节内容包括车身修理车间的布置、工具使用的安全、在修车辆的安全、电气安全、消防安全。

一、车身修理车间的布置

车身修理车间主要完成车身修复和涂装两项主要工作,工作区域分为车身修复工作区域(钣金工作区)和涂装工作区域(喷漆工作区)。

车身修复工作区一般分为钣金加工检查工位、钣金加工校正工位、车身校正工位和材料存放工位等(图 1-1-1)。

(1)车身修复生产场所应保持良好通风,不管是焊接,还是切割或打磨,都会产生有害的烟尘。

(2)车身修复区工位或工种布置符合车身修复工艺的要求,既要考虑经济性,又要考虑维修质量,同时切不可忽视安全因素。

(3)保持车身修复生产场所地面干燥和整洁,因为未被发现的损伤电缆线在潮湿的地面上易漏电甚至有触电的危险,而地面上的油污易导致操作人员在操作过程中摔倒。

(4)废弃物的分类处理,车身修复过程中会产生许多不同类型的废弃物,包括废气、废水、废渣、废料,污染环境,严重的导致火情(如焊渣,未使用完已混合的原子灰)。

(5)应急通道须时刻保持畅通,有些修理企业疏于管理,将应急通道占用,一旦险情发生,其后果可想而知。

车身测量校正、车身焊接、车身装配调整工作一般在一个固定的工位进行,即在车身校正仪上完成这些工作。车身校正工位是车身修复工作区最重要的工位,同时也是完成工作最多的工位。此工位要放置一台车身校正仪,车身校正仪平台的长度一般为 5~6m,宽度一般为 2~2.5m。为了要有足够的安全操作空间,车身校正工位的长度一般为 8~10m,宽度

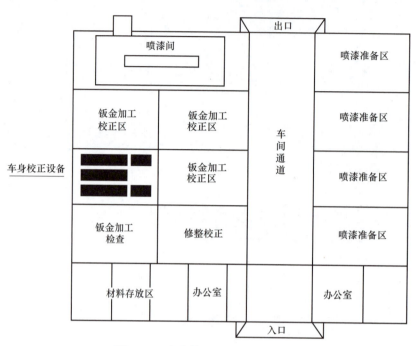

图 1-1-1　车身修理车间工位布置图

一般为 5～6.5m（图 1-1-2）。

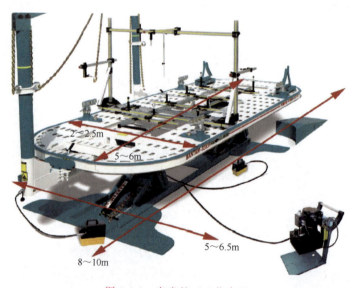

图 1-1-2　车身校正工位布置

二、升降车身校正仪平台的操作

事故车做大梁校正修复时经常要在平台上进行（图 1-1-3），车辆上平台前，需将平台降低，然后将事故车移至平台，升起平台进行修复。修复后平台降低，移下事故车，再进行其他维修。

1. 阅读设备使用注意事项

阅读设备使用注意事项，如图 1-1-4 所示。

图 1-1-3　车身校正仪及液压控制箱

1. 电动泵使用前须进行专业培训并仔细阅读电动泵说明书
2. 不得在易燃易爆的空气中使用电动泵
3. 使用的电源和输电设备必须能够满足电动泵铭牌要求的数值
4. 电压浮动范围应不大于额定电压±5%，若超过该范围应在前端加稳压电源
5. 对于220V 50Hz的电源，保险丝或空气开关应不小于12A
6. 电源的电缆导线截面不能小于2.5mm²
7. 在操作前应先检查油箱油面高度，油面高度太低须加油，且加油前先确保各油缸已处于完全缩回状态
8. 环境温度低于10℃时采用32号抗磨液压油，高于10℃时采用46号抗磨液压油，且确保液压油清洁
9. 按说明书中规定对液压系统换油，清洗油箱
10. 不得随意调高溢流阀开启压力，只有具有专业知识的专业人员才能调整溢流阀压力
11. 动力单元连续点动不得超过50次，以免电机过热降低使用寿命，电机温度以壳体表面不烫手为宜，如果电机壳体温度过高，应停止工作至壳体完全冷却

图 1-1-4　升降车身校正仪平台液压控制箱注意事项

2. 检查管线和液压油量正常

检查电线完好，高压的液压管线连接良好，无渗漏；液压油足量。如图 1-1-5 所示。

3. 选择升降平台功能

将液压控制箱的功能选择扳手扳至升降平台位置。如图 1-1-6 所示。

4. 举升平台

按升降控制器的"上"按钮举升平台，如图 1-1-7 所示。

注意：举升时，不要在平台下方以防意外，且举升后让举升机构底下支脚卡到卡槽里面。

5. 降落平台

先举升平台，使支脚在卡槽中松动，然后踩液压控制箱上的气缸启动踏板（如图 1-1-8 所示），气缸活塞杆从卡槽中举升支脚后，按升降控制器的"下"按钮降落平台。

图 1-1-5　管线和液压油量

图 1-1-6　选择升降平台功能

图 1-1-7　升降控制器及平台举升机构

三、车身修复安全与防护

（一）修理期间车辆的安全

车辆在进入修理场地后应注意下列安全事项：

（1）必须做好驻车制动，关闭发动机，将挡位置于空挡。如果车辆为自动变速器，则应置于驻车挡。最好用楔形木块垫住轮胎防止车辆移动。

图 1-1-8　踩液压控制箱上的气缸启动踏板

（2）车辆举升操作时要做好车辆的支撑工作，并保证支撑安全。

（3）将车辆的蓄电池拆下，保证车辆用电设备的安全。点火开关处于关闭状态，如果钥匙位于拉开位置而变速器又挂着挡，在转动发动机曲轴时，发动机可能会启动。

（4）车辆关闭后，待炽热部件（排气管、消音器等）冷却后方可进行有关操作。车辆如有汽油、机油泄漏等，必须采取措施，防止火灾。

（5）禁止焊接车辆的油箱，也不要在油箱附近进行高热的操作。

（二）用电安全

车身修理人员在使用电动工具时应遵循如下安全操作规范：

（1）修理电动设备和电动工具前应先断开电源，否则会有电击危险，严重的可能造成伤亡事故。

（2）保持地面无水，水能导电，如果带电导线落入站有人的水坑中会带来电击的危险。在使用电动工具时必须保持地面干燥。

（3）应确保电动工具和设备的电源线正确接地。如果电源线中的接地插头断裂，则应更换插头后再使用工具。

（4）定期检查电线的绝缘层有无裂纹或裸露出导线，及时更换有破损的电线。

（三）消防安全

车身修理车间的消防安全至关重要，在操作中经常会产生明火，除要做好各项防火措施外，常备灭火器是防火的重要措施，当火灾发生时能够进行及时处理。在车间修理操作时，应注意以下消防安全事项：

（1）车身修理车间禁止吸烟。车间内大量易燃物可能引发火灾。

（2）在车间内不要随身携带火柴或打火机。

（3）易燃材料应远离热源。不要在调漆间附近使用割炬或焊接设备。车身隔音材料易燃，在对车身钣件进行焊接或用割炬、等离子弧切割时必须先将隔音材料拆下。

（4）进行焊接或切割时，高热量的火星能够运动很长一段距离。不要在油漆、稀释剂或其他可燃液体或材料周围进行焊接或切割；不要在蓄电池周围进行焊接或研磨。

（5）燃油箱应当排空后拆下。当在燃油箱加油管周围进行作业时，还应将其拧紧并盖上湿抹布。

（6）在车辆内饰旁边进行焊接或切割时，应拆下座位或地板垫，或用一块浸水的布或焊

图1-1-9 灭火器、防火沙等灭火材料

接毯盖上,最好在旁边备一桶水或一个灭火器。

(7) 在发生火灾时,不要打开门窗,防止空气流动火势加大。

(8) 灭火器应该定期检查、定期重新加注灭火剂。灭火器要摆放在车间的固定位置,并要有明显的标志。

(9) 在车间一般都要配备水龙头、灭火器、防火沙等灭火材料(图1-1-9)。

灭火器通过将火源降温并隔离空气来灭火,使用灭火器时站在离火源2~3m的地方。使用方法如图1-1-10所示。

(1) 取出灭火器　　(2) 拔掉保险销　　(3) 一手握住压把 一手握住喷管　　(4) 对准火苗根部喷射(人站立在上风)

图1-1-10 灭火器使用方法

(四) 工具设备安全

车身修复过程中需要很多类型的设备及工具,而这些不同类型的设备及工具的性能直接关系到车身修复的质量,严重时直接影响操作者的人身安全。

(1) 手动工具必须保持干净整洁和状态完好,任何断裂、毛刺和削口等都有可能造成操作者受伤或引起被修车辆及其他工具设备不必要的损伤,油污可能会造成手动工具脱落而引发危险。

(2) 专用工具除用于专门场合外,不得用于其他任何操作,对于量具等精密器械更应妥善保管。

(3) 将所有的零件和工具整齐、正确地存放在指定位置,保证其他工作人员不会被绊倒,同时还能缩短寻找零件或工具的时间。

(4) 进行动力打磨、修整和钻削等工作时,必须佩戴防护目镜,使用高速电钻时不得戴手套,打磨小件时不得用手持握工件。

(5) 使用电气焊或明火操作时要注意防火,设备使用完毕要将设备安放在特定的场地,关闭电源和气源。

(6) 使用电动工具时要确保接地可靠;检查绝缘状况;在接通电源之前确保开关处于关闭状态,用毕应切断电源;使用手持电动工具时不要站在潮湿的地面上。

(7) 在用动力设备对小零件进行操作时,不要一手持零件,一手持工具操作,否则零件容易滑脱,造成手部严重伤害。在进行研磨、钻孔、打磨时,一定要使用加紧钳或台钳来固定小零件。

（8）焊接用的气瓶要固定牢靠，防止倾倒产生危险。使用完毕后应关上气瓶顶部的主气阀，避免气体泄漏流失或爆炸。

（9）不要用压缩空气来清洁衣物。压缩空气不能直接对着皮肤吹，即使是在较低的压力下，压缩空气也能使灰尘粒子嵌入皮肤，可能会造成皮肤发炎。

（10）焊机的电缆线外皮必须完整、绝缘良好、柔软。焊机电缆线应使用整根电缆线，中间不应有连接接头，当电缆线需要接长时，应使用接头连接器连接，连接处应保持绝缘良好，而且接头不宜超过两个。

（11）在进行任何操作时，不要把冲子或其他尖锐的手动工具放到口袋里，可能会刺伤自己或损坏车辆。

（12）整形台架及拉伸设备的操作安全规范。

（五）个人防护

1. 呼吸系统和肺部的防护

在对镀锌钢板进行焊接时产生的焊接烟尘、在进行打磨抛光时产生的微尘、清洗部件时挥发的溶剂和喷射防腐剂时挥发的液滴，都会被吸入呼吸系统，对人体产生暂时的甚至永久的伤害。在进行这些操作时都应该佩戴呼吸器。

（1）防尘呼吸器。防尘呼吸器一般是用多层滤纸制作的纸质过滤器，它能够阻挡空气中的微粒、粉尘进入人的鼻腔、咽喉、呼吸道和肺部。在进行打磨、研磨或用吹风机吹净钣件操作时会产生大量的粉尘，应佩戴防尘呼吸器（图1-1-11）。

（2）滤筒式呼吸器。滤筒式呼吸器通常有一个橡胶面罩，能够贴合脸部轮廓，保证气密性。有可换的预滤器和滤筒，能够清除空气中的溶剂和其他蒸气。有进气阀和出气阀，保证所有吸入的空气都通过过滤器（图1-1-12）。

（3）焊接用呼吸器。焊接用呼吸器上有一个特殊的滤筒（图1-1-13）来吸收焊接灰尘。在对镀锌板材进行焊接时，产生的焊接烟尘和锌蒸气会对人体产生非常大的伤害。

图1-1-11　防尘呼吸器

图1-1-12　滤筒式呼吸器

图1-1-13　焊接用呼吸器

2. 眼睛和面部的防护

在进行钻孔、磨削和切削等操作时，应佩戴防护眼镜（图1-1-14）。在进行可能会造成严重面部伤害的操作时，仅戴防护眼镜无法提供足够的保护，应佩戴全尺寸防护面罩（图1-1-15）。

在进行气体保护焊、等离子切割等操作时，应佩戴有深色镜片的头盔（图1-1-16）或防护眼镜。头盔能保护面部免受高温、紫外线或熔化金属的灼伤，深色或自动变色镜片保护眼睛免受过亮光线或电弧紫外线的伤害。

图 1-1-14　防护眼镜　　　　　图 1-1-15　防护面罩　　　　　图 1-1-16　焊接头盔

3. 耳的防护

在钣金作业车间，金属的锤击声直接影响人的听觉，严重可致聋，因此应佩戴耳塞（图 1-1-17）或耳罩（图 1-1-18）等耳朵保护装置。

图 1-1-17　耳塞　　　　　　　　　　　图 1-1-18　耳罩

4. 身体的防护

（1）上身防护。在车间内应穿着合格的专用工作服，不能穿着宽松的衣服、未系袖扣的衬衫、松垂的领带以及披着的衬衫（图 1-1-19）。

（2）腿、脚的防护。在进行车身钣金作业时，为了防砸伤、防电击、防滑须穿安全鞋，如图 1-1-20 所示。

当跪在地上作业，建议佩戴护膝，如图 1-1-21 所示。

在焊接时，裤长要能盖住鞋头，防止炽热的火花或熔化的金属进入鞋子，通常穿上皮质的裤子、绑腿、护脚来防止熔化的金属烧穿衣物，如图 1-1-22 所示。

图 1-1-19　钣金工工作服　　　　　　　图 1-1-20　安全鞋

（3）手的防护。为了防止被熔化的金属烧伤，在焊接时应戴上皮质的手套，如图 1-1-23 所示。

使用钣金锤作业时，应戴防滑棉手套。

图 1-1-21 护膝

图 1-1-22 焊接护腿

图 1-1-23 焊接手套图

第二节 车身结构与常用材料

在车身修复作业前,需要对事故受损车辆的车身结构和车身材料仔细检查,车身结构和车身材料不同,维修方法也会不同,维修方案也就不一样,因此制订维修方案前需参考维修手册详细了解受损部位的车身结构和车身材料。

一、认识车身结构

车辆发生事故修复时,有时需要拆换零件,拆卸时为了提高效率经常把部件整体(图1-2-1)拆卸,车架式车身拆卸相对简单,整体式车身拆卸相对复杂。

图 1-2-1 汽车车身部件分解图

(一)车身结构的类型

车身壳体按照受力情况可分为非承载式、半承载式和承载式(或称全承载式)三种。

1. 非承载式车身

货车（除微型货车外），在货车的三类或二类底盘基础上改装成的大客车、专用汽车以及部分越野车，都装有单独的车架。此时车身是通过多个橡胶垫安装在车架上，当汽车在崎岖不平的路面上行驶时，车架产生的变形由橡胶垫的挠性所吸收，载荷主要由车架来承担，顾名思义，这种车身结构应是不承载的。但实际上，由于车架并非绝对刚性，所以车身仍在一定程度上承受着由车架弯曲和扭转变形所引起的载荷。非承载式车身也称为有车架式车身（图 1-2-2）。

图 1-2-2 典型的非承载式车身

2. 半承载式车身

半承载式车身的结构与非承载式车身的结构基本相同，也是属于有车架式的。它们之间的区别在于半承载式车身与车架的连接不是柔性的而是刚性连接，即车架与车身焊接或螺栓固定。

由于是刚性连接，所以车身只是部分地参与承载，车架是主承载体。

图 1-2-3 典型的承载式车身

3. 承载式车身

承载式车身的一个突出特征是没有独立的车架，车身由底板、纵梁、横梁、立柱、车身外覆盖件、围板和车顶板等点焊成刚性框架结构，整个车身构件全部参与承载，所以称之为承载式车身。由于无车架因此也称为无车架式车身（图 1-2-3）。

对承载式车身而言，由于整个车身参与承载，强度条件好，有利于减轻自重并使结构优化。这不仅是当前客车车身发展的主流，而且已经形成了一边倒的设计趋势。

（二）承载式轿车结构

1. 现代承载式轿车防碰撞功能

承载式车身没有单独的车架，车身结构件与覆盖件都采用焊的形式连接在一起，这种设计有助于在发生碰撞事故时保护车内的成员。

承载式车身与非承载式车身的安全性意义是有区别的，非承载式车身用重型低碳钢制成的车架依靠其弧度和刚度抵抗、减弱和限制碰撞损伤,从而起到保护车内成员的作用,碰撞损伤也常局限于碰撞部位周围;而承载式车身依靠全车身的构件和覆盖件整体承受碰撞力,其刚性较大的构件可以将碰撞力传递和分散到车身的各个部位,再由各个部位分别吸收撞击能量。这种结构可能会引起远离碰撞点的车身部件发生损伤变形,因此,在进行承载式车身的检查和修复作业时,要特别注意整个车身总体结构尺寸的变化和各个主要部件的连接状况。如图1-2-4所示,箭头表明了在承载式车身中能量是如何分散开的。

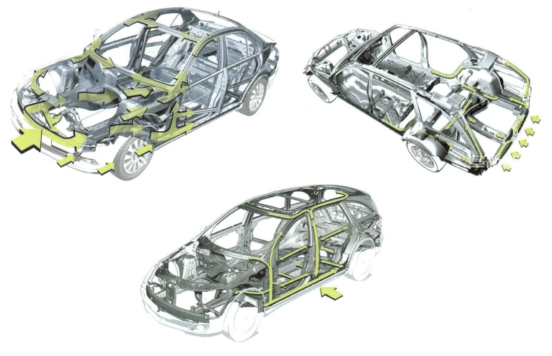

图1-2-4　承载式车身能量传递示意图

一般将汽车分为前、中、后三部分,这三部分刚度是分级的,中部乘客室刚度最高,前部发动机室、后部行李箱室,具有较大的韧性。一般汽车正面碰撞试验(50km/h),前部压缩约30%~40%,而中部仅收缩约1%~2%。

碰撞吸能区是承载式车身中特意做得比较薄弱的区域,以便在碰撞中溃缩。碰撞吸能区对连带损坏有一些控制作用,并使乘客室更加安全,因为它们被设计成按照预定的方式溃缩。

吸能区是用于在高速碰撞中减缓乘客室冲击的前、后段。厚重的箱形立柱和车门梁件用来避免在侧面碰撞中乘客室被侵入变形。

吸能区(图1-2-5)的特征主要表现如下形式:截面突然变窄、截面突然弯曲、梁上有孔洞(非安装孔)、折皱的设计等。维修时,吸能区不能被加强,不能被分割,最好整体更换,如图1-2-5所示圈中是快速

图1-2-5　吸能区的特征

更换的螺栓结构。

2. 不同发动机及传动系的驱动方式的轿车车身结构

不同发动机及传动系的驱动方式的轿车车身结构，如图 1-2-6～图 1-2-8 所示。

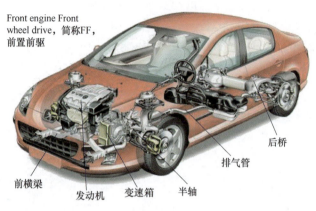

图 1-2-6　前置前驱轿车车身

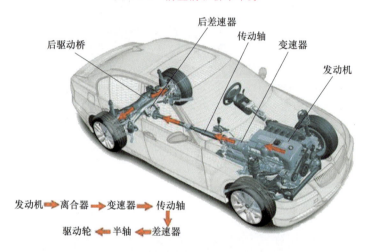

图 1-2-7　前置后驱轿车车身

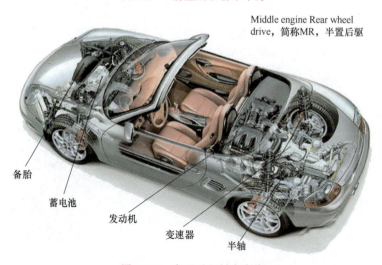

图 1-2-8　中置后驱轿车车身

3. 钢板构造与车身安全

（1）前车身结构　承载式车身的前部结构形式和刚度非常关键。车身的前部不仅装有前悬架部件和转向操纵装置，而且装有车辆的动力系统发动机、变速器、驱动轴等。另外，当汽车受到正向冲击时，也靠前车身来有效地吸收冲击能量。因此，车身前部受力相当复杂。要保证车辆的正常行驶，前部车身在构造上不仅要求合理的布置，也要确保足够的强度、刚度，对位置准确度和耐久性、可靠性的要求也十分严格。

前车身主要由翼子板、前侧梁、前围板、散热器支架、发动机舱罩和前保险杠等构件组成，这些部件除发动机舱罩、前翼子板和保险杠采用螺栓连接以外，其他部件多采用焊接以加强车身的强度。

前轮驱动和后轮驱动汽车的前悬架几乎是相同的，两种汽车都使用滑柱式独立前悬架，前车身的精度对前轮定位有直接影响，在完成前车身修理后，一定要检查前轮的定位。

发动机舱罩由内板、加强板和外板组合而成（图 1-2-9），外板为空间曲面板，其外表形状与整车造型协调一致。内板由薄钢板经整体拉延后成形，内板筋条网格布置与加强板相似，凸筋的布局既增加美感、提高刚度，又考虑到它们在发动机舱罩上的位置避让诸如铰链、锁机构等零件的需要。

图 1-2-9　发动机舱罩

外板和加强板板组合后用环氧树脂胶粘接，内板和外板是折边连接，折边时需在咬合模中进行两次咬合。第一次咬合，将外板翻边 45°；第二次咬合，将翻边咬死。也有的内板和加强板用点焊连接。

为了吸振和减少噪声，在内板筋条翻边处与外板内表面还留有 2～5mm 间隙，将吸振、隔音填料充入其内。

前翼子板（图 1-2-10）是轿车前部的大型覆盖件之一，其表面形状与车身侧面造型协调一致，是车身侧面外表的一部分。前翼子板一般由 0.6～0.8mm 厚高强度钢板拉延成形。其外表形状由车身造型确定，周围边界的形状，前部取决于灯具的形式和布置，后部取决于前部和后部覆盖件的形状，上部取决于发动机舱罩的尺寸和布置，下部与车轮相配合。前翼子板前端大多是用螺钉与车身壳体相连接，后端通过中间板和前围支柱连接，前端和散热器框延长部分及灯具相连接，侧面与挡泥板连接，左、右前翼子板间也有连板。

（2）侧车身结构（车身中部）　侧车身与前车身和车顶钢板结合而形成乘坐空间。在行使中这些钢板分散来自下车身的负荷到车辆上侧并且防止左右两侧弯曲。此外，侧车身也提供了车门支撑以及万一车辆倾覆时，维持乘坐空间的完整性。因此，为增加刚性，将外板、加强梁和内板组合成一个箱形结构（图1-2-11）。

图1-2-10　前翼子板

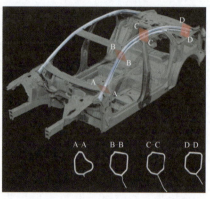

图1-2-11　车身构件的箱形结构

轿车顶盖是车身轮廓中尺寸较大的大型覆盖件，其作用不只是遮风避雨，提高零件的刚性也是至关重要的，轿车翻车时可起到保护乘员安全的作用，如图1-2-12所示。

车门（图1-2-13）包含了外板、内板、加强梁、侧防撞钢梁和门框。其中内板、加强梁和侧防撞钢梁以点焊结合在一起，而内板和外板通常是以折边连接。另外，车门窗框通常是由点焊和铜焊结合而成，车门形式大致分为：窗框车门、冲压成形车门和无窗框车门三种。

（3）后车身　轿车车身后部是指乘客室后侧用于放置行李、物品的那一部分。三厢式车有与乘客室分开的行李舱［图1-2-14（a）］，而两厢式车的行李舱则与乘客室相通合为一体［图1-2-14（b）］。主要有后翼子板、后围板、防撞梁及其后部覆盖件。

图1-2-12　车身顶盖

(a) 窗框车门

(b) 窗框车门焊接连接

(c) 冲压成形车门　　　　　　　　(d) 无窗框车门

图 1-2-13　轿车车门

(a) 三厢式轿车车身后部　　　　　　(b) 两厢式轿车车身后部

图 1-2-14　轿车车身后部

行李箱盖由上、下外板及内板组成，见图 1-2-15，上外板的形状取决于车身整体造型，它与后翼子板（即后侧围板）形成车身尾部的上表面和左、右侧表面。下外板与后保险杠、后车灯具组成车身后端面外表，同车身的"脸部"一样，与整车造型协调一致，体现造型特色。内板形状复杂，有纵向、横向、交叉和环状筋条，以增加其刚度。

（4）下车身结构

① 前下车身。如图 1-2-16 所示，前下车身是由前侧梁、前横梁、转向机齿轮箱支撑梁（有的车型没有）等加强梁所构成，以确保足够的强度和刚性。前侧梁与车底板加强梁及主车底板侧梁相连接，以利于撞击时能将撞击力分散至车身的各个部位。

图 1-2-15　行李箱盖

② 中部下车身。中部下车身（如图 1-2-17 所示）由主车底板侧梁、前车底板下加强梁、车底板横梁、前车底板所组成。主车底板侧梁使用高强度钢板，位于乘客舱两侧下端，又称为车门槛板内板。车底板下加强梁和车底板横梁使用加强件来增强车底板强度和中部下车身的刚性，如图 1-2-17 箭头所指。

图 1-2-16　前下车身

图 1-2-17　中部下车身

FF（Front Engine Front Wheel Drive，简称 FF，前置前驱）和 FR（Front Engine Rear Drive，简称 FR，前置后驱）车辆中部下车身的最大差别在于车底板拱起的高度。因为没有后轮驱动组件，所以 FF 车辆所需要车底板拱起空间没有 FR 车辆大，因此，能够提供较大的腿部活动空间。如图 1-2-18 所示。

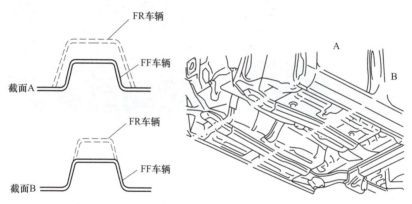
图 1-2-18　FF 车辆和 FR 车辆底部拱起结构的比较

③ 后下车身。后下车身由后车底板侧梁、后车底板横梁、后车底板所组成。如图 1-2-19 所示。因为 FF 车辆燃油箱放置于后座的下方，所以可降低后车底板，而提供既宽敞又深的行李箱空间。当发生后方撞击事故时，大部分的撞击力就可由后行李箱空间吸收。因此后车底板侧梁的后段都经过波纹加工，以提高吸收撞击的效果（如图 1-2-20 所示）。后车底板侧梁的后段和后车底板侧梁是分开的，以方便车身维修时的更换作业。

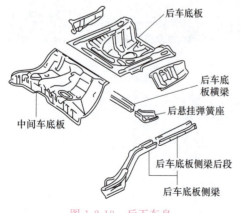
图 1-2-19　后下车身

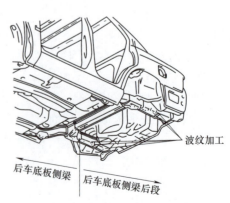
图 1-2-20　波纹加工设计

当燃油箱固定于车底板下侧（悬浮式），后车底板侧梁后半部具有强韧而不易弯曲的特性，不过在弯角区域（向上弯曲）设计成较容易折损，如此当发生后方碰撞时可保护燃油箱。如图 1-2-21 所示。

图 1-2-21　悬浮式钢板结构

FR 车辆的车身以及外部覆盖件与 FF 车辆类似，此处不再叙述。

二、车身常用制造材料

为了保护环境，车辆的排放要求越来越严格，各种技术的发展促使车辆油耗越来越低，对油耗影响最直接的就是车身重量，降低车身重量是降低油耗最直接的办法。降低重量又不能影响车身安全，材料的属性就要改变。高强度钢、超高强度钢已广泛应用于现在车身。

（一）车身常用钢材

汽车制造使用的钢材主要以钢板材为主，所用板材的厚度根据车身不同部位强度的需要可不同。其中，车身外部结构件常使用 0.5～1.2mm 厚的板材，车架等车身结构件多使用 2～5mm 厚的板材。某些重型车辆的车架使用厚度达 8mm 的钢板。

车身使用的钢板根据制造方法可以分为冷轧钢板和热轧钢板两类，由于制造过程不同，两类钢板在机械性能上存在很大的差异。热轧钢板是将钢锭加温至 800℃ 以上的高温情况下轧延后制成的钢板，厚度较大，车用热轧钢板通常在 1.5～8mm 之间。热轧钢板的表面质量不是很好，其冷加工性能与冷轧钢板相比要稍差一些，常使用在外观不需要很美观的部分，主要用于车身上较厚结构件的制作，如车架、骨架和梁等构件。

冷轧钢板是热轧钢板再经酸洗处理后在常温下轧延变薄，并进行表面调质处理后的钢板。由于冷轧钢板是在常温下轧制而成，所以它的厚度精度高，表面质量优越，抗拉强度和冷加工性能均较热轧钢板要优良，大都使用在汽车车身、机械零件、电器等表面需要平滑美观的构件上，在悬架周围特别容易受到腐蚀的部位，通常采用经过表面处理的冷轧钢板作为防锈钢板。

车身常用的钢板除少数结构件为中碳钢外，绝大多数的钢板为低碳钢。普通低碳钢含碳量低，材质较软，便于冷加工，可以很安全地进行焊接和热收缩，加热对其强度也不会产生很大的影响。但其抗拉强度比较低，容易变形，而且重量大，不利于降低车辆的总体质量。

因此现代汽车上还采用了很多高强度钢材来制造车身上需要承受载荷的部件,既提高了车身的总体强度,又有效地降低了车身的总重量。但高强度钢在进行校正操作时有许多需要注意的地方,如不能过度加热等,因为加热会对其强度造成严重的影响。因此,在进行车身校正时要熟悉所加工的材料的特性,采取合理的方法才能达到良好的维修效果。

另外,为了提高车身总体的抗腐蚀性能,现代车辆上还广泛采用表面处理钢板(主要是镀锌板)等防腐性能优越的材料用于车身上容易发生腐蚀的地方,这些材料在进行维修操作时也有许多需要注意的地方。

1. 高强度钢板

高强度钢泛指机械强度高于普通低碳钢的各种类型钢材,并非特指某一种材料。高强度钢的特点是具有高于普通低碳钢板几倍甚至十几倍的抗拉强度,但其质量并没有因此而增加。现代汽车制造追求车身总体质量轻量化、车身总体强度提高以增加安全性,同时还要兼顾防腐性能,因此高强度钢板作为理想材料得到了较为广泛的应用。如图1-2-22所示为整体承载式车身上使用高强度钢的常见位置。

图 1-2-22　高强度钢板在承载式车身上的应用

然而,高强度钢板的应用给车身的维修也带来了一定的困难。当高强度钢材料受到撞击产生变形时,由于其强度和硬度非常高,通过简单的校正工艺很难使其恢复原状。在进行普通低碳钢板的校正时,往往采用加热的方法使金属软化以便于整形操作,或进行热收缩操作、释放拉伸应力和焊接等。而使用高强度钢材以后,这种加热则需要严格的控制,有些钢材甚至根本不能使用加热的方法校正,否则会严重影响构件的强度,给车身造成结构上的伤害。因此,在对高强度钢进行校正时需要采用科学合理的方法,通过机械拉伸、有控制地加热甚至局部或整体更换等方法进行修复。

2. 表面处理钢板

表面处理钢板即在普通钢板表面进行处理以提高其耐腐蚀的能力,常用于车身上容易发生腐蚀的部位,如悬架周围、车门的门槛下部、油箱和排气系统等。

3. 金属板的强化

各种尺寸和形状的车身零部件都是由平整的钢板冲压成形的。平整的钢板抵抗变形的能力是较低的,而一旦被冲压成不同的形状,其抵抗变形的能力得到了明显提高。这种通过改变金属板的形状来提高其强度和刚度的方法称为金属板的强化。通常的强化方法有以下几种。

(1)隆起:将金属板冲压成弯曲隆起的形状。这种形状的结构件比平整的结构件可以抵抗更大的弯曲力。

(2)翻边:最常见的如直角折边。对于大面积的车身结构件,通过折边明显可以提高结构件的刚性。

(3)U形槽:金属板被冲压成U形槽后,很难被弯曲,两个U形槽对焊成箱形结构时强度更大。因此车身上重要的结构件都采用这样两种结构,如车架、门槛、车门立柱等。

（二）车用塑料

塑料是以树脂为主要成分，在一定温度和压力下塑造成一定形状，并在常温下能保持既定形状的高分子有机材料。表 1-2-1 给出了车身常用塑料件 ISO 识别码、物理性能和修理方法。

表 1-2-1 塑料件 ISO 识别码、物理性能和修理方法

ISO识别码	耐热温度/℃	抗酒精或汽油性能	注意事项	修理方法
AAS	80	短时间内少量酒精无害（如快速擦拭表面油脂）	避免用汽油、有机溶剂、芳香溶剂	热空气焊接、厌氧（速溶）粘接、玻璃纤维修理、无空气焊接
ABS	80	短时间内少量酒精无害（如快速擦拭表面油脂）	避免用汽油、有机溶剂、芳香溶剂	化合物修补、无空气焊接
AES	80	短时间内少量酒精无害（如快速擦拭表面油脂）	避免用汽油、有机溶剂、芳香溶剂	
EPDM	100	酒精无害、短时间内少量汽油无害	大多数溶剂无害，但要避免浸渍在汽油、溶剂里	
PA	80	酒精、汽油无害	避免蓄电池酸	厌氧（速溶）粘接、玻璃纤维修理、无空气焊接
PC	120	酒精无害	避免汽油、制动液、蜡、除蜡剂及有机溶剂	厌氧（速溶）粘接、玻璃纤维修理、无空气焊接
PE/PP	80	酒精、汽油无害	大多数溶剂无害	热空气焊接、无空气焊接
PPO	100	酒精无害	用汽油快速擦拭油脂无害	玻璃纤维修理、无空气焊接
PS	60	短时间内少量酒精无害（如快速擦拭表面油脂）	避免浸渍在酒精、汽油和溶剂里	厌氧（速溶）粘接
PUR/PVC	80	短时间内少量酒精无害（如快速擦拭表面油脂）	避免浸渍在酒精、汽油和溶剂里	黏结剂修理、无空气焊接
RIM				黏结剂修理、无空气焊接
SAN	80	短时间内少量酒精无害（如快速擦拭表面油脂）	避免浸渍在酒精、汽油和溶剂里	热空气焊接、无空气焊接
TPO	80	酒精无害，短时间内少量汽油无害（如快速擦拭表面油脂）	大多数溶剂无害，但要避免浸渍在汽油和溶剂里	黏结剂修理、无空气焊接
TPR TPUR	60	短时间内少量酒精无害（如快速擦拭表面油脂）	避免浸渍在酒精、汽油和溶剂里	黏结剂修理、无空气焊接
UP				玻璃纤维修理

第三节 钣金件的焊接与切割

一、钣金件的气体保护焊

1. 焊接原理及特点

气体保护焊是采用气体作为保护介质的一种焊接方法。根据车身修复中常用的保护气体不同分为惰性气体保护焊（MIG 焊）、活（氧化）性气体保护焊（MAG 焊）、二氧化碳气体保护焊等（表 1-3-1）。现在车身修复时常用的气体有纯二氧化碳、二氧化碳和氩混合气（二

氧化碳和氩比例一般为1:3~1:4）。氩气比二氧化碳能产生更稳定的电弧，从而使焊缝更平整并减少了飞溅和烧穿现象，所以这种混合气体最适合焊接车身的高强度低碳钢薄板。而对于铝材，则根据铝合金的种类和材料的厚度，分别采用氩气或氩、氦混合气体进行保护。若在氩气中加入4%~5%的氧气作为保护气体，甚至可以焊接不锈钢。

表 1-3-1 惰性气体保护焊类型及用途

焊接方法	保护气体类型	符号	用途
二氧化碳电弧焊接	二氧化碳	CO_2	低碳钢、高强度钢板
MAG 焊	活性气体	$Ar+CO_2$	低碳钢、高强度钢板、不锈钢
MIG 焊	惰性气体	Ar	铝、铝合金、不锈钢

焊滴形成过程（图 1-3-1）：在重新引弧区，电弧加热待焊区和焊丝端部，熔化的焊丝端部与待焊区熔成的熔池接触形成短路，熔滴的截面收缩焊丝和熔池分离。开始时焊丝和工件首先产生电弧，电弧加热待焊区和焊丝端部，由于此时电流密度和电压较小，不能产生自由的熔滴分离。熔化的焊丝材料流向熔池。由于熔滴接触工件，电压迅速降低到零，并一直延续到短路时间结束，其电压始终保持在较低状态。但与此同时由于电流骤增，电阻发热加热过渡区。在电磁力的作用下，短路处熔滴的截面迅速收缩，迅速减少的熔滴颈部截面受到剧烈加热，产生汽化，从而使焊丝和熔池分离。短路结束时电压升高。通过高温电极和富裕能量的物质立即再次点燃电弧。在引弧后电流强度又再次降低，又形成一个新的熔池。由于这个周期快速交替地进行下去，连续的熔池冷凝后形成焊缝。

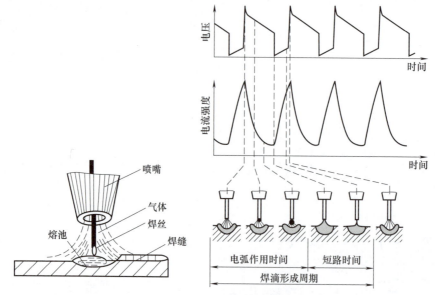

图 1-3-1 焊滴形成过程

气体保护焊的特点：

（1）操作方法容易掌握。与传统的焊条电弧焊相比，气体保护焊操作者只需几小时的培训即可做到高速度、高质量的焊接。

（2）气体保护焊可使待焊板材100%熔化，焊缝可修平或研磨到与焊接板材表面同样高度而不影响强度。

（3）可以用于全位置焊接，而且对薄壁构件焊接质量高，焊接变形小。因为电弧热量集中，受热面积小，焊接速度快，且保护气体气流对焊件起到一定冷却作用，故可防止焊薄件烧穿和减少焊接变形。

（4）电弧平稳、熔池小，熔敷金属多，溅出物少。

（5）轿车车身钢板可使用一根通用焊丝进行焊接。

（6）可控制焊接温度和时间。

（7）由于金属熔化时间短，能够轻松地进行立焊和仰焊。

（8）应用范围广。除了车身，还可焊接其他汽车零部件。

2. 焊接设备

气体保护焊设备（图1-3-2）主要由焊接电源、焊枪、送丝系统、供气系统和控制系统组成，可进行电流、电压和送丝速度等调节，并具有不同功能的选择。

图1-3-2　气体保护焊设备

（1）焊接电源（图1-3-3）惰性气体保护焊一般采用直流电源。直流弧焊发电机和各种类型的弧焊整流器均可采用。通常焊接电流为15～500A，特种应用达1500A，空载电压为55～80V。负荷能力（负载持续率）为60%～100%。

负载持续率是指焊机在额定电流下连续工作10min后，还能继续工作的时间。如负载持续率为60%就是说焊机在额定电流下工作10min后，还能再安全工作6min。

（2）焊枪　车身的修理使用手握式半自动焊枪，其结构如图1-3-4所示，导电嘴将焊接电流传递给焊丝，焊丝能均匀连续地从其内孔通过；枪嘴向焊接区输送保护气，枪嘴与导电嘴绝缘；导电嘴和枪嘴可根据需要更换。

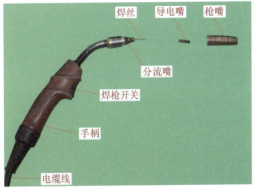

图1-3-3　气体保护焊机电源　　　　　图1-3-4　焊枪结构

该结构焊枪适用于小直径焊丝，轻巧灵使，特别适合结构紧凑难以达到的拐角处和某些受限制区域的焊接。

枪嘴容易沾染焊接时的溅出物，使用清渣刀进行清理，焊接前喷涂防溅剂。

（3）送丝系统（图1-3-5）　通常MAG焊丝卷成卷装在焊机内，压下焊枪的开关时，送丝装置可将焊丝从焊枪的导电嘴中送出。

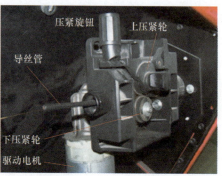

图1-3-5　送丝系统

送丝系统的组成与送丝方式有关，目前送丝方式有图1-3-6所示三种，分为推丝式、拉丝式、推拉式。

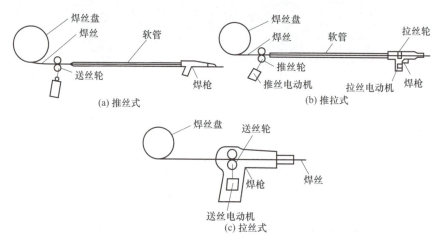

图1-3-6　不同送丝方式示意图

应用极广的是推丝式送丝系统，它是由焊丝盘、送丝机构（包括电动机、减速器、校直轮、送丝轮等）和送丝软管组成。工作时，盘绕在焊丝盘上的焊丝先经校直轮校直后，再经过安装在减速器输出轴上的送丝轮，最后经过送丝软管送向焊枪。

推丝式的焊枪结构简单、操作轻便、维修容易。但焊丝进入焊枪前要经过一段较长的软管，阻力较大。随着软管加长，送丝的稳定性变差，特别对较细或较软材料的焊丝更是如此。故送丝软管不能太长，一般在3～5m范围。

送丝系统中核心部分是送丝机构，通常是由动力部分（电动机）、传动部分（减速器）和执行部分（送丝轮）等组成。

（4）供气系统　气体保护焊供气系统（图1-3-7）由气瓶、减压阀、气体流量计、软管和电磁气阀等组成。减压阀将气瓶中的高压气体压力降至焊接所要求的压力，气体流量计用来调节和标示气体流量大小,电磁阀控制气流的通断。

CO_2 气体保护焊的供气系统还需在 CO_2 气瓶出口处安装预热器和高压干燥器,前者用以防止 CO_2 从高压降至低压时吸热而引起气路结冰堵塞,后者用以去除气体中水分,有时在减压之后再安装一个低压干燥器,再次吸收气体中的水分,以防止焊缝中产生气孔。

(5) 控制系统(图1-3-8) 气体保护焊的控制系统由基本控制系统和程序控制系统两部分组成。前者的作用主要是在焊前或焊接过程中调节焊接工艺参数,如焊接电源输出调节系统、送丝速度调节系统和气体流量调节系统等。

图1-3-7 气体保护焊供气系统

图1-3-8 气体保护焊控制系统

3. 焊丝选择

焊丝通常由生产商按照通用标准以一定规格卷成盘状,并密封包装后供应用户,焊丝表面有镀层保护避免焊丝氧化锈蚀,不清洁、受污染的焊丝严禁使用。其化学成分应与待焊板材的相同,在某些情况下使用稍微不同于待焊板材化学成分的焊丝是为了改善焊缝金属的力学性能和焊接工艺性能。

根据待焊板材厚度选择焊丝的直径,板材越厚焊丝的直径越大。车身修理常用的焊丝直径有0.6mm、0.8mm、1.0mm,建议选择0.6mm的焊丝。

4. 焊接要素

要实现高质量的焊接,需要注意以下技术要素:

(1) 焊接电流 在稳定焊接过程中,其他条件不变情况下,焊接电流的增加、焊丝熔化速度增加,会使焊缝的熔深和剩余金属高度明显增加,而熔宽(焊缝宽度)略有增加(图1-3-9)。

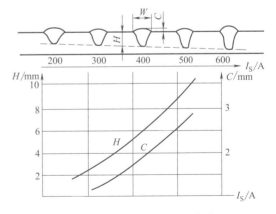

图1-3-9 焊接电流对焊缝的影响

(2) 电弧电压 高质量的焊接有赖于适当的电弧长度,而电弧长度是由电弧电压决定的,电压大则电弧长。在稳定焊接过程中,其他条件不变下,随着电弧电压的增加,熔深和剩余金属高度减小,而焊缝宽度增大(图1-3-10)。电弧电压正常时,会持续发出很流畅的嗞嗞声。

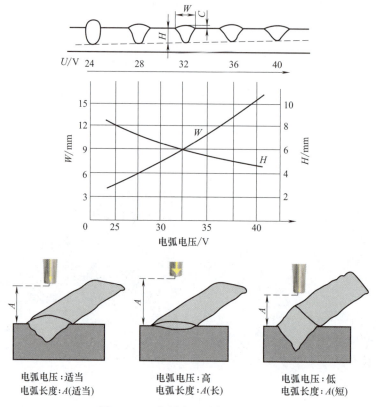

图 1-3-10　电弧电压对焊缝的影响

目前有一些气体保护焊机没有调整电流和电压的旋钮，只有相当于电流和电压调整的挡位旋钮，可根据焊件的厚度调整到相应的挡位即可。

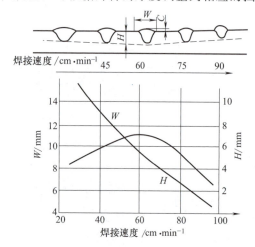

图 1-3-11　焊接速度对焊缝的影响

（3）焊接速度　焊接速度是指移动焊枪的快慢程度，即焊枪沿焊缝中心线方向相对移动的速度。在其他工艺参数不变的情况下，提高焊接速度，则单位长度上电弧传给待焊钢板的热量显著减少，待焊钢板熔化速度减慢，其熔深和熔宽减小。若速度过高，就会引起咬边；若焊速过慢，单位长度上熔敷量增加，熔池体积增大，熔深反而减小而熔宽增加，并且可能造成焊件烧穿（图1-3-11）。

（4）焊丝伸出长度　焊丝伸出长度（图1-3-12）是指导电嘴端部到焊丝端头的距离。焊丝伸出长度越长，焊丝的电阻越大，其熔化速度越快。推荐长度 8～13mm，若伸出过长，则导致电弧电压下降，熔敷金属过多，焊缝成形不良，熔深减小，电弧不稳定，保护气体所起的作用也会减小。若伸出过短则难以焊接，因为焊接部位被挡在导电嘴的后面。即使可以焊接，电弧也易烧导电嘴，且金属飞溅也易堵塞喷嘴。

（5）手法与姿势　焊丝轴线相对于焊缝轴线的角度和位置会影响焊缝的形状和熔深。

当焊丝轴线和焊缝轴线在一个平面内,则它们相互之间的夹角称行走角(拖角、推角,图 1-3-13)。焊丝向前进方向倾斜焊接时,称前倾焊法(逆向焊接);焊丝向前进相反方向倾斜焊接时,称后倾焊法(正向焊接);焊丝轴线与焊缝轴线垂直称正直焊法。当其工艺参数不变时焊丝从垂直位置变为前倾焊时其熔深增加,而焊道变窄,焊缝剩余高度增大。拖角在 15°~25° 之间熔深最大,一般不推荐大于 25° 的拖角。

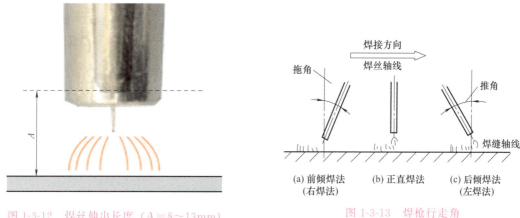

图 1-3-12　焊丝伸出长度($A = 8 \sim 13mm$)

图 1-3-13　焊枪行走角

(6)焊接姿势　气体保护焊有四种基本焊接姿势:平焊、横焊、立焊和仰焊(图 1-3-14)。

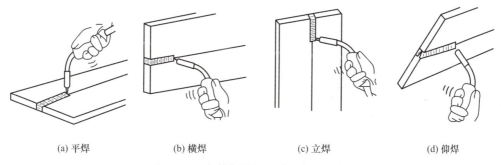

图 1-3-14　气体保护焊四种基本焊接姿势

平焊简单快捷,仰焊最难,需经过长时间的练习才能掌握。仰焊容易造成熔池过大的危险,而且一些金属液滴会落入喷嘴而引起故障。因此在进行仰焊时,一定要使用较低的电压,较短的电弧和较小的熔池。操作时将喷嘴推向工件,以保证焊丝不会向熔池外移动。最好能够沿着焊缝均匀地拉动焊枪。

(7)极性　采用直流电源焊接时,极性对焊缝熔深有影响。直流反接(焊丝接正极、工件接负极)时熔深大于直流正接(焊丝接负极、工件接正极)。如果需焊接的材料非常薄,应以正向极性进行焊接。这将在焊丝上产生更多的热量,并使焊接熔深较浅。采用正向极性的缺点是:它会产生许多气泡,需要更多地进行抛光。

(8)保护气体的流量　气体流量太大会形成涡流而降低保护层的效果,气体流量太小也不能起到好的保护。因此应根据喷嘴和待焊钢板之间的距离、焊接电流、焊接速度及焊接环境来调整保护气体的流量。采用细丝焊接短路过渡时,一般为 5~15L/min。

(9)送丝速度　如果送丝速度太慢,随着焊丝在熔池内熔化并熔敷在焊接部位,可听到嘶嘶声或啪哒声。此时产生的视觉信号为反光的亮度增强。

送丝速度太快将堵塞电弧，会产生飞溅。这时产生的视觉信号为频闪弧光。

送丝速度应与调节电流和电压的挡位结合起来进行调整，当电流和电压调节在大挡位时，送丝速度也应相应增加，否则会造成焊丝回烧。回烧就是焊丝熔化速度大于焊丝输送速度，焊丝不断向导电嘴熔化回缩，最终导致焊丝全部缩入导电嘴以至于无法焊接，严重的会损坏焊枪。

几种焊接因素对焊缝的影响见表1-3-2。

表1-3-2　几种焊接因素对焊缝的影响

要求		电弧电压	焊接电流	焊接速度	焊丝倾角	焊丝伸出长度	焊丝直径	说明
熔深	深		①增加		③拖角最大25°	②减小	④小*	*假定调整送丝速度而焊接电流不变 ①、②、③、④表示第一、二、三、四选择
	浅		①减小		③推角	②增加	④大*	
余高	大		①增大	②减小	③增大*			
	小		①减小	②增大	③减小*			
熔宽	凸窄	①减小			②拖角	③增大		
	平窄	①增大			②90°	③减小		
熔敷速度	快		①增大			②增大*	③小	
	慢		①减小			②减小*	③大	

5. 焊接方法

车身修复常用的惰性气体保护焊有5种：定位焊、搭接点焊、连续焊、连续点焊、塞焊。

（1）定位焊　这是一种临时点焊，用来取代定位装置或薄板金属螺钉对即将被焊接的工件进行固定。定位焊点间的距离大小与待焊钢板的厚度有关，一般推荐距离为待焊钢板厚度的15～30倍，如图1-3-15所示。

（2）连续焊　连续焊是指焊枪连续均匀、稳定地向前运动，形成连续的焊缝。一般采用正向焊法，焊枪应倾斜10°～15°，以便获得最佳形状的焊缝、焊接线和气体保护效果（图1-3-16）。

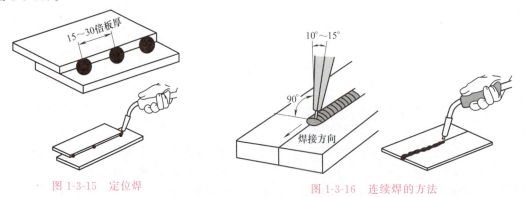

图1-3-15　定位焊　　　　图1-3-16　连续焊的方法

进行连续的对接焊时，如果焊缝较长，最好先进行定位焊（图1-3-17），然后将焊缝分段进行焊接，分段的原则是下一段焊缝应在温度最低处，但应该从中部而不是边缘开始焊接，否则焊接完后仍然可能变形。分段的焊道连接时必须有重叠，此时应在原有的焊缝上起弧，如图1-3-18所示。

如果薄板的厚度大于1.6mm，应在焊缝处磨出V形槽，或称打坡口，使熔深达到焊缝的底部（图1-3-19）。如果薄板的厚度小于0.8mm，则应采用连续点焊而非连续焊，以防止变形。

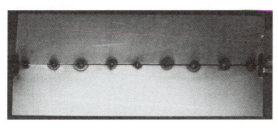

图 1-3-17 连续焊前的定位焊

图 1-3-18 连续焊的分段焊

（3）塞焊（点焊）（图 1-3-20） 点焊是对薄钢板（一般是厚度在 1mm 以下）实施小圆点状的局部焊接，它能穿透一层待焊钢板表面到达另一层待焊钢板表面。点焊时，必须用专用喷嘴代替一般的喷嘴，点焊焊枪应具有点焊控制、焊接热量及回烧控制功能。与塞焊不同的是不需要预先对待焊钢板打孔，因此强度不如塞焊。塞焊是点焊的一种形式，

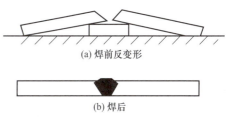

图 1-3-19 开 V 形坡口并预置反向变形控制焊缝质量

在需要连接的外层待焊钢板上（一般厚度在 1mm 及以上）钻或冲一个孔（图 1-3-20 右侧），电弧穿过此孔进入里面的工件，熔化的金属将孔填满。车身修复一般推荐结构性钣件上的钻孔直径为 8mm，装饰性钣件 5mm 即可。

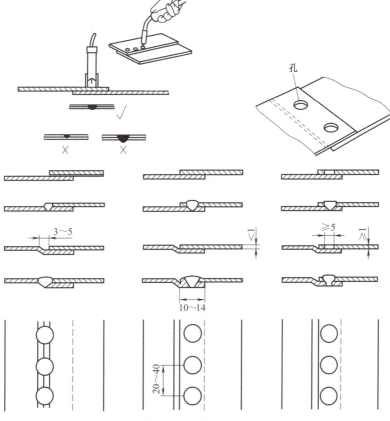

图 1-3-20 点焊与塞焊

在车身修理厂,除非维修手册上规定某些部位必须使用电阻点焊,否则都是采用塞焊来代替汽车制造厂的电阻点焊,因为它具有足够的强度来承受车身载荷,它在车身修理中的应用不受任何限制。

塞焊时应将两块待焊钢板紧紧地固定在一起,焊枪和工件表面垂直,将焊丝放入孔内,塞孔较大时沿塞孔圆周运枪并绕向中心,塞孔较小时直接对准中心将孔填平,如图 1-3-21 所示。

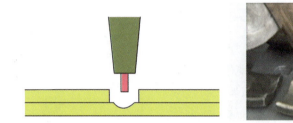

图 1-3-21　塞焊运枪手法

塞焊的熔深是下层金属板有半球形的隆起,而上层金属板的焊点略高于焊件平面(图 1-3-22)。

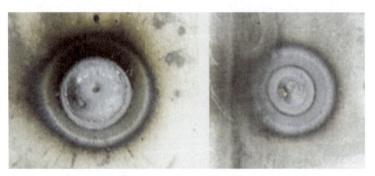

图 1-3-22　塞焊

塞焊还可用于将两块以上的金属板连接在一起,此时,应在每一层金属板上冲一个孔(最下面的金属板除外),而塞孔直径从下到上依次变大(图 1-3-23)。如果要将不同厚度的金属板焊接在一起,应将较薄的金属板放在上面并冲较大的孔,以保证较厚的金属能首先熔化。

图 1-3-23　塞焊孔的直径变化

(4)连续点焊　连续点焊就是一系列相连的或重叠的点焊,形成连续的焊缝(图 1-3-24)。连续点焊焊接时一个焊点一个焊点地焊接,两点之间的停顿让待焊钢板冷却,控制钢板整体温度在焊接几个点之后基本维持不变,不再升温,由此控制焊接热影响,改善焊接导致的强度大范围降低和热变形等负面影响。连续点焊焊接时需要注意起枪点,如图 1-3-25 所示 b 点位置,焊接时注意分段焊接,如图 1-3-26 所示。焊接质量应该是焊点正面和背面都连续,如图 1-3-27 所示。

第一章 汽车钣金基础知识

图 1-3-24 连续点焊

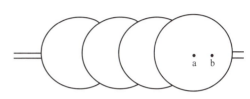

图 1-3-25 连续点焊焊接起枪点

（5）搭接点焊（图 1-3-28） 将一块焊件搭在另一块上，在交接处焊在一起。方法和手法同定位焊，不同的是焊接强度高于定位焊，保证焊透，牢固可靠。对于车身非结构性钣件，这是一种快速有效的焊接方法，但只用于原制造厂采用这种焊接的地方。

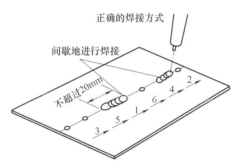

图 1-3-26 连续点焊分段焊接

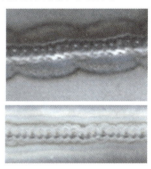

图 1-3-27 连续点焊焊接质量

6. 焊接接头类型

焊接接头是指用焊接方法把金属材料连接起来的接头，简称接头。它是组成焊接结构的最基本要素，在某些情况下，它又是焊接结构的薄弱环节，焊接质量不佳焊件就容易从接头处断裂。

常见的接头形式见表 1-3-3。

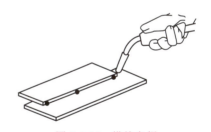

图 1-3-28 搭接点焊

表 1-3-3 焊接接头常见的形式

焊接方式	对焊	搭焊	T形接头		角焊	
不正确						
正确						

7. 气体保护焊常见缺陷及可能原因（表1-3-4）

表1-3-4　气体保护焊常见缺陷及可能原因

缺陷	示意图	说　　明	可能原因
气孔和凹坑	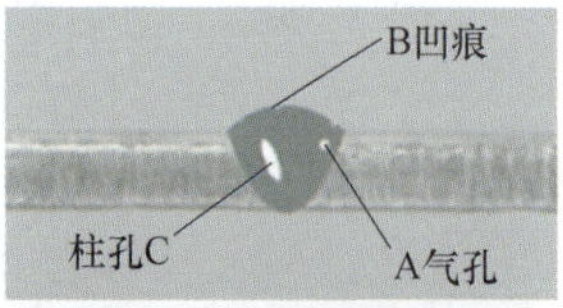 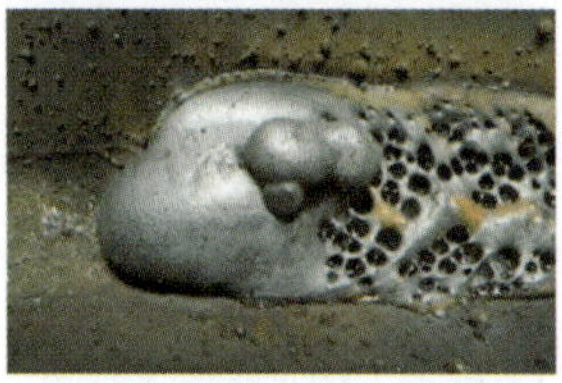	气体进入焊接金属中会产生气孔和凹坑	(1)焊丝有锈迹 (2)母材上有锈 (3)气体流量不足（见下图即是） (4)焊接时冷却速度太快 (5)电弧太长 (6)焊丝规格不合格 (7)气体被不适当地封闭 (8)焊缝表面不干净
咬边	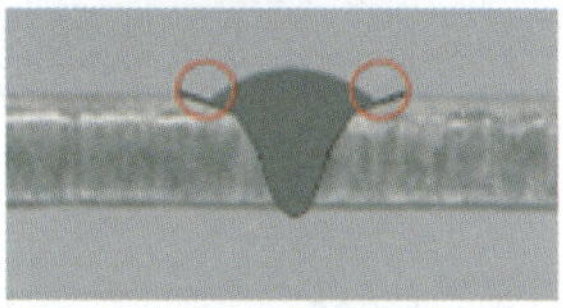	咬边是由于过分熔化的母材形成一个凹槽使母材的横截面减小,严重降低了焊接部位的强度	(1)电弧太长 (2)焊枪角度不正确 (3)焊接速度太快 (4)电流太大 (5)焊枪送进太快 (6)焊枪角度不稳定
焊瘤	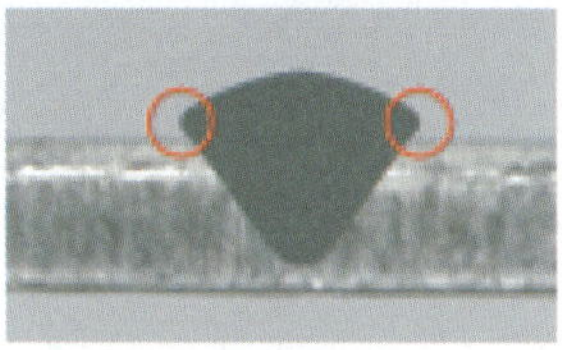	角焊比对接焊更容易产生焊瘤,焊瘤会引起应力集中而导致过早腐蚀	(1)焊接速度太快 (2)电弧太短 (3)焊枪送进太慢 (4)电流太小
焊接熔深不够	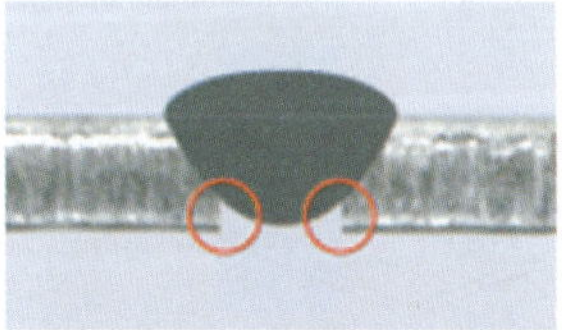	此种缺陷是由于金属熔敷不足而产生的	(1)电流太小 (2)电弧太长 (3)焊丝端部没有对准两层金属板的对接位置 (4)槽口太小
焊接溅出物过多	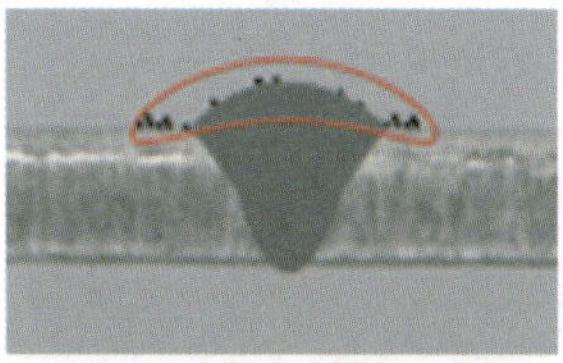	过多的溅出物在焊缝的两边形成许多斑点和凸起	(1)电弧太长 (2)母材金属生锈 (3)焊枪角度太大
焊缝不均匀	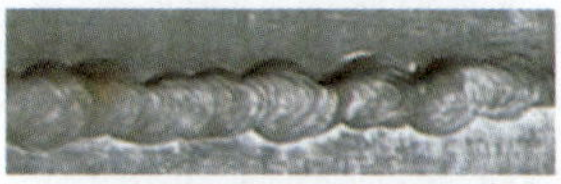	焊缝不是均匀的流线型,而是不规则的形状	(1)导电嘴的孔被损坏或变形,焊丝通过嘴口时发生振动 (2)焊枪不稳
烧穿	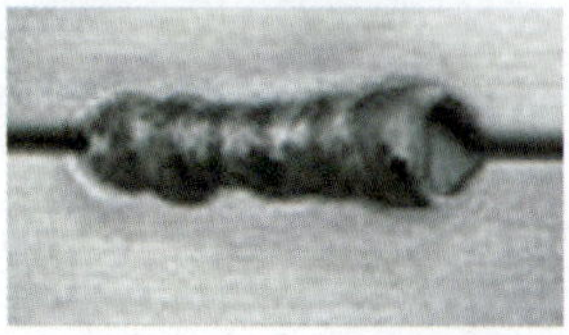	焊缝内有许多孔	(1)焊接电流太大 (2)两块金属间的坡口槽太宽 (3)焊枪移动速度太快 (4)焊枪至母材间的距离太短

气体保护焊操作示范

【实际案例】

如图 1-3-29 所示，某轿车司机疏于观察，一次紧急刹车造成后车刹车不及，发生追尾事故。

车损情况：左后翼子板局部变形严重，凹陷深，褶皱较多，边缘有裂纹；左后尾灯碎；后保险杠左后有撕裂；后围板轻微变形；后备箱盖轻微变形。

维修方案：后翼子板更换；后保险杠更换；左后尾灯更换；后围板钣金修复；后备箱位置轻微调整修复。

事故车辆后翼子板严重变形，维修时需从后立柱切割后更换，考虑强度和密封性，此位置需用气体保护焊焊接连接。

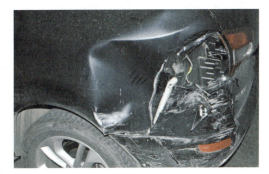

图 1-3-29 受损事故车

【操作示范】

1. 准备工作

穿戴：工作服、焊接围裙（或焊接服）、护腿、安全鞋、工作帽、焊接手套、焊接面罩、焊接口罩。

2. 操作步骤

（1）设备检查 首先检查焊机并切断焊机电源，然后拔出枪嘴，检查并清洁枪嘴和导电嘴（图 1-3-30），并检查导电嘴是否完好（图 1-3-31），打开气瓶开关，观察压力表示数，检查气瓶气压压力不能为 0（图 1-3-7）。

图 1-3-30 清洁枪嘴

图 1-3-31 使用砂纸打磨清洁导电嘴

(2) 调试焊机

① 旋转功能键至图示位置（图1-3-32）。

② 旋转挡位键和送丝速度（图1-3 33）：挡位选择3挡，送丝速度范围5～9m/min。

图1-3-32　功能键调节

图1-3-33　挡位键和送丝速度调节

③ 使用开关开机，绿色指示灯亮（图1-3-34）

④ 调整气体流量：扣动焊枪开关（图1-3-35），旋转气体流量调整旋钮，观察气体流量计中钢球指示位置在5～15L/min范围（图1-3-36）。

⑤ 修剪焊丝：使用偏嘴钳修剪焊丝，一般情况下，焊丝伸出导电嘴长度约为8～15mm，焊丝伸出枪嘴长度约为5～12mm（图1-3-37）。

图1-3-34　按下焊机开关开机

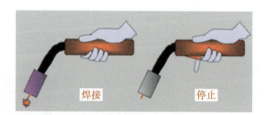
图1-3-35　焊枪焊接与停止

图1-3-36　气体流量调整

图1-3-37　使用偏嘴钳修剪焊丝

⑥ 清洁试焊片：使用抹布清洁试焊片（图1-3-38）。

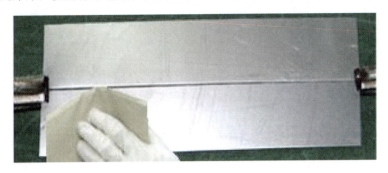

图1-3-38 清洁试焊片

⑦ 固定试焊片：使用固定夹钳将试焊片固定于焊接工作台上（图1-3-39）。

⑧ 可靠搭铁：将搭铁固定于试焊片或者与试焊片接触良好的导电位置（图1-3-40）。

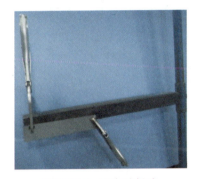

图1-3-39 固定试焊片

图1-3-40 可靠搭铁

（3）试焊 如图1-3-41所示，保持焊枪与钢板距离即枪距约5~10mm位置，为便于观察，焊枪与钢板成15°~30°角。焊接前焊丝不要与钢板接触，保持正确枪距，扣下焊枪开关，听声音判断焊机是否正常工作——正确：连续"滋滋"声音；送丝速度快："啪啪"清脆声音，焊丝送出太快来不及熔化，飞溅多；送丝速度慢："噗嗤噗嗤"沙哑声音，焊丝供不上熔化速度，焊丝缩回枪嘴。

图1-3-41 焊枪合理姿势

（4）焊接

① 连续点焊

a. 准备：清洁过的两片试焊片置于同一平面后用固定夹钳夹紧（图1-3-42），调整两试焊片中间缝隙略宽于焊丝直径，便于熔透。夹紧后的试焊片固定于焊接工作台上，并良好搭铁（图1-3-43）。

b. 焊接：先定位焊接，将试焊板固定，定位焊点间距约为板厚的15~30倍（图1-3-44~图1-3-46），以防试焊片在焊接过程中出现高低错位。点位后的焊点需要打磨平整（图1-3-47），以免影响后续焊接质量。第一点在焊缝起枪焊接，当其变成暗红色时在边缘内部沿焊缝约0~1mm处起枪焊接第二点（图1-3-48），依次进行，分段焊接。不能沿着一个方向焊接整条焊缝，一般从中间开始往两边交替焊接（图1-3-49）。

图 1-3-42　夹紧试焊片

图 1-3-43　固定试焊片并搭铁

图 1-3-44　定位第一点

图 1-3-45　定位两端

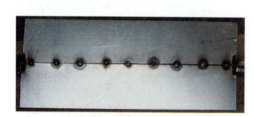

图 1-3-46　分段定位

图 1-3-47　带式打磨机打磨定位点

图 1-3-48　连续点焊

图 1-3-49　焊接顺序

c. 焊接质量检验（图 1-3-50、图 1-3-51）：正面扁平，焊点直径大约 4mm，连续均匀覆

图 1-3-50　焊接正面

图 1-3-51　焊接背面

盖焊缝，没有穿孔；背面熔透良好，焊点熔透连续，不得中断。

② 连续搭接焊

a. 准备：清洁过的两片试焊片置于搭接后用固定夹钳夹紧（图 1-3-52），然后固定于焊接工作台上，并良好搭铁。方法与连续点焊相同。

图 1-3-52　夹紧试焊片

b. 焊接：分段及焊接顺序与连续点焊相同（图 1-3-53），间隔一段焊接一段（图 1-3-54），单一分段中间不得中断焊接。

图 1-3-53　位焊接　　　　　　　　　图 1-3-54　搭接焊及焊接顺序

c. 焊接质量检验（图 1-3-55）：正面扁平，焊缝宽度大约 5mm，连续均匀覆盖焊缝，没有穿孔；背面熔透良好且连续，不得中断。

③ 填孔焊（塞焊）

a. 准备：清洁两片试焊片，分别使用 ϕ5mm 和 ϕ8mm 的打孔钳打 ϕ5mm 孔和 ϕ8mm 孔（图 1-3-56）。用固定夹钳夹紧，然后固定于焊接工作台上，并良好搭铁（图 1-3-57）。

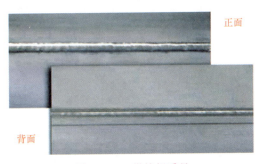

图 1-3-55　搭接焊质量

图 1-3-56　试焊片打孔

b. 焊接：ϕ5mm 孔——焊枪垂直试焊板（图1-3-58），焊丝对准孔的中心，轻轻扣下开关直到熔化焊丝填满孔结束焊接；ϕ8mm 孔——焊枪与钢板成 15°~30°角，焊丝沿着孔边缘内 1mm 位置顺时针转一圈，填满结束焊接（图 1-3-59）。必须一次性填满，背面熔透。ϕ5mm 孔焊点直径约 6~9mm，高度约 2mm；ϕ8mm 孔焊点直径约 9~12mm，高度约 2mm。

c. 质量检验：一次性填满，背面熔透。ϕ5mm 孔焊点直径约 6～9mm，高度约 2mm；ϕ8mm 孔焊点直径约 9～12mm，高度约 2mm（图 1-3-60）。

图 1-3-57　固定试焊片并良好搭铁

图 1-3-58　ϕ5mm 孔填孔焊

图 1-3-59　ϕ8mm 孔填孔焊

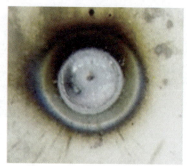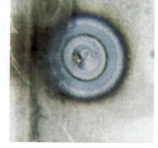

图 1-3-60　填孔焊正面和背面质量

（5）5S　焊机所有参数调整回原位，关闭焊机。工具设备擦拭干净归位，场地清洁。

二、钣金件的电阻点焊

1. 原理及特点

电阻点焊焊接原理（图 1-3-61）：焊接时，先把焊件表面清理干净，再把被焊的板料搭接装配好，压在两柱状铜电极之间，施加力压紧。当通过足够大的电流时，在板的接触处产生大量的电阻热，将中心最热区域的金属很快加热至高塑性或熔化状态，形成一个透镜形的液态熔池，继续保持压力，断开电流，金属冷却后，形成了一个焊点。点焊由于焊点间不连续，所以只用于没有密封性要求的薄板搭接结构和金属网、交叉钢筋结构件等的焊接。如果把柱

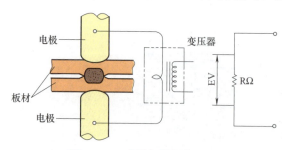

图 1-3-61　电阻点焊焊接原理

状电极换成圆盘状电极，电极紧压焊件并转动，就能形成一个连续并重叠的焊点，形成焊缝，这就是缝焊。它主要用于有密封要求或接头强度要求较高的薄板搭接结构件的焊接，如油箱、水箱等。整车制造过程中，电阻点焊主要由各种夹具和机械手来完成，焊点分布均匀、焊接强度可靠（图 1-3-62）。

电阻点焊的特点:

(1) 焊接时间短且加热区域小,所以钢板几乎不会变形;

(2) 点焊最适合于薄钢板 (0.7~1.4mm);

(3) 焊接经验和专业技术并非特别需要;

(4) 由于是在母材的重叠面结合,所以很难从外观判断结合状况的好坏;

(5) 施加电流时会产生磁场;

(6) 因为需要产生大电流,因此焊机重量较重。

图 1-3-62 整车制造中电阻点焊应用

2. 焊接机器

电阻点焊机的组件以现在较流行便携式为例(奔腾 FAN)。

(1) 夹具 电阻点焊机的夹具如图 1-3-63 所示。焊钳传导电流至电极头并支持焊接力,它由高电导率和高强度的铜类材料制成。操作手柄上的控制开关时,向钢板施加压力并使电流通过电极端部,会使待焊接的钢板产生大量焦耳热,使得钢板之间的接触面开始熔化,从而达到焊接目的。其中线缆是点焊机必要组成部分,要求有高的电导率和高强度,它是由细铜丝拧成的绳,并且由管子中的冷却水来冷却,大电流流过时不被加热。电极头是由铜铬合金制成,有良好的导电性和导热性,并在高温下保持硬度和不易磨损。

图 1-3-63 焊钳结构

控制开关:开关动作操作焊接电路的通断,电极加压和卸压。夹紧气缸为电极臂和电极提供强大的夹紧力。

(2) 控制装置 电阻点焊机的控制装置如图 1-3-64、图 1-3-65 所示。

图 1-3-64 焊机前控制面板　　　　图 1-3-65 焊机后控制面板

(3) 焊机电源　焊机电源利用变压器和整流器将 380V 交流电转换为低电压、大电流的直流电。

3. 焊接操作

电阻点焊的操作步骤为：施加压力，施加电流，保持压力和卸载压力。

(1) 施加压力　施加压力让试焊钢板保持紧密结合，易于电极端部压紧区焊接，如图 1-3-66 所示。

(2) 施加电流　大电流在两个电极端部之间通过，电流流经被紧压的钢板时会产生大量的电阻热，在两个电极端部之间钢板温度迅速上升。持续施加电流，钢板的接触表面熔化，施加压力使钢板熔合在一起，如图 1-3-67 所示。

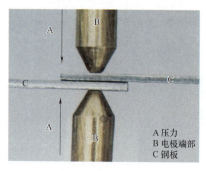

图 1-3-66　施加压力

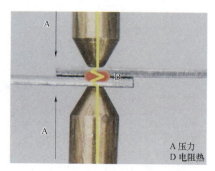

图 1-3-67　施加电流

(3) 保持压力　电流停止后，在熔合部位冷却前，需继续保持施加在钢板上的压力，如图 1-3-68 所示；熔化的部位冷却后凝固的金属形成圆而平的焊点，这种结构非常紧密，因为施加压力的合适，而产生了很高的机械强度。

(4) 卸载压力　完成一个焊点焊接，如图 1-3-69 所示。

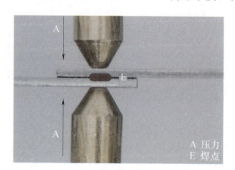

图 1-3-68　保持压力

图 1-3-69　卸载压力完成一个焊点焊接

4. 影响因素

电极压力、焊接电流和通电时间会极大地影响焊点的直径和抗剪切能力（强度），此外电极端部和钢板状态以及点焊位置也会对焊接效果产生影响。

(1) 电极压力　如果压力小，则电流在电极流向钢板时会有所消耗，从而导致钢板之间的熔合不足。如果压力太小，而钢板和电极端部之间会产生火花，可能导致表面产生毛边。电极压力与焊点抗剪切能力/焊点直径关系如图 1-3-70 所示。

(2) 焊接电流　如果电流太小，则焊点直径会很小且焊接强度会不足；如果电流太大，则会导致喷溅。焊接电流与焊点抗剪切能力/焊点直径关系如图 1-3-71 所示。

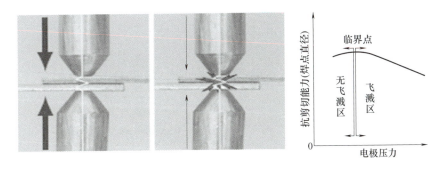

图 1-3-70　压力影响

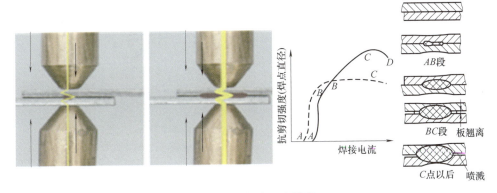

图 1-3-71　焊接电流影响

（3）通电时间　如果通电时间过短，则焊点直径变小且焊接强度不足。如果通电时间过长，则焊接区域产生的热量会增加，从而导致钢板变形，或者在钢板上形成深度凹陷，使钢板变薄，造成焊接强度不足。通电时间与焊点抗剪切能力/焊点直径关系如图 1-3-72 所示。

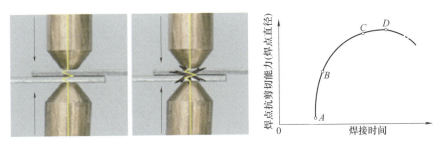

图 1-3-72　通电时间影响（ABCD 段焊点情况与焊接电流类似）

（4）电极端面状况

电极端面必须干净无尘、无磨损和无热量积聚，电极端面太脏时，则电流在从电极流向钢板时会有所消耗，从而导致钢板之间的熔合不足。如果电极端面磨损，则焊点直径无法达到正确尺寸，继续使用焊机，电阻将增大，电极端面将过热且提早磨损，从而导致焊接强度不足。如果电极端面磨损，则用电极铰刀进行修整，如图 1-3-73 所示。为防止热量聚积在电极端面，可以向电极端面吹送空气或用湿布冷却电极端面。电极端面直径与焊点抗剪切能力/焊点直径关系如图 1-3-74 所示。

图 1-3-73　使用电极铰刀修整电极

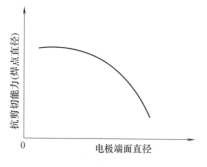

图 1-3-74　电极端面直径影响

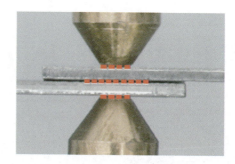

图 1-3-75　电极端部和钢板的接触表面应无涂料、锈蚀和脏污

（5）钢板状况　对于采用电阻点焊的钢板，待焊接表面应该先进行除油除锈去污操作。如果钢板之间有间隙，则电流可能无法通过或可能产生火花。如果电极端部和钢板的接触表面上有涂料、锈蚀和脏污（图1-3-75），则电流将不足，从而导致焊接强度不足。

（6）焊接位置

根据待焊接钢板的厚度，选择合适的焊接间距和边距（图1-3-76，表1-3-5）。如果间距太小，则将产生分散电流（图1-3-77），从而导致焊接强度不足。如果边距太小，则熔融金属可能在钢板之间流动，形成一个孔或极小焊点，从而导致焊接强度不足。

图 1-3-76　焊接间距 S 和边距 P

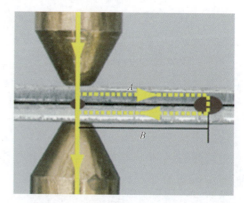

图 1-3-77　间距太小，产生分散电流

5. 焊接维修注意事项

钣金车间使用的点焊机性能较之生产线的焊机性能略逊一筹。因此，使用时注意：

表 1-3-5　不同钢板厚度的焊接位置选择

钢板厚度	间距 S	边距 P
0.6mm	≥11mm	≥5mm
0.8mm	≥14mm	≥5mm
1.0mm	≥18mm	≥6mm
1.2mm	≥22mm	≥7mm
1.6mm	≥29mm	≥8mm

(1) 电阻点焊机能产生至少 8800A 的电流（确保焊接质量）；
(2) 可以是水冷或风冷；
(3) 不要焊接车架部分；
(4) 不要焊接厚度超过 3mm 的钢板，3 块或以上堆叠的钢板；
(5) 焊接的点数至少是原车焊接点数的 1.3 倍。

6. 质量检验

焊点质量的检验可采用外观检验（目测）或破坏性试验。破坏性试验用于检验焊接的强度，而外观检验则是通过外观判断焊接质量。

(1) 外观检验　外观检验如图 1-3-78 所示，除用肉眼看和手摸来检验焊接处的表面粗糙度外，还有下列项目需要检验。

图 1-3-78　外观检验

① 焊接位置。焊点的位置应在钢板边缘的中心，不可超过边缘，还要避免在原有的焊接过的焊点位置进行焊接。

② 焊点的数量。焊点的数量应大于汽车制造厂焊点数量的 1.3 倍。例如，原来在制造厂点焊的焊点数量为 4 个。4 的 1.3 倍大约为 5 个新的修理焊点。

③ 焊点间距。修理时的焊接间距应略小于汽车制造厂的焊接间距，焊点应均匀分布。间距的最小值，以不产生分流电流为原则。

④ 压痕（电极头压痕）。焊接表面的压痕深度不能超过金属板厚度的一半，同时电极头不能焊偏产生电极头孔。

⑤ 气孔。不能有肉眼可以看见的气孔。

⑥ 溅出物。用手套在焊接表面擦过时，不应被绊住。

(2) 破坏性检验　取一块和需要焊接的金属板同样材料、同样厚度的试验工件，施加外力使焊点处分开。根据焊接处是否整齐地断开，可以判断出焊接质量的好坏。实际进行修理焊接时不能用这种方法来检验，试验的结果只能作为调整焊接参数的参考依据。这种实验有两种方法。

① 扭转试验。两片试焊片按如图1-3-79所示的位置进行焊接，并按图中箭头所指的方向扭转后在其中一片焊片上应留下一个与焊点直径相同的孔（图1-3-80）。如果该孔过小或根本就没有孔，说明焊点的焊接强度太低，需要重新调整焊接参数。

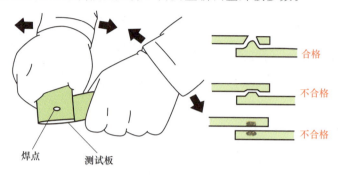

图1-3-79　扭转方法

② 撕裂试验。撕裂后在其中一个焊片上留有一个大于焊点直径的孔（图1-3-81）。如果留下的孔过小或根本没有孔，说明焊点的焊接强度太低，需要重新调整焊接参数。

图1-3-80　扭转破坏合格的孔

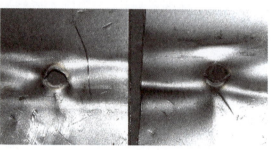

图1-3-81　撕裂试验

（3）非破坏性检验　在点焊完成后，錾子和锤子按下述方法检验焊接的质量，如图1-3-82所示，将錾子插入焊接的两层金属板之间，并轻敲錾子的端部。直到在两层金属板之间的间隙能看到焊点。如果这时焊点部缝仍保持正常没有分开，则说明所进行的焊接是成功的。

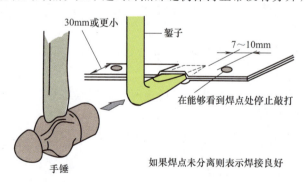

图1-3-82　非破坏性检验

7. 焊接缺陷及成因

（1）焊点太小　焊点直径太小如图1-3-83所示。可能的原因：①电流不足；②压力过大；③通电时间短。

（2）喷溅　熔融金属从钢板之间的间隙中溅出，如图1-3-84所示。可能的原因：①电流过大；②压力不足；③钢板间隙中有异物；④焊接极头太尖。

（3）表面毛边　熔融金属从电极端部和钢板之间的间隙中溅出，如图1-3-85所示。可能的原因：①焊接压力对应的电流过大；②焊接极头的直径太小。

（4）气孔　焊点内有空气，如图1-3-86所示。可能的原因：①压力不足；②焊接极头直径太大；③压力持续时间不足。

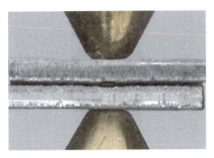

图 1-3-83 焊点太小

图 1-3-84 喷溅

图 1-3-85 表面毛边

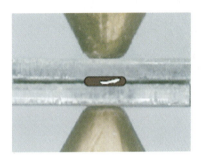

图 1-3-86 气孔

(5) 龟裂 焊点内侧裂纹，如图 1-3-87 所示。可能的原因：①压力不足；②焊接极头直径太大；③压力持续时间不足。

(6) 凹痕 电极端部施加压力时产生的凹陷，如图 1-3-88 所示。可能的原因：①电流过大；②压力过大；③焊接极头的直径太小。

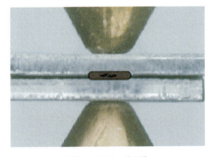

图 1-3-87 龟裂

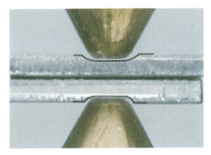

图 1-3-88 凹痕

(7) 穿孔 熔融金属从焊接区飞溅出来，并在钢板上留下一个孔，如图 1-3-89 所示。可能的原因：①电流过大；②压力过小。

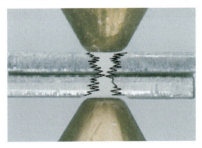

图 1-3-89 穿孔

电阻点焊操作示范

【实际案例】

如图 1-3-90 所示,某轿车司机路口过快,被左方来车直接碰撞,发生侧面碰擦事故。

车损情况:左前翼子板局部凹陷变形,左前门板整体严重凹陷,中立柱下部凹陷变形;左后门下前部凹陷变形。

维修方案:前翼子板修复;中立柱更换;左前门和左后门更换。

该车左侧受撞击后左前门和中立柱中下部严重变形,维修时需从中立柱切割后更换,考虑强度和材料特性,中立柱边缘位置需用电阻点焊方式焊接修复。

图 1-3-90 受损事故车

【操作示范】

1. 准备工作

穿戴:工作服、安全鞋、工作帽、焊接手套、防护面罩。

工具及用品:点焊机、带式打磨机、焊接工作台、带虎钳工具车、固定夹钳若干、划针、300mm 钢板尺、240 目砂纸等。

2. 操作步骤

(1) 设备检查 首先在焊机后面板旋转电源开关到"O"位置切断焊机电源,接通气源观察压力表示数在 0.4~0.8MPa(图 1-3-65),先食指扣下控制开关,夹紧后看上下电极是否在一条直线上(图 1-3-63),然后松开控制开关,再大拇指按下张钳开关验证焊钳活动是否自如。检查电极端面是否清洁完好,如果脏污,需用 240 目砂纸打磨清洁(图 1-3-91)。电源开关转到接通位置,检查面板显示是否正常,状态指示灯在检测后是否显示正常状态"RUN"(图 1-3-64)。

图 1-3-91 检查电极端面

图 1-3-92 功能键调节

(2) 调试焊机 按功能选择键,功能指示灯会从上到下移动变亮,选择功能键至图示第三个双面电阻点焊功能位置,等待机器自检结束后出现"RUN",焊机进入准备焊接状态,调整好焊接参数(图 1-3-92)。

(3) 清洁试焊片 使用抹布清洁试焊片,如图 1-3-93 所示。

(4) 划线 将划针紧贴钢板尺划线,如图 1-3-94 所示。

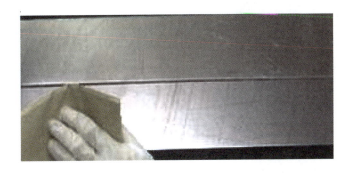

图 1-3-93 清洁试焊片

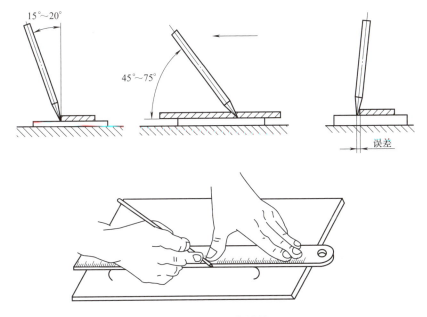

图 1-3-94 可靠搭铁

(5) 固定试焊片 使用固定夹钳将试焊片固定于焊接工作台上，如图 1-3-95 所示。

(6) 试焊 保持焊钳与钢板近似垂直，对准划的线（图 1-3-96），半扣下焊钳控制开关，维持约 2s 后扣到底，听到'嘀'一声，焊接完成，再维持约 2～3s，按下张钳开关松开焊钳。记住电极焊接准确对线的位置。

(7) 焊接 焊接时不能单项连续焊接，要跳点焊接，如图 1-3-97 所示。

图 1-3-95 固定试焊片

(8) 焊接质量检验

外观检验——焊点中间亮白色，不失圆，直径大约 4mm，周边连续均匀，没有穿孔（图 1-3-98）；

试验检验——试焊时破坏性试验（图 1-3-99），工件上可采用非破坏性试验（图 1-3-100）。

图 1-3-96 焊接合理姿势

图 1-3-97 焊接顺序

焊接正面

焊接背面

图 1-3-98 焊接外观

(9) 5S 工收拾工具，整理工位，清扫场地。

三、钣金件空气等离子弧切割

等离子是一种高能热态气体，具有很高的温度和离子化特性，并具有导电性。等离子弧切割是利用高温等离子电弧的热量使工件切口处的金属局部熔化（和蒸发），并借高速等离子的动量排除熔融金属以形成切口的一种加工方法。已被广泛应用于氧乙炔火焰无法切割的金属及非铁金属，如不锈钢、铝、铜、钛等，切割任何金属工作迅速，割口狭窄平滑，实际作业时，操作很简单，并不要熟练的技术，热影响区小，所以变形量小，但火花较多，机器比其他钣金切割设备贵，因而使用并不普遍。

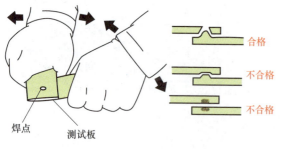

图 1-3-99 破坏性试验

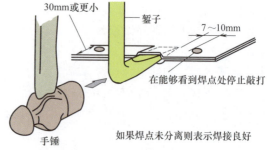

图 1-3-100 非破坏性试验

1. 等离子弧切割设备

手工切割的等离子弧切割设备由电源、割炬、控制系统、气路系统等组成。某空气等离子切割机（CUTTER 20 PLASMA 型）的外观如图 1-3-101 所示。等离子割枪结构如图 1-3-102 所示。

电极一般采用钨极、钍钨极和铈钨极。电极是整个空气等离子系统中容易消耗的零件，当其中间的电极材料剩余 1.5mm 的时候一定要及时更换，否则有可能烧毁喷嘴、气芯等其他零件，甚至烧毁割炬。喷嘴是整个空气等离子系统中最容易消耗的零件，当使用不当（如翻渣、大功率喷嘴离工件过近、冷却不良），或使用时间达到设计寿命，均可能引起喷嘴中间的小孔变形或变大（图 1-3-103），这时一定要及时更换，否则将影响切厚能力、切割质量或切割速度。

图 1-3-101　空气等离子切割机

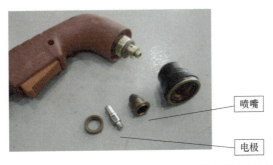

图 1-3-102　等离子割枪结构图

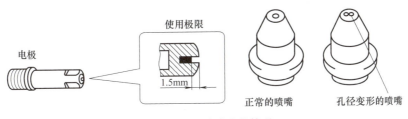

图 1-3-103　喷嘴孔的情况

2. 注意事项及安全防护

等离子弧切割注意事项：

（1）提前接通工作气体、滞后切断工作气体，以保护电极不致被氧化烧损。

（2）接通高额发生器引燃诱导弧，一旦主电弧建立，即自动断开。

（3）控制工作气体的流量，随切割电弧的形成而逐步增大，以保证稳定可靠地点燃主电弧；控制切割速度，在切割时以切口下缘无挂渣或少量挂渣时的速度为宜。

（4）切割终了或因其他原因使电弧熄灭时，控制线路能自动断开。

（5）当切割电源短路或电流过大时，切割电源中的过电流保护装置自动切断电源，控制线路也能随时断开。

安全与防护事项：

等离子弧切割时的有害因素主要有有害气体、金属烟尘、弧光（紫外线）辐射、高频电磁场等。危险因素主要是电击，因此，必须十分重视安全与防护工作。

（1）防电击。等离子弧切割用的电源空载电压较高（直流250V以上），尤其在手工操作时，有电击危险。因此，电源在使用时，必须可靠接地，切割工作台和工件也要可靠接地，穿戴上绝缘手套和绝缘鞋，经常检查线路是否老化，严禁带电维修设备。

（2）防弧光辐射。等离子弧较其他电弧的光辐射强度大，尤其是紫外线，它对皮肤损伤严重。手工切割时，操作者必须穿戴好长筒护手套、能遮盖所有裸露部位的阻燃服装、无翻边的裤子以防火花和熔渣的进入。面罩除用黑色目镜外，最好再加入吸收紫外线的镜片。

（3）防烟尘。等离子弧切割时伴随大量金属蒸气、臭氧和氮化物等，加上切割时气体流量大，导致工作场地灰尘大量扬起，对操作人员呼吸道和肺有严重影响。故工作场地必须配备良好通风设备，切割含有锌、铅的金属或涂漆的金属时，一定要戴好呼吸设备，并保证良好的通风。

（4）防火。切割现场应有灭火器，周围10m以内不得有可燃物，不切割可能引起爆炸或燃烧的金属材料或容器。

等离子弧切割操作示范

【实际案例】

如图1-3-104所示，一辆经济型轿车一次暴力驾驶，导致汽车飞出路面撞树，后翻滚掉入水沟中。

图1-3-104　受损事故车

车损情况：两个轮子脱落，前纵梁严重变形，后行李箱处轻微变形，后纵梁出现一个U形结。

维修方案：前纵梁变形严重，后纵梁吸能区变形，不能维修，必须实施切割更换。

事故车辆修复时有两种方法：维修和更换。更换时部件需切割下来，所以切割是维修的基本技能之一。

【操作示范】

1. 安全防护

穿戴：工作服、安全鞋、工作帽、手套、焊接面罩、焊接口罩。

2. 准备工作

等离子切割机、抹布、带虎钳工作台、固定夹钳、白板笔、直尺、灭火器。

3. 安全检查

(1) 等离子弧切割工作电压较高,电源空载电压也高,操作时一定要将电源可靠接地,割枪手把可靠绝缘。

(2) 等离子弧的紫外线辐射比一般电弧强,注意眼睛和皮肤的防护。

(3) 等离子弧切割时,会产生大量的金属蒸气及有害气体,须保持场所的通风。

4. 设备检查

注意事项:首先切断主机电源。

旋下喷嘴,检查喷嘴和电极的损耗情况。喷嘴孔径变形过大或电极烧损变短(如图1-3-105所示,准确的数据参考设备说明书)都必须重新更换,更换时应保证型号的统一性,按图1-3-102的顺序将新配件装好,用力拧紧后把喷嘴及电极依次准确地安装到位。

喷嘴表面如果附着了飞溅物,将会影响喷嘴的冷却效果,应及时并且经常清除割炬头部的灰尘及飞溅物,保持良好散热效果。

检查切割机的电源接入是否正常,检查切割机的接地线是否接好(很重要),检查搭铁是否可靠夹紧工件。如图1-3-106所示。

图 1-3-105　喷嘴和电极良好

图 1-3-106　接地线良好

检查压缩空气是否接入,气压是否在规定范围[本书示例机器为 0.25～0.4MPa (2.5～4.0bar)]。如图1-3-107所示。

图 1-3-107　气压正常

图 1-3-108　场地清理

5. 场地和车身附件清理

清洁钢板并划线，固定钢板，清理切割场地周围的可燃物，防止切割可能引起的火灾。切割场地应配备灭火器。如图 1-3-108 所示。

6. 接通气和电

打开压缩空气阀门，然后把切割机的电源开关拨至"开"位置，随即电源指示灯亮，再调节切割机的减压阀压力至所需压力。如图 1-3-109 所示。

图 1-3-109　供电正常

注意事项：使用的压缩空气必须干燥清洁。因水气、油污易导电，电极上产生螺旋形黑条纹，说明水气、油污过多，使电极、喷嘴内腔拉弧短路，极易损坏割炬，又不能正常工作。

7. 确定切割起点

对厚度≤5mm 的钣件，可从任何位置开始切割。对厚度＞5mm 的钣件，应从钣件的边缘开始切割（建议从边缘开始，气流顺畅，初始切割位置切口效果更好一点）。如果一定要从钣件的中间切割，可在切割的起始点用手电钻钻个小通孔（$\phi3 \sim \phi5$），以小孔为起点进行切割。如强行从盲孔或无孔的位置开始切割将造成"翻浆"烧毁割炬。

8. 试弧

在准备切割时，手持割炬接近工件约 1mm 距离（不同等离子切割机按说明书要求），按动割炬开关，这时有等离子弧从喷嘴孔内喷出，说明电极喷嘴等件安装正确，如图 1-3-110 所示。如果没有等离子弧从喷嘴孔内喷出，或只有微弱的等离子弧从喷嘴孔内喷出，说明电极、喷嘴安装不正确，关机后重新安装。

图 1-3-110　等离子弧正常　　　　　图 1-3-111　等离子弧切割图

9. 切割

切割开始时，喷嘴孔的外边缘对准工件的边缘（图1-3-111），距离工件表面约1mm（具体按照说明书要求下同），按动割炬开关即可起弧，若未引燃电弧，松开割炬开关，并再次按动割炬开关起弧（应注意避免不必要的反复闭合割炬开关，这样做有可能引起电源故障或降低电极使用寿命）。

起弧成功后，将喷嘴与工件表面的距离拉远，保持在使用说明书要求高度。匀速移动割炬进行正常切割，移动速度根据板材厚度不同而改变，可根据切割火焰判断切割速度是否合适（图1-3-112）。

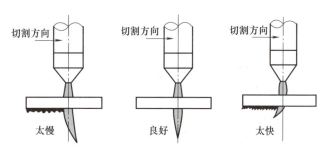

图1-3-112　等离子弧切割速度与火焰

注意事项：

（1）切割过程中若切速明显变慢、电弧中出现绿色光焰、起弧困难、切口偏斜或切口变宽等情况时，应及时更换电极、喷嘴。否则就会在喷嘴内产生强烈的电弧，击穿电极、喷嘴，甚至烧毁割炬。

（2）在正常使用过程中，突然听见"卟"的响声，弧光发红，弧渣上窜，应立即停止使用，此时电极、喷嘴已损坏，如继续使用会损坏割炬，必须更换电极、喷嘴后方可使用。

（3）更换时电极必须完全冷却（用压缩空气吹），否则电极基座受热膨胀发腻较紧，旋松时不能用力过猛，否则易损坏电极基座。电极、喷嘴更换使用前均需查看内腔是否干净，必须清除杂质后使用。

（4）切割时，电缆线尽量保持平直，如空间不允许，也不要形成死弯；同时不要用脚踩或挤压电缆线以免造成气流受阻，气流过小，烧毁割炬，如图1-3-113所示。切割电缆线应避免与利器接触，以免造成破损，而影响正常的使用。

图1-3-113　电缆线尽量保持平直避免电缆线形成死弯，脚踩

（5）当工件将要切断时，切割速度应放慢，以防止工件变形，从而引起工件与喷嘴相碰造成短路。松开割炬开关即完成切割。

（6）割炬中的电极、喷嘴在使用过程中不能松动，电极须用专用扳手旋紧，每次使用前必须查看，见有松动随时用专用扳手旋紧，但不能使用活动扳手之类工具。

10. 关闭电和气

切割完毕关闭电和气，这时枪嘴附近温度比较高，收起时要等待冷却后再进行，以免烫伤和引起火灾。如图1-3-114所示。

11. 割炬保养

每次使用后清理一次割炬,按下列步骤进行:

(1) 断主机电源;如图 1-3-114 所示。

(2) 卸下喷嘴罩、喷嘴、电极。

(3) 重新打开电源开关,打开试气开关,这时有气体从割炬的喷气管孔内喷出,保持约15s,以达到清理气管内脏物的目的。在清理过程中,不能按动割炬开关,以免损坏割炬。

(4) 检查喷嘴和电极的损耗情况,需要重新更换的按要求更换。如图 1-3-115 所示。

图 1-3-114　断主机电源　　　　　图 1-3-115　检查喷嘴和电极的损耗情况

12. 5S

工收拾工具,整理工位,清扫场地。

四、钣金件的气动锯切割

1. 气动锯知识

气动锯切割是利用气动的锯条的往复运动,将工件切割分离,如图 1-3-116 所示。气动锯往复速度高达每秒 200Hz,能突破车体切割所造成的共振频率,所以切割速度快,操作稳定性佳,同时可配备多种锯片与锉刀组。用途与锯齿的选择:

(1) 32 齿锯片:1mm 以下的铁板锯割。

(2) 24 齿锯片:多层的铁板、厚度在 4mm 以下。

(3) 18 齿锯片:曲线切割较软的材质,例如安装喇叭音响时使用。

(4) 14 齿锯片:用在锯切铝或塑料等较软的材料。

(5) 锉刀组:用来修整材料边缘或扩孔等。

图 1-3-116　气动锯及锯片

2. 特点

(1) 高运转速度,操作时振动小,速度快。

（2）可使用复合材料锯片，耐用且不易折断。
（3）能锯切曲线。
（4）切割时振动会影响切割准确性，噪声大。

3. 安全注意事项

（1）拆装或调整气动锯的任何零件时，不可以连接压缩空气。
（2）工作中，需要戴手套及护目镜来保护安全，如有必要，可以戴耳塞。
（3）需依用途，选择正确的锯片使用。
（4）勿重摔或连接电源等。
（5）每天使用前，需在进气口处加入2～3滴的润滑油。
（6）只能使用干燥、清洁的压缩空气，工作压力约在 $(6～8)×10^5$ Pa 之间。

 | 气动锯切割操作示范 |

1. 安全防护

穿戴：工作服、安全鞋、工作帽、手套、面罩、耳塞。

2. 准备工作

气动锯、润滑油、抹布、带虎钳工作台、固定夹钳、划针、直尺。

3. 安全检查

（1）检查、更换锯片时注意切断气源。
（2）锯片锋利，要紧固，不得松动。
（3）切割前注意检查锯片是否会伤及其他器件。

4. 设备检查

每天使用前加注1～2滴润滑油使气动锯保持良好工作状态（图1-3-117）；气源线不得受挤压，长度足够。

5. 钢板划线

使用钢板尺和划针划线，便于准确切割（图1-3-118）。

图1-3-117　加注1～2滴润滑油

图1-3-118　划线

6. 固定

可靠固定待切割钢板，检查是否会切到其他器件（图1-3-119）。

7. 切割

双手持气动锯，将保险压下，紧握开关启动气动锯，慢慢靠近钢板，开始切割钢板（图1-3-120），切割时起锯角约15°，正常切割时近似0°角切割（图1-3-121）。

图1-3-119　固定

图1-3-120　切割

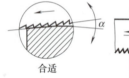

图1-3-121　正确锯切角度

注意：切割过程中速度平稳均匀，太快振动剧烈，注意观察切线是否准确，并及时调整。

8. 完工检查

看切割线切割是否准确，拆卸钢板。

9. 5S

收拾工具，整理工位，清扫场地。

第四节　车身部件非焊接连接

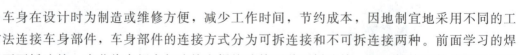

车身在设计时为制造或维修方便，减少工作时间，节约成本，因地制宜地采用不同的工艺方法连接车身部件，车身部件的连接方式分为可拆连接和不可拆连接两种。前面学习的焊接是不可拆连接，本节将介绍卡扣连接和螺纹连接两种可拆连接，以及铆接和粘接两种不可拆连接。

一、车门内饰及保险杠拆装

1. 车身部件可拆连接方式

汽车包括车身，安装了发动机等功能组件，内饰和外饰零件，如门板内饰、保险杠、大灯等。内饰和外饰零件由于在维修中经常需要拆装，所以选用一些螺钉及卡扣等快速可拆的连接方式。

（1）螺栓螺母　螺栓、螺母用于受重力及作用力影响的部位。螺栓直径、强度和紧固扭矩值取决于零件的重量和承受的作用力，其紧固的时候扭矩值要参考维修手册。如图1-4-1所示。

图1-4-1　螺栓

（2）螺钉　用于连接不会受到较大作用力的部位，如内部/外部树脂、零件和开关等。自攻螺钉尖锐锋利，因此使用错误的自攻螺钉可能会损坏材料或线束。如图1-4-2所示。

图1-4-2　螺钉

（3）卡扣　用于不受作用力且注重外观的部位，卡扣类型多样且拆卸和安装方法各异。如果强行拆下，则可能会损坏卡扣且不能重复使用。如图1-4-3所示。

图1-4-3　卡扣

（4）连接器　用于连接功能零件和内饰/外饰零件的线束。连接器类型多样且拆卸和更换方法各异，如果强行拆下，则可能会损坏线束且不能重复使用。如图1-4-4所示。

图 1-4-4　连接器

2. 车身部件可拆连接的拆装方法

卡扣起子和护板/护条专用工具。如图 1-4-5 所示。

图 1-4-5　卡扣起子和护板/护条专用工具

（1）常用内饰等零件上的卡扣拆装　用在内饰等零件上，如前盖隔热垫的卡扣，看准角度，使用卡扣起子拆下卡扣。装的时候看准孔，轻轻用力按进去即可。如图 1-4-6 所示。

图 1-4-6　内饰等零件上的卡扣拆装

如果卡扣周边无凹槽，中央分体式，那么此类卡扣拆的时候要先按下卡扣中央，以松开卡扣锁扣，然后使用卡扣起子拆下卡扣。装的时候取下状态装进去，再把中央推出来。如图 1-4-7 所示。

图 1-4-7　周边无凹槽的卡扣拆装

如果中间有十字螺钉，使用螺丝刀松开卡扣中央螺钉，以松开卡扣锁扣，然后使用卡扣起子拆下卡扣。装的时候取下状态装进去，然后把中央螺钉拧紧。如图 1-4-8 所示。

图 1-4-8　中间有十字螺钉的卡扣拆装

（2）常用外饰等零件上的卡扣拆装　用在外饰等零件上的卡扣，比如前后保险杠等，此类卡扣拆的时候要先向上拉动卡扣中央，以松开卡扣锁扣，然后使用卡扣起子拆下卡扣。装的时候取下状态装进去，然后把中间压下。如图 1-4-9 所示。

图 1-4-9　常用外饰等零件上的卡扣拆装

（3）内饰锁止片拆装　升降开关、仪表盘位置处常用锁止片。拆的时候先确认锁止片的位置，使用护板/护条专用工具插入锁止片的位置，以将其拆下。装的时候对准锁止片的孔，压入即可。如图1-4-10所示。

图 1-4-10　内饰锁止片拆装

（4）管线卡扣拆装　用于固定线束和管的管线卡扣，拆卸前，靠较直的卡脚侧把管线从卡扣中拆除。装的时候把管线卡进即可。如图 1-4-11 所示。

用于固定线束等卡扣，拆的时候先使用钳子捏住卡扣的锁止部位，以松开锁扣，在钳子捏住的同时，向外推动卡扣。装的时候，对准孔推进去卡住即可。如图 1-4-12 所示。

（5）连接器的拆装　连接器由正、负两极组成，用平头螺丝刀或手指固定卡钩并松开，然后分离连接器，用于空气囊的连接器有两个卡钩。因此，松开每个卡钩以分离连接器。连接器的正、负两极由锁止片固定，插入锁止片时，不要晃动连接器，向连接器持续施加压力直至锁止，然后检查并确认连接器的两半牢固接合。如图 1-4-13 所示。

图 1-4-11　管线卡扣拆装

图 1-4-12　固定线束等卡扣拆装

图 1-4-13　连接器的拆装

 车门内饰及保险杠拆装操作示范

1. 安全防护用品

工作帽、工作服、安全鞋、棉手套。

2. 准备工作

工具车、维修手册、专用工具（卡扣起子、内饰拆卸塑料板、胶带纸、水盆、零件收集盒）、抹布。

3. 操作步骤

（1）查看维修手册，确定门板内饰/前、后保险杠的固定螺钉、卡扣的数量和形式，及拆装的顺序。如图 1-4-14 所示。

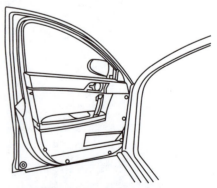

1— 仔细地松开将饰板固定到车门上的8个卡扣；
2— 上提内饰板将其从车门上松开；
3— 断开高音扬声器上连接器的连接；
4— 从车门开关组件上断开2个连接器。

图 1-4-14　维修手册参考信息

（2）断电，对工具和待拆装部位相接触零件的边缘进行贴胶带保护，防止在拆卸过程中划伤部件边缘。如图1-4-15所示。

（3）选用合适工具拆卸门板内饰/前、后保险杠。（本操作仅作示意，具体需详细阅读对应车型车辆维修手册）

图1-4-15　边缘保护

（4）根据维修手册说明顺序，依次拆解螺栓，螺钉，卡扣等紧固件，并将其归类放到收集盒内。如图1-4-16所示。

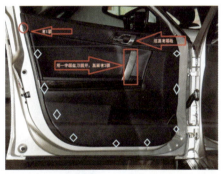

图1-4-16　门板内饰拆卸

（5）检查是否完全拆卸紧固件，如果全部拆卸完毕，则小心地拆卸门板内饰/前、后保险杠，注意观察线束和连接器等。如图1-4-17所示。

图1-4-17　检查线束和连接器

(6)拆线束和连接器等,如果有大灯清洗装置,需要拆水管,用盆接水,并注意防水以免影响用电安全。如图1-4-18所示。

(7)完全拆卸门板内饰/前、后保险杠,并妥善放置,以免刮伤。如图1-4-19所示。

(8)安装门板内饰/前、后保险杠。

安装拆拉线和连接器等,如果有大灯清洗装置,需要安装水管。

图1-4-18 拆线束和连接器

图1-4-19 妥善放置保险杠

安装门板内饰/前、后保险杠。

参照维修手册安装紧固件,如果有大灯清洗装置,加清洁水。

拆胶带,接电,检验门锁和灯等是否正常使用。

(9)工位进行5S。工收拾工具,整理工位,清扫场地,关闭电气等。

二、铆接和粘接

车牌使用螺钉偶有脱落的情况,很多车主为了避免意外,使用铆钉安装车牌照,如图1-4-20所示。铆钉属于不可拆连接,用起来安心可靠。

(一)铆接

铆接是用铆钉把两个或两个以上的零、构件连接为一个整体(不可拆)的连接方法。如图1-4-21所示。

图1-4-20 用铆钉安装车牌照

图1-4-21 铆接

铆接优点:工艺简单,其结构具有连接可靠、抗震、耐冲击、传力均匀可靠的特点;密封性差,即使铆钉涂以密封膏,其接头对水和气体都不密封;热铆时易产生氧化皮;如果在维修时必须拆卸,就应拆除并重新铆接。

与焊接相比,其缺点是:结构笨重,铆钉孔削弱被连接件截面强度,可降低15%～20%,劳动强度大,噪声大,生产率低。因此,铆接经济性和紧密性都不如焊接。

与螺栓、螺钉连接相比,铆钉连接的疲劳强度要小。大的拉伸负载能将铆钉头拉脱;剧烈的振动会使接头松弛。

按照连接板的相对位置分为搭接、对接、角接和板型结合等连接形式,见表 1-4-1。

表 1-4-1　常用铆接形式

名　称	简　图	方　法
搭接	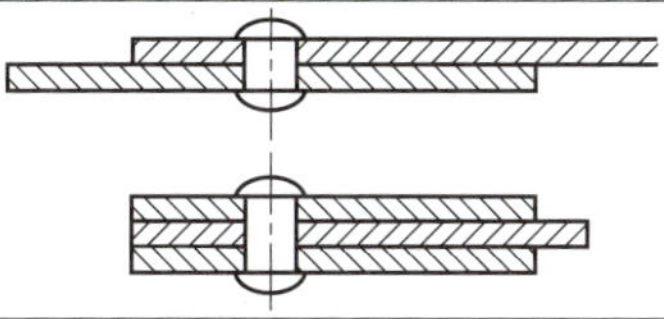	将板件连接处重叠后用铆钉连接在一起
对接	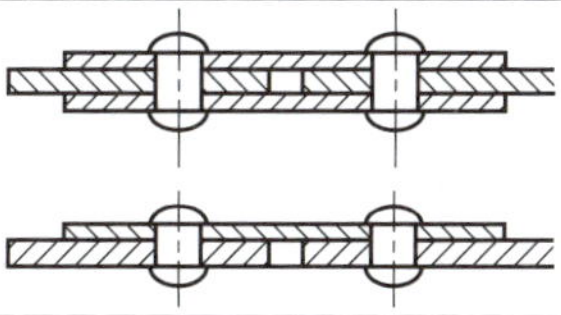	将板件置于同一平面上,上(下)面覆盖有一块或两块盖板,用铆钉连接在一起
角接	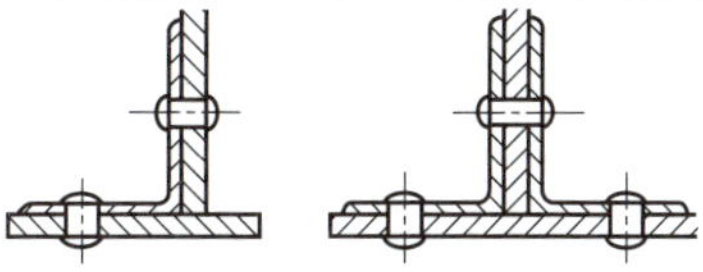	利用角钢和铆钉,将两块互相垂直或成一定角度的板件连接在一起
板型结合	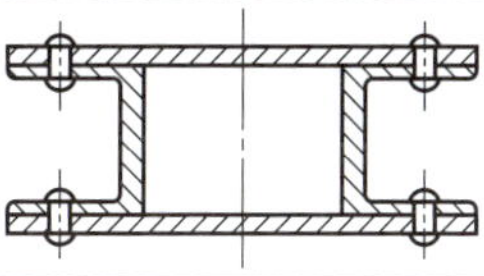	将型钢或压型制件与板件用铆钉连接在一起

1. 车身上常用铆钉

铆钉类型与适用范围见表 1-4-2。

表 1-4-2　铆钉类型与适用范围

种类		示意图	规格范围/mm		用　途
			d	L	
实心铆钉	半圆头	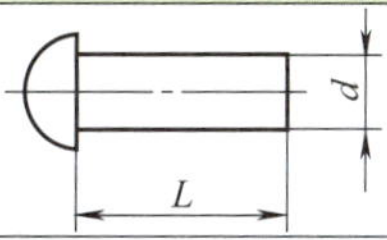	12～36 0.6～16	20～200 1～110	用于承受较大横向载荷
	平锥头	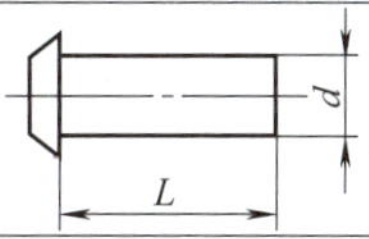	12～36 2～16	20～200 3～110	用于腐蚀强烈的场合
	沉头	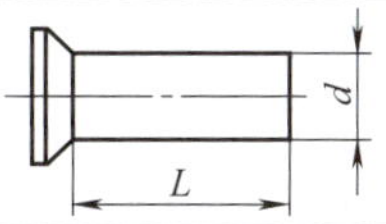	12～36 1～16	20～200 2～110	用于表面平整、受力不大的铆接
	半沉头	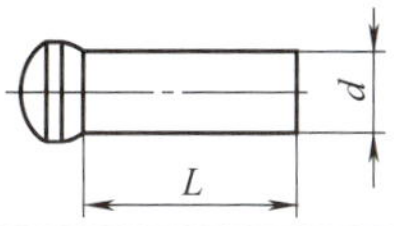	12～36 1～16	20～200 2～110	用于表面光滑、受力不大的铆接
	平头	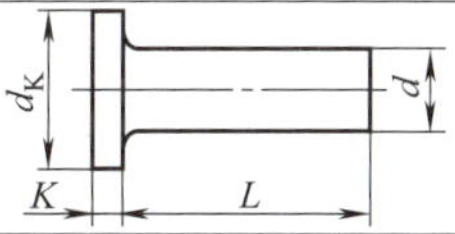	2～10	4～30	用于强固铆接
	扁圆头	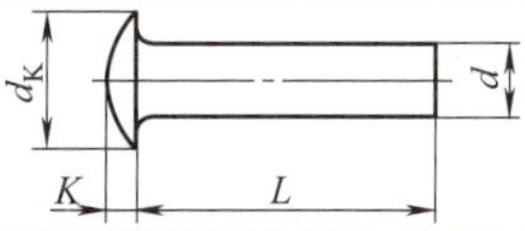	1.2～10	1.5～50	用于金属薄板件和非金属板件

续表

种类	示意图	规格范围/mm		用途
		d	L	
空心铆钉		1.4～6	1.5～15	用于金属薄板件或非金属板件
标牌铆钉		1.6～5	3～20	用于产品标牌的铆接

2. 铆接工具

机动铆钉枪主要由把手、枪体、扳机和管子接头组成。枪体顶端孔内可安装各种罩模或冲头，以便进行各种铆接或冲钉工作。管子接头主要用来连接皮管，向枪体内输送压缩空气，以给铆钉枪动力进行工作，如图1-4-22所示。手动铆钉枪，如图1-4-23所示。

图1-4-22 机动铆钉枪及通用铆钉

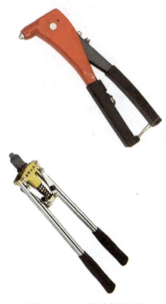

图1-4-23 手动铆钉枪

3. 铆接的几个主要影响因素

（1）铆钉直径 铆接时如铆钉直径过大，则铆钉头成形困难，且过大则超差，难以进入孔内，易使构件变形；如直径过小，则铆钉强度不足。铆钉直径的选择主要是根据构件的厚度来确定。

铆钉直径可按下列公式计算：

$$d=\sqrt{50t-4}$$

式中　d——铆钉直径，mm；

　　　t——被铆工件的厚度，mm。

（2）铆钉杆长度 铆接时，若铆钉杆过长，铆成的钉头就过大或过高，而且在铆接过程中容易使钉杆弯曲；若钉杆过短，则铆钉头不足（过小），而影响铆接强度或刻伤板料。铆钉钉杆的长度一般是根据被铆接件的总厚度、铆钉直径和铆接工艺等因素来确定的。

（3）铆钉孔径　铆钉孔直径一般比铆钉直径稍大。在铆接时，如孔径过大，钉杆容易弯曲，影响铆接质量和铆接强度；如孔径与铆钉直径相等或过小，铆接时铆钉难以插入孔内，或者引起板料凸起和凹入，造成表面不平整，甚至因铆钉膨胀挤坏板料。

4. 铆接工艺

（1）冷铆　冷铆是指在常温状态下的铆接。冷铆前，为消除硬化，提高材料的塑性，铆钉必须进行退火处理。用铆钉枪冷铆时，铆钉直径应不超过13mm。用铆接机冷铆时，铆钉最大直径应不超过25mm。手工冷铆时，先将铆钉穿过钉孔，用顶模顶住，将板料压紧后用手锤锤击镦粗钉杆，再用手锤的球形头部锤击，使其成为半球状，最后用罩模罩在钉头上沿各方向倾斜转动，并用手锤均匀锤击，这样能获得半球形铆钉头。如果锤击次数过多，材质由于冷作而硬化，将致使钉头产生裂纹。

（2）拉铆　拉铆是冷铆的另一种铆接方法。它利用手工或压缩空气作为动力，通过专用工具，使铆钉与被铆件铆合。拉铆的主要材料是抽芯铆钉，工具是风动（或手动）拉铆枪。拉铆过程就是利用拉铆枪，将抽芯铆钉的芯棒夹住，同时枪端顶住铆钉头部，依靠向后的拉力，芯棒的凸肩部分对铆钉产生压缩变形而形成钉头。同时，芯棒的缩颈处因拉断裂而被拉出。如图1-4-24所示。

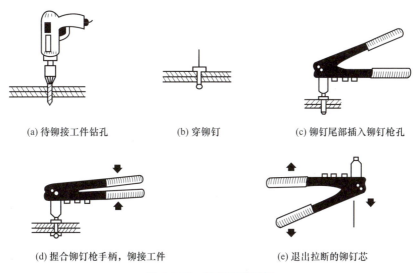

(a) 待铆接工件钻孔　　(b) 穿铆钉　　(c) 铆钉尾部插入铆钉枪孔

(d) 握合铆钉枪手柄，铆接工件　　(e) 退出拉断的铆钉芯

图1-4-24　拉铆工艺过程

（3）热铆　铆钉经铆钉加热炉加热后的铆接称为热铆。当铆钉直径较大时，采用热铆，铆钉加热的温度取决于铆钉的材料和施铆的方式。

5. 铆接常见缺陷及原因（表1-4-3）

表1-4-3　铆接常见缺陷及原因

缺陷种类	图示	产生原因	预防方法
铆钉头偏移或钉杆歪斜		（1）铆接时铆钉枪与板面不垂直 （2）风压过大，使钉杆弯曲 （3）钉孔歪斜	（1）铆钉枪与钉杆应在同一轴线上 （2）开始铆接时，风门应由小逐渐增大 （3）钻或铰孔时刀具应与板面垂直

续表

缺陷种类	图示	产生原因	预防方法
铆钉头四周未与板件表面结合	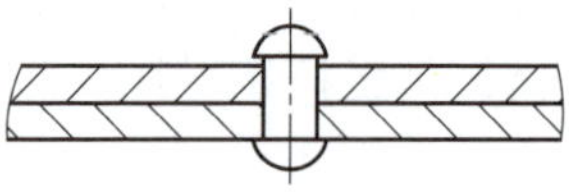	(1)孔径过小或钉杆有毛病 (2)压缩空气压力不足 (3)顶钉力不够或未顶严	(1)铆前先检查孔径 (2)穿钉前先消除钉杆毛刺和氧化皮 (3)压缩空气压力不足时应停止铆接
铆钉头局部未与板件表面结合	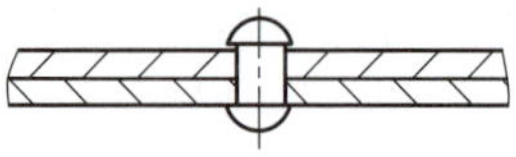	(1)罩模偏移 (2)钉杆长度不够	(1)铆钉枪应保持垂直 (2)正确确定铆钉杆长度
板件结合面间有缝隙		(1)装配时螺栓未紧固或过早地拆卸螺栓 (2)孔径过小 (3)板件间相互贴合不严	(1)拧紧螺母,待铆接后再拆除螺栓 (2)铆接前检查孔径大小、检查板件是否贴合
铆钉形成突头及刻伤板料	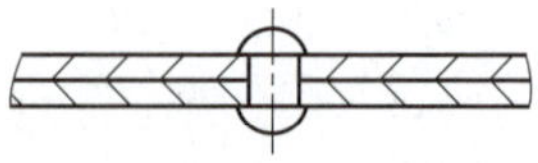	(1)铆钉枪位置偏斜 (2)钉杆长度不足 (3)罩模直径过大	(1)铆接时铆钉枪与板件垂直 (2)计算钉杆长度 (3)更换罩模
铆钉杆在钉孔内弯曲	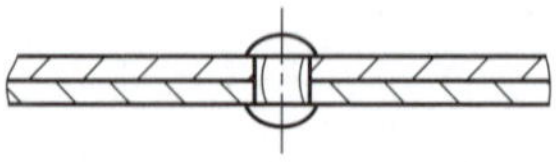	铆钉杆与钉孔的间隙过大	(1)选用适当直径的铆钉 (2)开始铆接时,风门应小 (3)钉孔直径过大
铆钉头有裂纹	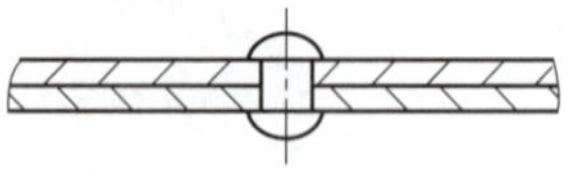	(1)铆钉材料塑性差 (2)加热温度不适当	(1)检查铆钉材质,试验铆钉的塑性 (2)控制好加热温度
铆钉头周围有过大的帽缘	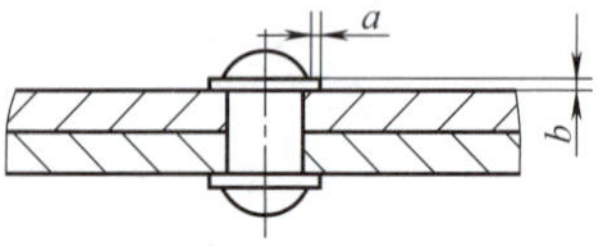 $a>3, b=1.5~3$	(1)钉杆太长 (2)罩模直径太小 (3)铆接时间过长	(1)正确选择钉杆长度 (2)更换罩模 (3)减少打击次数
铆钉头过小,高度不够	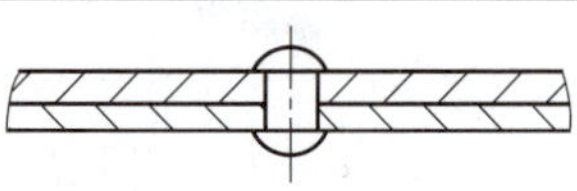	(1)钉杆较短或孔径过大 (2)罩模直径过大	(1)加长钉杆 (2)更换罩模,铆模过小
铆钉头上有伤痕	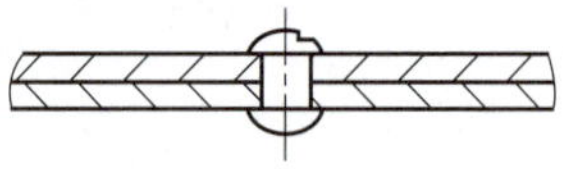	罩模击在铆钉头上	铆接时紧握铆钉机,防止跳动过高

(二)粘接

粘接是用合成高分子粘接剂把两个工件连接到一起,并使接合处获得所需连接强度的连接工艺。粘接在机械制造领域中已成为一种与焊接、机械连接并列的新型连接工艺,广泛应用于航天航空、石油化工、机械制造、电器仪表等工业生产。

1. 粘接特点

粘接密封性能好,接头具有耐腐蚀和绝缘等性能,且接头应力分布均匀,耐疲劳性能好。胶接工艺简单,可实现大面积的连接,且适用性广,其应用不受材料类型的限制。与焊接相比避免了高温,可保证不降低被胶接件基本材料的性能。

然而，金属的粘接强度低于焊接，如钢件粘接接缝的抗拉强度只达30MPa，低于熔焊。粘接剂的耐热性差，使高温环境中工作的机件上应用胶接技术受到限制，而且粘接质量难以控制和检验，在使用过程中胶接层易老化，使粘接强度降低，粘接接头被破坏。

2. 粘接剂的组成

粘接剂一般由粘料、固化剂、催化剂、增韧剂、增粘剂、填料、稀释剂和稳定剂等组成。粘料是主要成分，其余成分要根据粘接剂的性能和要求决定是否加入。

粘料又称胶料或基料，对粘接剂的粘接强度、耐热性、耐蚀性等性能起着决定性的作用。以动物骨皮、松香、天然橡胶等天然高分子化合物为粘料的粘接剂称为天然粘接剂，以合成高分子化合物为粘料的称为合成高分子胶接剂。

3. 粘接剂的种类及应用

粘接剂的品种繁多，应用十分广泛，按其用途可分为以下四类：

（1）结构胶 结构胶主要用于受力部位的连接，如航空航天、汽车、船舶及各种机械设备的连接件。常用的品种有三种：

① 酚醛-丁腈胶结构胶，可在－50~200℃下长期工作，交界的抗剪强度可达30MPa以上，韧性与耐老化性很好，但胶接工艺较复杂，固化时需加热到150℃左右。

② 环氧-丁腈结构胶，不含任何溶剂，胶接强度很高，用于胶接飞机机翼的蜂窝夹层结构，性能十分良好。

③ 环氧树脂结构胶，因添加聚砜作增韧剂，可使抗剪强度达到40MPa以上，耐疲劳和冲击性能良好，属高强度结构胶。

（2）密封胶 可补充或替代某些固体密封件，并具有良好的密封效果，可用于平面、圆柱面、管接头、飞机与轿车挡风玻璃、车身曲线边缘等的密封。如尼龙密封胶的使用温度为－50~250℃，可用于油箱、齿轮箱、煤气管道等连接处的密封。

环氧树脂密封胶，可在200℃下长期使用，主用于高真空容器的堵漏和密封，以及激光发生器的胶接和密封等。丁腈橡胶密封胶具有良好的耐油、耐热、耐水和耐老化性能，使用温度可达250℃，当连接面间隙较大时可与固体密封件并用。

（3）修补胶 利用胶接技术对机件、容器、铸件等进行修补，如环氧树脂胶既可修补，还有胶接、密封、绝缘等功用，可修补飞机的油箱和外蒙皮等。厌氧胶在空气中有良好的流动性和渗透性，一旦隔绝空气便迅速固化，耐酸、碱、盐和水，收缩率小，密封性好，耐冲击振动，可用于浸涂铸件，修补微细孔和裂纹，以及紧固、密封和胶接等。

（4）特种胶 特种胶有导电胶、导磁胶和导热胶等。导电胶主要用于不能采用锡焊的电子设备、仪器仪表中，以及电缆接头的连接、印制线路等的修复。还有能耐1500℃高温导电胶，可胶接炼钢炉内的碳棒。导磁胶与导电胶相似，导热胶主要用于需导热或散热零件间的连接。

4. 粘接工艺

粘接接头形式的设计，应尽量使胶层承受压缩力、剪切力、拉伸力的能力最大，避免剥离和不均匀扯离，尽可能增大胶接面积，以增加胶接结构承载能力。

工艺过程一般为确定部位、表面处理、涂胶、凉置、胶合、清理、固化、检验及整修等。不同的粘接条件，工艺也不尽相同。工艺选择是否恰当，直接影响胶接质量。尤其，涂胶一般应在温度为15~30℃、湿度小于70%~75%的条件下进行，胶层不宜太厚，应均匀，一般应控制在0.08~0.15mm，且掌握好固化温度、压力及时间。

第二章

车身轻微损坏的修复

第一节 前翼子板的修复

随着车辆的增加,交通事故率也是逐年增长,由于驾驶人员素质提高和法律严格约束,大的交通事故较少。轻微碰擦事故的修复在维修店中占有绝大多数的工作量,本节将介绍车身前翼子板的修复工艺。

一、车身钢板维修工艺流程

车身钢板维修是指维修受损钢板以达到可以施涂原子灰状态的操作。针对不同受损车辆选择对应的维修方法,如图 2-1-1 所示。

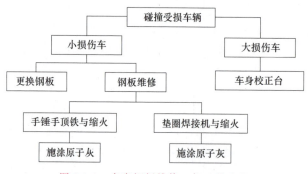

图 2-1-1　车身钢板维修一般工艺流程

二、车身钢板的维修方法

车身钢板目前常用的修理方法大致有三种:手锤手顶铁修复、垫圈焊接机(车身外形修复机)修复、缩火修复。每种方法的适用范围见表 2-1-1。

1. 钢板特性

修复钢板之前要先认识钢板的特性,这样才能在维修的时候起到事半功倍的效果。钢板

表 2-1-1　钢板修复的方法适用范围

钢板修理方法	手锤手顶铁	垫圈焊接机 （车身外形修复机）	缩火
适用范围	可以触及内侧的区域	不可以触及内侧的区域	强度降低或高点部位
实例	• 前翼子板 • 后翼子板后段 • 后下围板 • 车顶钢板中段 • 行李厢盖	• 后翼子板轮弧部分 • 前后车门外板 • 车门槛板 • 前中后柱钢板 • 车顶钢板前后及侧部 • 发动机舱和行李厢钢板	• 延展的钢板 • 高点部位

有可自行恢复和不可自行恢复的两种变形特性，即弹性变形和塑性变形。所谓的弹性变形就是钢板在外力作用下产生变形，当外力撤销后自行恢复为原来形状的变形；所谓塑性变形就是钢板在外力作用下产生变形，当外力撤销后不能自行恢复为原来形状的变形。如图 2-1-2 所示。在对钢板进行修复的时候，要先修复塑性变形区，当塑性变形区修复，塑性变形区形变产生作用于弹性变形区的应力消除，弹性变形区自行恢复。如图 2-1-3 所示。

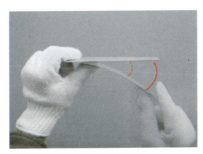 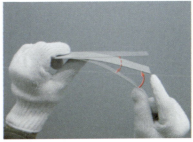

图 2-1-2　弹性变形和塑性变形

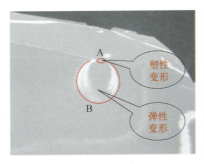 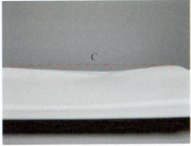

图 2-1-3　弹性变形和塑性变形修复时修 A 处

2. 工具的选择和使用

不同区域应该选择不同的工具进行修复，如何选择合适的工具进行修复？下面我们来认识一下常用的修复工具。

（1）手锤　钣金修理应用到很多不同的锤，不少是专门为金属成形作业而制成特殊形状的。如图 2-1-4 所示。

使用手锤要点：用力敲击时摆动手肘，轻轻敲击时摆动手腕；敲击时握锤的手不要戴手套。如图 2-1-5 所示。

判断敲击正确使用手锤要点：通过敲击的痕迹来判断。如图 2-1-6 所示。

（2）手顶铁　手顶铁是配合手锤进行钣金整形的常用工具，用手握持顶在需要用锤敲击

- 横向锤：用于修平或修整钢板表面
- 纵向锤：配合錾子或尖头锤等工具使用
- 尖头锤：用于维修微小突起
- 木锤：维修时不会损伤钢板表面

图 2-1-4　不同的手锤

图 2-1-5　使用手锤正确姿势

敲击痕迹正确　　　　　　　　　敲击痕迹不佳

图 2-1-6　正确使用手锤

图 2-1-7　手顶铁

的金属背面。手顶铁接触面平滑且圆弧度较小，手顶铁的圆弧度相当于未受损表面的80%。如图2-1-7所示。

3. 用手锤和手顶铁外形的修整及影响

手锤和手顶铁在使用时需要对其外形进行修整。要点：修整手锤和手顶铁的形状和角部保证表面和角部圆润平滑。如图 2-1-8 所示。

手锤和手顶铁维修方法适用于可以触及内侧的受损部位。手锤和手顶铁的外形不同，敲击的时候会产生不同的效果。如图 2-1-9 所示

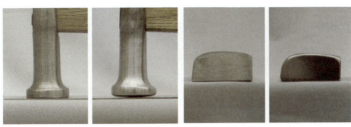

图 2-1-8 手锤和手顶铁的修整

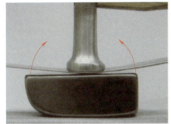

手顶铁圆弧度＜手锤圆弧度

手顶铁圆弧度＞手锤圆弧度

图 2-1-9 手锤和手顶铁的外形不同，敲击产生不同的效果

4. 手锤和手顶铁敲击方法

手锤和手顶铁敲击方法有两种：一种是实敲（又称对位敲击或正托法），另一种是虚敲（又称错位敲击或偏托法）。在修理作业中，需要根据钢板的损伤情况交替使用上述两种方法。如图 2-1-10 所示。

(a) 实敲
使用方法：手锤敲击位置与手顶铁位置相同
使用范围：用于有较小弯曲的塑性变形

(b) 虚敲
使用方法：用手锤敲击手顶铁的周围部位
使用范围：用于大的凹陷和突起

图 2-1-10 手锤和手顶铁敲击方法

5. 手锤和手顶铁的修复技巧

根据前面的分析钢板损坏有弹性变形和塑性变形，塑性变形才是真正的损坏，如果不注

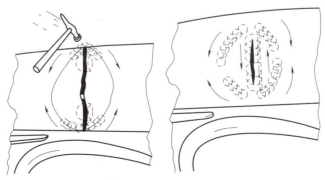

图 2-1-11 修理大面积凹陷的基本步骤

意区分，对弹性变形进行了锤击等作业，会造成钢板新的损伤，影响了钢板的修理质量。所以应先修理形变急剧的塑性变形，再修理形变平缓的塑性变形。如图 2-1-11 所示。

前翼子板维修操作示范

【实际案例】

如图 2-1-12 所示，一辆经济型轿车早高峰交通拥堵变道时观察不慎，导致汽车与相邻车道车辆发生碰撞事故。

图 2-1-12 前翼子板收挤压轻微变形

车损情况：前翼子板受挤压轻微变形，其他未受损伤。

维修方案：前翼子板维修。

【操作示范】

1. 安全防护用品

工作帽、工作服、安全鞋、棉手套、耳塞。

2. 准备工作

修复工位（含受损前翼子板、工作台、工具车）、车身外形修复机（介子机、垫圈焊接机）、单作用研磨机、带式打磨机、垫片、铜电极、碳棒、拉拔锤焊接垫片铜头（搭铁固定工装，如果搭铁是钳状，可加持搭铁，则不需要此工装）、300mm 钢板尺、60 或 80 目砂纸、抹布、木锤、手顶铁（垫铁）、气枪、记号笔。

3. 判断损伤范围

判断损伤范围的方法一般可分为三种：目视判断、触摸判断、直尺对比（适用于近似平面区域）。

（1）目视判断是利用钢板上折射的光线来判断损伤范围和变形的程度，判断方法如图 2-1-13 所示。

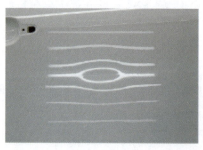

■ 目视：评估受损部位

要点：
➢ 清洁钢板
➢ 根据反射光线的扭曲程度判断
➢ 多角度、大范围观察钢板表面

图 2-1-13 目视判断

（2）触摸判断。从各个方向触摸损伤区域，集中感觉于手掌上，手掌上所有凸起部位都是感觉点。如图 2-1-14 所示。

（3）直尺对比（翼子板曲面修复不用）。先将直尺置于未受损的钢板面，检测直尺与钢板面的间隙；再将直尺置于受损的区域，以判断受损与未受损区域间隙间的差异。判断方法如图 2-1-15 所示。相对于其他方法而言，该方法更能定量地去判断损伤区域的损伤程度。

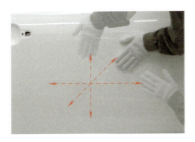

■ 触摸：评估凹陷和突起，检查塑性变形

要点：
➢ 佩戴棉手套
➢ 触摸受损和未受损表面

图 2-1-14　用手触目判断

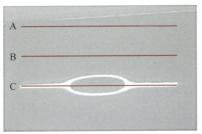

■ 对比：对比受损处与未受损处
要求：
➢ 移动直尺，通过空隙判断受损范围
➢ 检查凹陷周围是否有突起
➢ 若钢板受损面积较大，则使用另一侧钢板做对比

图 2-1-15　用直尺判断

4. 标记损伤区

综合运用这三种损伤判断方法，判断出前翼子板的损伤范围，并用彩色水笔画出损伤与未损伤的分界线。

5. 用手锤和手顶铁修复受损区

选择合适的手锤和手顶铁对前翼子板的变形区域进行整形。要点：通过敲击声判断手顶铁的位置；木锤可限制钢板过度延展；维修凹陷时，手顶铁用力按压，维修突起时，使其刚好支撑钢板；过度实敲易使钢板发生延展。如图 2-1-16 所示。交替使用虚敲和实敲对车身钢板的变形区域进行整形，如图 2-1-17 所示。

确定手顶铁位置

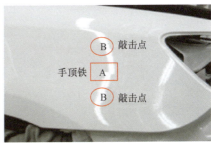

确定敲击高点

要点：
➢ 使用木锤避免局部凹陷
➢ 用手顶铁推出凹陷，手锤敲下高点部位
➢ 手顶铁始终置于凹陷最低点

图 2-1-16　前翼子板典型损伤的锤击法修复步骤

■ 确保修复后表面平滑,防止过度延展
要点:➢根据受损情况配合使用实敲或虚敲技术
➢使用木锤,防止钢板过度延展
➢木锤无法维修的变形,使用其他手锤

图 2-1-17 前翼子板修复

6. 钢板收缩

用手触摸已经整形的部位,判断哪些地方是高点、哪些部位钢板整形后变薄了,然后使用车身外形修复机(介子机)对钢板的高点进行收缩。如果没有比较明显的高点,此步可省略。

7. 背面防锈处理

使用手锤和手顶铁实施修理时,可能会使钢板背面漆层龟裂或脱落,因此必须在钢板的背面喷涂防锈的底漆,防止其腐蚀。

8. 用原子灰修形并进入涂装作业(参见后面涂装部分,此处不做介绍描述)

9. 5S

清扫场地,恢复工具,整理工位。

第二节 车门面板的修复

车身侧面面积较大,在交通事故中车的侧面受损概率很高,前后车门占据侧面绝大部分面积,车门面板修复任务是维修店中的常见任务。严重的损伤在维修店中以更换整门为主,本节讲述车门面板微型损伤修复。

一、拉拔修复原理

区别于翼子板使用手锤和顶铁的修复方法,车身机构中很多区域受内部结构限制,无法从内部支撑修复或者从内部支撑修复复杂繁琐,必须采用新的方法。拉拔修复比较适用于内部不能支撑的修复,其修复工作原理类似手锤和顶铁的虚敲修复方法,如图 2-2-1 所示。

拉拔修复系统主要工具有车身外形修复机及附件、拉塔和地面固定装置组成,链条一端钩住地面固定装置,另一端通过拉塔调整高度后钩住穿过焊在凹陷区垫片的钢棒上,通过拉塔上的助力装置拉紧链条,拉力被传递到凹陷区,凹陷区即被拉出(图 2-2-2),辅助锤敲击修复,如此可以轻松让凹陷区修复。

图 2-2-1 拉拔法修复钢板的原理图

图 2-2-2 利用拉塔修复凹陷

二、拉拔修复方法

使用拉拔法修复受损车门时注意判断受损区域，首先打磨凹陷最深处，并在受损区不影响修复地方打磨搭铁区（图 2-2-3）。然后搭铁紧贴凹陷最深处打磨区，在搭铁区焊接垫片，将搭铁连接到搭铁区垫片上，这样在凹陷最深处焊接垫片时就能形成闭合回路。

图 2-2-3　打磨凹陷最深处和搭铁区

凹陷最深处焊接垫片时，要注意以下几点：

（1）焊接垫片要保持垫片和钢板良好接触，不能用力顶压垫片，以免加重钢板变形；

（2）垫片焊接应该沿着凹陷最深处直线并垂直钢板焊接［图 2-2-4（a）］；

（3）垫片间距约 8～10mm，不得与已经焊接的垫片接触，以免焊接电流被分流，影响焊接强度（图 2-2-4）；

（4）拉拔时要注意观察，尽量避免拉高钢板表面，以拉拔超过原始表面 2～3mm 为宜［图 2-2-4（b）］，然后辅助敲击，再次检查，如果凹陷超过 2～3mm，再次拉拔修，直到凹陷区低于原表面不超过 2～3mm；

（5）拉拔结束，垫片取下方法是扭转分离［图 2-2-4（c）］，不可摆动分离，以免撕裂钢板和垫片焊接处出现凸点或窄小凹点。

(a)焊接与间距　　　　　　　(b)拉拔高度　　　　　　　(c)分离垫片

图 2-2-4　垫片焊接，拉拔和分离

拉拔凹陷时应根据不同的情况选用不同的工具，前面介绍的拉塔适用于大面积、长条形凹陷，对于小的不同形状的凹陷应采用不同的拉拔器。

手拉拔器，如图 2-2-5 所示。

拉拔穿过垫圈的钢棒以拉出凹陷，再用手按压或手锤敲击凸起部位辅助维修。此方法适用于较浅、面积较小凹陷的修复。

拉拔锤（也称滑动锤，惯性锤），如图 2-2-6 所示。

拉拔锤末端弯钩钩住垫圈直接拉出凹陷，利用滑块与手柄撞击时产生的冲击力拉出凹陷。此方法适用于较浅、不规则形状凹陷的修复。

带焊接极头的拉拔锤，如图 2-2-7 所示。

带焊接极头的拉拔锤是拉拔锤的一种改进，省却焊接垫片的步骤，操作更简便，缺点是附带焊接电缆线，增加了操作负担。

点拉拔器，如图 2-2-8 所示。

图 2-2-5　手拉拔器修复

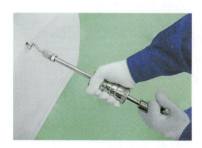

图 2-2-6　拉拔锤修复

点拉拔器是根据杠杆原理，较高部位降低时，较低部位将被拉出。适用于局部区域凹凸明显的平整修复。

图 2-2-7　带焊接极头的拉拔锤修复

图 2-2-8　点拉拔器修复

注意：拉拔之前需要进行焊接强度试验，试验电流应该从小到大逐渐进行，以免穿孔，位置应该在损伤区。用手拉拔试验焊接垫片牢固可靠即可，如果焊接不牢需要检查垫片和钢板的接触面是否清洁，务必保证导电良好，然后再调高电流，重新试焊，直到满足要求为止。

车门面板维修操作示范

【实际案例】

如图 2-2-9 所示，一辆经济型轿车转弯时观察不慎，导致汽车与路侧的石桩发生刮擦。

车损情况：门板受挤压轻微变形，其他未受损伤。

维修方案：门板维修。

【操作示范】

1. 安全防护用品

工作帽、工作服、安全鞋、护目镜、口罩、棉手套、耳塞。

图 2-2-9　左后门板收挤压轻微变形

2. 准备工作

修复工位（含受损门板、工作台、工具车）、车身外形修复机（介子机、垫圈焊接机）、单作用研磨机、带式打磨机、拉塔（拉拔工具）、拉拔锤（滑动锤、惯性锤）、錾子、焊接垫片、铜电极、碳棒（搭铁固定工装，如果搭铁是钳状，可加持搭铁，则不需要此工装）、300mm 钢板尺、60 号或 80 号砂纸、抹布、横向锤、纵向锤、尖头锤、木锤、气枪、记号笔、防锈蜡。

3. 判断损伤范围

综合运用前面所介绍的目视判断、触摸判断、用直尺测量判断这三种损伤判断方法，判断出车门面板的损伤范围，并用记号笔画出损伤区，如图 2-2-10 所示。

图 2-2-10　某车门面板损伤情况

4. 打磨清洁损伤区

单作用研磨机配合 60 号或 80 号砂纸；调节单作用研磨机的角度，使用砂纸外缘约 10mm 的区域研磨，如图 2-2-11 所示；先将损伤区最深处打磨干净彻底，施焊区不得有漆锈残留；搭铁连接至受损范围内且不妨碍作业的位置，如图 2-2-12 所示。抹布擦拭后用气枪清洁打磨区。

图 2-2-11　使用砂纸外缘
约 10mm 的区域研磨

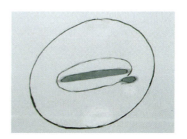

图 2-2-12　打磨受损区（中间为
最深处，边缘为搭铁区）

5. 车身外形修复机参数调整

根据操作手册说明调试车身外形修复机的电流和通电时间，在搭铁区试焊，垫片焊接牢固可靠，用手垂直用力拉不易拉掉。图 2-2-13 所示为外形修复机简介（焊接垫片功能圈出）。

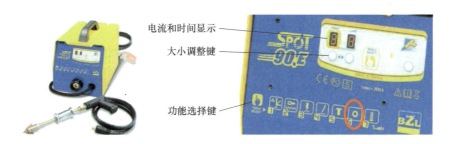

图 2-2-13　车身外形修复机及参数调整

6. 焊接垫片

搭铁焊接在不影响修复的地方，如图 2-2-14 所示，然后在已打磨过的损伤最深处，与钢板表面垂直并沿着直线适当用力按压垫圈来焊接垫圈，这样可使拉拔杆穿过，垫圈间隔为

图 2-2-14　搭铁垫片焊接

8～10mm，参见图 2-2-4（a）。

7. 拉拔修复

将拉拔杆穿入凹陷最深处焊接垫片中，在焊接垫片中间位置用链条拉钩钩住拉拔杆，如图 2-2-15 所示；调整拉塔链条高度，使拉拔时链条拉力方向与原未受损表面垂直，如图 2-2-16 所示；直尺检查，防止拉拔过度，拉拔后表面高于原始平面 2～3mm，参见图 2-2-4（b）。

图 2-2-15　拉塔链条拉钩钩住垫片中间

图 2-2-16　链条垂直于门板原表面

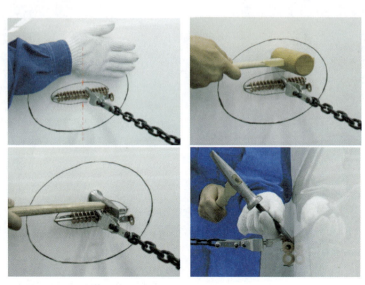

图 2-2-17　敲击修复

8. 敲击修复

先用手做释放应力维修，向外拉拔时，用手从较高部位滑至较低部位，释放拉力后再检查维修状态。拉拔钢板，再用木锤从较高部位向较低部位维修，用手锤敲击，使变形区域变平滑，然后再沿着垫圈边线边敲击錾子边移动。如图 2-2-17 所示。

9. 拆垫圈并打磨清洁

用钳子扭转旋下垫片，参见图 2-2-4（c），不能左右摆动取下，以免钢板出现新的高点或者穿孔。然后使用单作用研磨机配合 60 号或 80 号砂纸，带式打磨机或手持折叠砂纸清除很深的焊接痕迹，如图 2-2-18 所示。

10. 钢板收缩

内容见本章第三节。

11. 打磨清洁

使用单作用研磨机配 80 号砂纸，研磨表面去除受损区漆膜和收缩痕迹，露出光洁钢板，如图 2-2-19 所示。然后用抹布擦拭后再用气枪清洁表面。

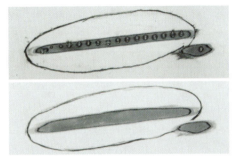

图 2-2-18　清除焊接痕迹

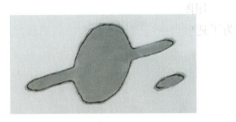

图 2-2-19　打磨清洁后受损修复区

12. 质量检查

确认表面形状是否恢复：修复后表面没有高于未受损表面的部位，且低于未受损面不超过 1~2mm；车身线和钢板边缘修理后的状况接近未受损表面；受损表面与未受损表面的张力相同。

13. 施涂防锈剂

在背面所有焊接和收缩引起的烧蚀痕迹上施涂防锈剂，以免修复后的钢板锈蚀。如图 2-2-20 所示。

图 2-2-20　打磨清洁后受损修复区

14. 打磨羽状边，施涂原子灰及涂装作业

此处不做描述，具体参见本书后面涂装部分介绍。

15. 5S

收拾工具，整理工位，清扫场地。

第三节　车身钢板的收缩

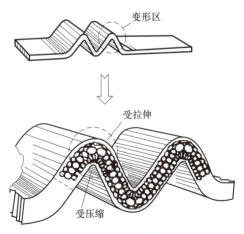

图 2-3-1　钢板的变形

为了降低车身重量，车身外部覆盖件翼子板、车门面板都采用高强度钢板，使其在同样强度下钢板厚度更低，此举确实能有效降低车身重量。但是薄钢板受损后，形状和状态很难通过前面所学的拉拔和敲击复原到原始状态，由此极易导致强度不足或者存在高点，需要新的方法——钢板的收缩来解决问题。

当钢板受到碰撞而产生变形损坏时，在直接损坏部位的金属容易受到拉伸和压缩，如图 2-3-1 所示。当钢板上存在拉伸区时，一定要将拉伸区校正到原来的形状。

钢板上某一处受到拉伸以后，金属晶粒将互

相远离,金属板变薄并发生加工硬化。可以采用收缩的方法将钢板恢复到应有的形状和厚度。收缩的目的是移动受拉伸的金属晶粒,但不影响周围的未受损伤的弹性金属。

在进行任何收缩以前,必须尽量将损坏部位校正到原来的形状,然后采用适当方法收缩金属。

一、应用收缩锤或收缩顶铁进行收缩

用图 2-3-2 所示的专用收缩锤和收缩顶铁,于膨胀隆起部位进行类似于敲平的锤击操作。为了适应车身覆盖件的形状,收缩锤与收缩顶铁的端面也有几种形状变化供实际操作时选用。

图 2-3-2　收缩锤

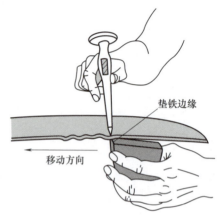

图 2-3-3　起褶法收缩金属

操作时收缩锤与收缩顶铁应视实际情形交替使用,不允许同时使用。用收缩锤(内侧选普通顶铁)或收缩顶铁(外侧选平锤)对板料锤击的过程中,收缩锤或收缩顶铁端面上的花纹,在敲击时的挤压作用下,能使被锤击的金属随之发生微小的多曲变形,由此将板料表面拉紧、收缩,凸起变形也将随之被消除。

此外还可以通过起褶法来处理拉伸金属,它是用手锤和顶铁在拉伸变形部位做出一些褶皱。操作时使手锤和顶铁错位敲击,用尖锤轻敲使拉伸部位起褶皱,如图 2-3-3 所示。褶皱的地方会比其他部位略低,要用塑料填充剂填满后,再用锉刀或砂纸将这一部分打磨得和板的其余部分齐平。注意:只能在无法使用后面介绍的加热法收缩时才通过起褶的方法来收缩金属。

二、加热法收缩金属——缩火

(1) 火焰法　用火焰法收缩,可以获得比冷作法大得多的收缩延展量,更适合膨胀程度大、拉紧状态严重的变形。火焰法收缩,是利用金属热胀冷缩这一性质来达到收缩目标的,如图 2-3-4 所示。加热时,钢棒受热膨胀 [图 2-3-4 (a)],但是它的两端由于受约束无法膨胀,在钢棒内部便产生了一个很大的压力载荷;当温度进一步升高时,钢棒达到赤热状态并开始变软,在压力载荷作用下赤热部位直径增大,压力载荷也随之释放 [图 2-3-4 (b)];如果钢棒被骤然冷却,便会产生收缩。同时,由于赤热部位直径的增大,会使钢棒的长度缩短 [图 2-3-4 (c)]。

上面有关钢棒收缩的原理也适用于金属板上变形部位的收缩。将变形区中心的一小块地方加热至暗红色,随着温度的升高,钢板的受热处开始隆起并试图向受热范围以外的地方膨胀。由于受热范围以外的金属限制,钢板无法膨胀,所以产生了很大的压力载荷;这时继续加热,金属的延伸将集中在柔软的加热中心部位,使这里变厚并释放压力载荷;将这种状态

(a) 对两端受到约束的金属棒加热

(b) 压缩力使加热变软的金属直径增大

(c) 冷却后原加热部位断面增大，钢棒长度缩短

图 2-3-4　火焰法收缩原理

的加热部位骤然冷却，金属将会收缩，与加热前相比，表面积会减小。当金属板由于冷却而收缩时，它的内部产生拉力载荷以抵抗加热时形成的压力载荷。

用氧-乙炔焊枪收缩某一部位时，可以对延伸区（即隆起处）的点进行加热，使其变成暗红色。先让延伸区的最高点收缩，然后再让下一个最高点收缩。依此类推，直到使整个部位均收缩到原来的形状，如图 2-3-5 所示。

加热时用氧-乙炔的中性焰，使用 1 号或 2 号焊嘴。焰心到金属的距离应稳定控制在约 4mm（图 2-3-6），到金属开始发红（约 500℃）时再缓慢地沿圆周向外移动，直到整个受热部位都变成鲜红色（约 800℃）。超过鲜红色，金属会熔化、烧穿。收缩和加热范围应由收缩部位剩余金属数量的多少来决定，一般的收缩加热范围约为直径 20mm。加热的范围越大，热量越难以控制。平面金属板上应采用小范围的收缩（约为直径 10mm），因为这样的金属板更容易受热变形。

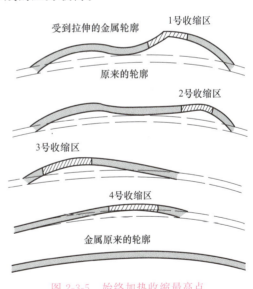

图 2-3-5　始终加热收缩最高点

在此状态下，如果尽快使红热区冷却，受热点及其周围的板料就会收缩，表面面积将比受热前小一些，金属内部也会伴随着产生拉伸载荷。如对受热点及其周围的金属进行轻轻敲打，垂直方向膨胀的金属就被压缩并固定了下来，如图 2-3-7 所示。加上冷却作用，就可以获得更大的收缩量。

冷却方式有风冷和水冷之分。前者的冷却速度稍慢，故收缩量比水冷要小一些；后者为急冷，金属的收缩量相对较大。对加热部位的急剧冷却，还会在四周形成更大向心拉伸力。

这种在加热金属周围产生的缩颈现象，使板料的收缩量更大、效果更明显。冷却方式需要依变形程度和膨胀状态的不同而定。但无论采取哪一种冷却方式，加热时间要短，以减少对周围金属的热影响。

图 2-3-6　焊枪移动轨迹

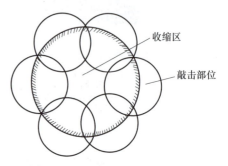

图 2-3-7　用手锤在加热周围轻敲

火焰法加热应避免重复。实践表明，即使适当增大加热点的面积，一般也不会收到更显著的收缩效果。因为膨胀与收缩量的大小，均受到了金属膨胀系数和金属质量等多方面的限制。尤其是当车身维修的钣金作业接近竣工状态时，更应避免过度加热并尽量减少加热点数量，以免给精平和涂装作业带来更多的麻烦。

火焰法收缩的优点是收缩效率高，操作过程也比较直观。缺点是火焰加热会由于金属的热传导作用而破坏周围的涂层；温度高对周围构件的热辐射也大，甚至需要拆除部分构件后才能施工。钣金作业中应尽量避免用火焰法收缩，尤其是当车身材料为耐腐蚀钢板时，这一要求更需引起重视。

（2）电热法　使用氧-乙炔焊的焰炬加热的收缩方法应用普遍，操作也比较简单，但也有一定的局限。例如，对某些高强度钢板进行收缩时加热的范围不易把握，因为收缩时加热的温度必须达到金属软化的程度，所以加热时沿钢板向周围传递的热量会比较多，引起更大范围的强度弱化。另外，在有些不宜采用明火的地方也不能使用氧-乙炔焰炬。因此开发了其他的加热收缩的工具，利用介子机的接触电阻生热的缩火方法也得到了广泛的应用。

电加热缩火是介子机的常用功能之一，其工作原理也是利用导电介质与钢板接触时产生的电阻热来加热钢板的。电加热采用的导电介质有铜电极和碳棒两种，铜电极有一个圆球头，端部接触面积较小，直径通常为5~8mm，适合于较小的点的收缩操作；碳棒的直径以8~10mm居多，使用时需要将端部磨削成较圆滑的球头，在钢板上划螺旋线来控制加热的面积。两种导电介质导电的性能都很优良，产生的电阻热都集中在钢板上，加热集中且快速，收缩效果良好。更主要的是这两种介质都不会因为与钢板发生接触而粘连。

铜电极缩火时，首先要检查电极头。如果电极头脏污或受损，将不能完全使钢板加热和平顺地移动极头，所以当发现极头有脏污或凹痕时，必须用砂纸清洁极头，如图 2-3-8 所示。

图 2-3-8　检查电极头

然后，使用电极头对准最高点并轻轻地压下，使钢板轻微变形，如图 2-3-9 所示。接着按下开关，这时钢板将会产生一些反作用力，此时要求将电极头以一定的力量靠住钢板面 1~2s，如图 2-3-10 所示。然后，使用空气枪迅速地冷却缩火区域，冷却的时间保持约 5~6s，如图 2-3-11 所示。

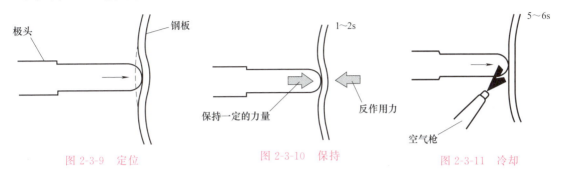

图 2-3-9 定位　　　　　图 2-3-10 保持　　　　　图 2-3-11 冷却

碳棒缩火：如果延展区域较大应使用连续缩火。准备好碳棒极头，倾斜，并轻轻地接触钢板面，按下开关，极头将逐渐红热，如图 2-3-12 所示。以直径 20mm 的间隙，将极头由外侧往内侧以螺旋方向运行，并且逐渐增加运行速度，如图 2-3-13 所示。松开开关，并将极头从钢板面移开，使用空气枪迅速地冷却缩火区域，如图 2-3-14 所示。

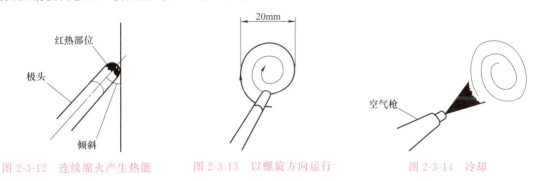

图 2-3-12 连续缩火产生热能　　　图 2-3-13 以螺旋方向运行　　　图 2-3-14 冷却

 钢板收缩操作示范

【实际案例】

受损门板凹陷被修复，检测发现高于门板原始表面。

车损情况：修复后有高于门板原始表面的点。

维修方案：收缩维修门板至略低于原始表面状态。

【操作示范】

1. 安全防护用品

工作帽、工作服、安全鞋、护目镜、口罩、棉手套。

2. 准备工作

修复工位（含受损门板、工作台、工具车）、车身外形修复机（介子机、垫圈焊接机）、单作用研磨机、带式打磨机、焊接垫片、铜电极、碳棒（搭铁固定工装，如果搭铁是钳状，可加持搭铁，则不需要此工装）、300mm 钢板尺、60 或 80 目砂纸、抹布、气枪、记号笔、

图 2-3-15　判断钢板延展区域的方法

防锈蜡。

3. 判断缩火区域

用手触摸并用钢板尺辅助测量判断高点,如图 2-3-15 所示。用手按压判断强度不足的区域。用记号笔标记出缩火区域。

4. 去除漆膜

使用单作用打磨机配合 60 号砂纸去除缩火区域漆膜,如图 2-3-16 所示。

5. 车身外形修复机参数调整

根据操作手册说明调试车身外形修复机的电流,在搭铁区试缩火,先使铜电极或碳棒紧贴钢板,然后通电,轻轻扭动铜电极或滑动碳棒,接触过的钢板表面应有加热变色痕迹,根据自己熟练程度适当调整电流大小。图 2-3-17 所示为外形修复机简介(缩火功能圈出)。

图 2-3-16　去除漆膜

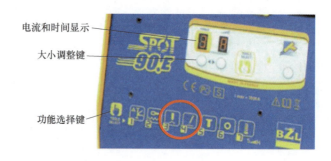

图 2-3-17　车身外形修复机缩火参数调整

6. 缩火

找到最高点进行缩火,辅助气枪快速冷却,然后再测量标记高点再次缩火,直到缩火区域低于原始表面约 1~2mm,满足强度要求为止,如图 2-3-18 所示。

铜电极

碳棒

图 2-3-18　缩火

7. 打磨缩火痕迹

使用单作用研磨机配合 80 号砂纸打磨缩火痕迹。不得残留缩火印迹,如图 2-3-19 所示。

8. 质量检查

使用抹布擦拭清洁工件,用气枪清洁工件表面。然后再次检查有无高点,强度是否足够,如果不符合要求,重复进行直到符合要求为止。

图 2-3-19　打磨缩火痕迹

9. 5S

收拾工具，整理工位，清扫场地。

第四节　车身塑料件的修复

塑料性能优异，车身塑料件应用广泛，比如前后保险杠、车灯外壳和格栅等。车身前后保险杠作为车身主动安全配件，经常受到损伤，在维修店中的任务比重非常高，因此塑料件的修复是车身修复需要具备的一项基本技能。

常见汽车塑料件的类型有热塑性塑料和热固性塑料。热塑性塑料可以通过加热反复地软化和变形，而其化学成分不会发生变化，在加热时变软或熔化，而在冷却时变硬。热塑性塑料的损坏可以通过塑料焊机进行焊接维修，也可通过粘接修理。热固性塑料在热量、催化剂或紫外线的作用下会发生化学变化，硬化后形成永久形状，不能够通过加热和使用催化剂改变它的形态。热固性塑料损坏后，不能进行焊接维修，但可进行粘接修理或者更换。

一、塑料件的焊接修理

1. 损伤评估

如果在弧形接板或大的塑料板上有小的裂缝、撕裂、凹槽或孔，而这些部件更换成本较高，则维修是合理的。如果部件大面积损坏，或者翼子板喇叭口、塑料装饰件等价格便宜的部位发生损坏，则进行更换是合理的。

2. 热风焊（HG/T4821—2011）**及设备**

（1）热风焊　塑料焊接面及塑料焊条或焊丝被热风烘成塑性状态，再通过外压使其连接在一起的焊接方法。包括圆嘴热风焊、快速热风焊。（GB/T 2035—2008《塑料术语及其定义》称之为"热气焊接"）

① 圆嘴热风焊：通过圆形风嘴加热焊条，焊条和母材通过热风被熔接在一起。风嘴沿着焊缝慢慢移动，热风同时加热焊条与母材的区域。焊接方向与母材宜保持垂直，风嘴沿着焊条与母材扇形区上下往复移动。

② 快速热风焊：通过斜梁风嘴加热焊条，将塑化状态下的焊条压在焊接面上，焊条自动随着喷嘴移动。

（2）焊接机具　热风焊枪（图2-4-1）应符合相关标准要求：在-5℃~60℃的环境温度范围内，确保能够安全工作；最多加热15min后，温度必须处于稳定状态。在焊接过程中，温度偏差范围不得大于温度设定值的上下5℃，并且能够在此状态下连续24h进行工作。

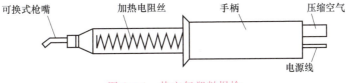

图 2-4-1　热空气塑料焊枪

① 定位焊嘴（图2-4-2）：主要用于断裂钣件或长的焊缝在真正焊接前的定位焊。进行定位焊时，必须将断口对准、固定，不使用焊条，而是将喷嘴头压紧在断口底部，使两侧钣件同时熔化形成定位焊点。必要时还可断开重新进行定位。

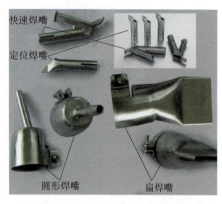

图 2-4-2 热空气塑料焊枪各种焊嘴

② 圆形焊嘴（图 2-4-2）：焊接速度较慢，比较适合小型件和复杂件上短焊缝的焊接，尤其适合焊填小的孔洞，以及尖角部位和难以靠近部位的焊接。通常，圆嘴热风焊的工艺过程包括 5 个阶段，分别是：待焊部件的表面处理、加热、加压、分子链间扩散和冷却。每个阶段的具体操作要求取决于待焊部件的具体外观形状和内部结构设计。其工作原理（如图2-4-3所示）是：利用加热后的风或空气，同时预热焊条与待焊的母材相应部位；待其熔融之后，操作者通过对焊条垂直施加一定的压力，将焊条的熔融区与待焊母材的熔融区进行对接，并保持一定的焊接速度，使其具有足够的承压时间；最后，进行冷却定型。由于圆嘴热风焊接技术主要用于塑料零部件的修复，因此，在进行圆嘴热风焊接的过程中，操作者必须小心控制所施加的压力和焊接速度。这是因为，通过设定合适并且可准确控制的温度，能保证得到合适的大分子熔融区。如果所施加的压力太小，则大分子链无法进行迁移和扩散；如果压力太大，则大分子链会被挤出熔融区，无法停留在界面内参与迁移和扩散过程，也就无法实现真正的焊接。

③ 快速焊嘴（图 2-4-2）：主要用于长而直的焊缝。焊嘴夹持着焊条，并对焊条和焊件进行预热。一旦开始焊接，焊条自动进入预热管，由焊嘴端部的尖形加压掌（导门板）向焊条施加压力（图 2-4-4），所以用一只手就可完成操作，热量和压力均衡，而且焊缝更加均匀一致，焊接速度也提高很多，平均速度可达 1000mm/min。快速热风焊接技术也是利用加热后的风或者空气来预热焊条与待焊母材相应部位的方法实现焊接的。但是，快速热风焊接技术所使用的焊接风嘴比较特殊，风嘴底部的形状一般为凸出的弯曲面，用来将焊条压入母材的待焊部位，而焊条则穿过焊接风嘴内部，并从风嘴中伸展出一段。加热时，一部分热风对风嘴底部的焊条进行加热，另外一部分热风则用于加热母材的待焊区域。在快速焊接的工艺过程中，焊条从快速焊接风嘴中出来，并在焊接风嘴中先进行部分预热。同时，从风嘴中吹出的部分热风对母材的待焊部位进行预热。焊接压力则通过风嘴的末端施加到焊条上，完成整个焊缝的焊接。与圆嘴热风焊接工艺一样，该工艺过程同样包括表面处理、加热、加压、分子链间扩散和冷却这 5 个阶段，并且每个阶段的具体操作要求也与待焊部件的具体外观形状和内部结构设计相关。

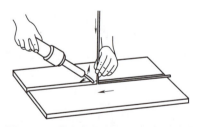

图 2-4-3 热空气塑料焊机及各种焊嘴

图 2-4-4 热空气塑料焊机及各种焊嘴

④ 扁焊嘴（图 2-4-2）：适用于热熔焊焊接。热熔焊是指加热部件加热两个塑料端面后，加热部件迅速移开，然后施加适当的压力将两个塑料端面熔接在一起的工艺。扁焊嘴被热空气加热后，沿着两个塑料端面之间滑动加热熔化塑料，使用耐高温的压紧轮迅速压紧熔合面，冷却后两个面即被焊接在一起。

3. 塑料件的别识方法

修理前，首先要清楚塑料的类型。拆下需修理的塑料件，从背面的标记内识别出其符号或缩略语确认塑料的具体类型。目前识别塑料件类型主要采用编号识别和测试识别两种方法。

（1）编号识别法　世界上许多生产商将塑料零件的国际标准号、ISO 码或缩略语印制在塑料背面。也有的在汽车维修手册中注明塑料的类型。

（2）测试识别法

① 燃烧测试法：热固性塑料燃烧时不会产生熔滴，而热塑性塑料燃烧时会产生熔滴。这种方法易造成环境污染及安全隐患，故不建议使用。

② 粘接测试：选用不同的焊条，直到有一种能粘接住，则可确定塑料的类型，从而选用该焊条进行焊接。

③ 挠性测试：将修理用的塑料制成试件，进行弯曲试验，热固性塑料弯曲后不能恢复原形，而热塑性塑料弯曲后能很好地恢复原形。

4. 塑料焊接工艺要求

（1）热风焊一般要求

热塑性塑料的厚度应在 1～30mm 之间；

被焊工件表面、焊条以及热风中不应含水、灰尘及油污；

焊条尺寸应适应焊接要求，材质与母材相同或相近，并具有相容性。技术指标符合焊条及填充材料的相关标准。

（2）工艺要求

根据设计需要确定焊缝形状，对母材进行预加工。

清洁母材待焊区域。

选择合适的焊接机具。

接通电源，开启焊接工具开关，设定合适的焊接温度，直至达到所需温度。

① 圆嘴热风焊：通过风嘴出口部位预热母材待焊区的起始部位和焊条，待熔融后，垂直施加焊接压力于焊条上（图 2-4-5）。同时焊接工具反复连续加热母材待焊区和焊条需要与母材进行焊接的部分，并匀速拖动焊条向前对母材进行焊接。

② 快速热风焊：通过风嘴出口部位预热母材待焊区的起始部位和焊条，待熔融后，将焊条插入快速焊接风嘴直至焊条在该风嘴另外一端完全伸出，通过风嘴末端与焊条接触的部位施加焊接压力，保持焊接工具恒定。同时沿着待焊区拖动焊接工具对母材进行焊接。

焊缝完成后，先将焊接工具停止加热，同时保持风机继续工作，直至焊接工具完全冷却，断开电源。

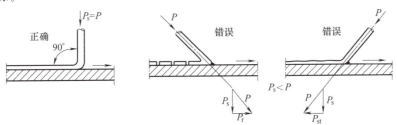

图 2-4-5　热空气塑料焊机及各种焊嘴

（3）焊接参数

① 焊接温度：热风焊接时热空气的温度，该推荐的焊接温度范围是通常的温度。当在

冬天的北方野外施工和夏天的南方室内施工，该温度要分别升高和降低来加以修整。修整范围或系数由焊工根据实际条件或经验确定。在冬天的北方野外施工，应加保护措施，如设置帐篷、焊接处加保温帽等（下同）。

② 焊条速度：根据焊条和喷嘴直径大小来选择焊接速度，以150～250mm/min为宜。

③ 焊丝尺寸的选择见表2-4-1。

表2-4-1 焊丝尺寸的选择

坡口类型	材料厚度/mm	焊丝规格（数量×直径）/mm	坡口类型	材料厚度/mm	焊丝规格（数量×直径）/mm
单V形	2	1×4	X形	4	2(1×4)
	3	3×3		5	2(3×3)
	4	1×3+2×4		6	2(3×3)
	5	6×3		8	2(1×3+2×4)
				10	2(6×3)

④ 焊条规定及选用见表2-4-2和表2-4-3。

表2-4-2 焊条规定及选用（单焊条）

焊条直径/mm	适用管材和板材厚度/mm	允许偏差/mm	长度/m
2	2～3（或选用焊根焊接）	±0.3	>0.5
2.5		±0.3	>0.5
3	4～8	±0.3	>0.5
3.5	8～15	±0.3	>0.5
4	≥15	±0.3	>0.5

表2-4-3 焊条规定及选用（双焊条）

焊条尺寸/mm			适用板材厚度/mm	容许偏差/mm	长度/m
d	L	h			
1.5	1.5	1.2	<8	±0.3	>0.5
2.0	2.0	1.7			
2.5	2.5	2.2	≥8	±0.3	

⑤ 热风焊接工艺参数见表2-4-4。

表2-4-4 热风焊接工艺参数

材料	焊接方式	焊接压力F/N（焊条直径3mm）	焊接压力F/N（焊条直径4mm）	热风温度/℃	风量/(L/min)
PVC-U	圆嘴热风焊	5～9	8～12	170～190	40～50
	快速热风焊	8～12	15～25		
PVC-C	圆嘴热风焊	10～15	15～20	200～220	40～50
	快速热风焊	15～20	20～25		
PVC-P	圆嘴热风焊	15～20	18～25	300～370	40～50
	快速热风焊	4～8	7～12		
PP	圆嘴热风焊	6～10	15～20	305～315	40～50
	快速热风焊	10～16	25～35		
PE-HD	圆嘴热风焊	6～10	15～20	300～320	40～50
	快速热风焊	10～16	25～35		
PVDF	圆嘴热风焊	10～15	15～20	365～385	45～55
	快速热风焊	12～17	25～35		
PA	圆嘴热风焊	12～16	12～16	320～370	40～60
	快速热风焊	12～16	20～30		
ABS	圆嘴热风焊	12～16	12～16	180～200	40～60
	快速热风焊	12～16	20～30		

注：热风温度是指风嘴中部进去5mm处的温度。

5. 未知材料焊接温度的判断方法

如果无法知道材料的焊接温度，可取一小部分焊条在外观不可见的位置做焊塑枪试验。

(1) 为所选的焊条选择适合的焊嘴,将焊条插入枪嘴中;
(2) 根据焊接测试中所选的材料,旋转旋钮设置焊接温度;
(3) 焊嘴中的焊条与零件的表面接触;
(4) 按照说明书上指示,先焊接2cm的测试条到零件表面(图2-4-6);
(5) 待焊接冷却后,尝试从零件表面拉扯焊条。如果焊条牢固地焊接在零件上,此材料的焊接温度被确定。否则再用另一根焊条用不同的温度再测试。

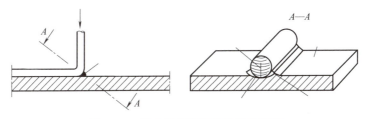

图 2-4-6 热空气塑料焊机及各种焊嘴

6. 坡口类型

坡口是指根据工艺或者设计的需要,在待焊接部位加工成一定几何形状的沟槽。坡口在维修时主要是保证熔透,提高焊接区的强度,保证焊接质量。热风焊焊缝,接头和坡口形式见表2-4-5。

表 2-4-5 热风焊焊缝,接头和坡口形式

焊缝形式	内容分类	内容说明		
对接焊缝	接头形式	对接接头	T形接头	角接接头
对接焊缝	图示			
对接焊缝	坡口形式	V形(单V形,双V形),U形(单U形,双U形),X形	V形(单V形,双V形),X形	V形(单V形,双V形),X形
角接焊缝	接头形式	对接接头	T型接头	角接接头
角接焊缝	图示			
角接焊缝	坡口形式	L形	L形	L形

续表

焊缝形式	内容分类	内容说明		
搭接焊缝	接头形式	直搭接头		垫搭接头
	图示			
	坡口形式	L形		L形

7. 影响焊接质量的因素

进行塑料焊接时，影响塑料焊接的因素可以分为主要和次要两类。

(1) 主要因素　主要因素有压力、时间、吸热量（熔融量），三者是确保焊接质量的三要素。

① 压力：对焊接表面施加适当的压力，焊接材料将由弹性向塑性过渡，还可以促进分子相互扩散并挤去焊缝中的残余空气，从而增加焊接面密封性能。

② 时间：要有适当的热熔时间和足够的冷却时间。当热功率一定时，时间不够会出现虚焊，时间过长会造成焊件变形，熔渣溢出，有时还会在非焊接部位出现热斑（变色）。必须保证焊接面吸收足够的热量达到充分熔融的状态，才能保证分子间充分扩散熔合，同时必须保证足够的冷却时间使焊缝达到足够的强度。

③ 熔融量：热熔时间和热功率协调调整才会得到最恰当的熔融量，保证足够的分子间融合，消除虚焊的现象。除了焊接设备和操作人员技能水平外，来之于塑料内部或外部的各种因素，对焊接质量有一定的影响，应当引起重视。

(2) 次要因素

① 塑料的吸湿性：如果焊接潮湿的塑料制品，内含的水分会在受热后化为蒸气跑出而在焊面上出现气泡，使焊接面密封性能减弱。吸湿较为严重的材料有 PA、ABS、PMMA 等。用这些材料做的制品，焊前必须进行干燥处理。

② 塑料中的填充物：如玻璃纤维、滑石粉、云母等，它们改变了材料的物理特性。塑料中填充物的含量同塑料的可焊性和焊接质量有很大的关系。填充物含量低于 20% 的塑料可以正常进行焊接，不需要进行特殊的处理。填充物含量超过 30% 时，由于表面塑料比例不足，分子间融合得不够，会降低密封性。

③ 焊接表面的清洁：焊接表面必须清洁没有杂质，才能保证足够的焊接强度和气密性。

在选取正确的焊接材料和排除了影响焊接效果的不利因素外，还要根据材料种类的制品形状、成本的高低采取适当的焊接方法。焊接完成之后，会形成一个轻微抬高，光滑并带有小珠的零件表面。在完全冷却状态时将它打磨变平。

8. 塑料焊接缺陷、原因及解决方案

(1) 现象：熔透不良

原因：位置不当，焊接速度过快、温度太低。

解决方案：尝试使用不同的材料焊接，正确操作。

(2) 现象：焊道不均匀，焊条伸展

原因：操作焊条时运用不均匀。

解决方案：使用正确操作手法，均匀运送焊条。

(3) 现象：焊痕弯曲变形

原因：维修区域过度加热，零件固定过紧。

解决方案：正确准备焊接位置，避免在背面环境散热不良地方施工。

 | 前保险杠修复操作示范 |

【实际案例】

如图2-4-7所示，一辆轿车转弯时由于存在视觉盲区判断失误，前保险杠右前下侧和路边凸出台阶发生碰撞。

车损情况：前保险杠右前下侧小范围划伤，保险杠和台阶尖角直接接触部位被撕裂。

维修方案：前保险杠修复。

【操作示范】

1. 焊条焊接

（1）安全防护　工作帽、工作服、安全鞋、口罩、耳塞、皮手套。

（2）准备工作　热熔植钉塑料修复焊机、塑料修复焊钉、塑料焊机、热熔塑料焊条、气动砂轮打磨机、尖嘴钳或偏嘴钳、180号和240号砂纸、单作用研磨机、双作用研磨机、除油剂、抹布、美工刀、铝箔胶带。

（3）材质确定　查看保险杠背面找到材质标识（图2-4-8），因为正面喷漆会覆盖标识，确认保险杠材质。

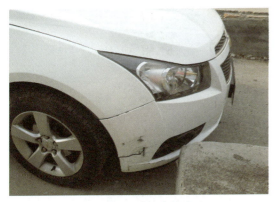

图2-4-7　受损事故车

图2-4-8　查看保险杠材质标识

（4）清洁待修复区　使用除油剂清洁待修复区油污，避免影响修复时热熔胶条粘接效果（图2-4-9）。

图2-4-9　清洁待修复区

图 2-4-10　待修复区正面防护

(5) 待修复区正面防护　待修复区正面贴铝箔胶带，保证待焊区焊缝不会软化变形使热熔胶滴漏（图2-4-10）。

(6) 待修复区背面打磨　使用气动砂轮打磨机打磨背面待焊区域，裂缝边缘需要打磨宽约2cm区域，并使用180号砂纸打磨待焊区焊缝边缘使焊缝与周边平滑过渡（图2-4-11），便于熔胶填充至裂缝底部，提高焊接强度。

(7) 调试塑料焊机　接上电源，预热焊枪（图2-4-12），然后调整温度，使焊枪温度在200～400℃之间（具体需参考维修手册和热熔焊条说明书），焊条要熔化均匀，不得出现沸腾多泡。

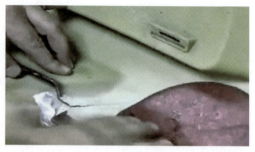

图 2-4-11　待修复区背面打磨

(8) 待修复区背面焊接　焊枪枪嘴热熔焊条从内部向边缘开始焊接（图2-4-13），每焊接2～3cm要抽出焊条整修平整一次已完成的焊缝熔胶区（图2-4-14），直到最后焊完。裂缝边缘需要涂抹面积略大于打磨区（图2-4-15）。

(9) 去除待修复区正面防护　去除待修复区正面的铝箔胶带（图2-4-16），准备焊接前处理。

图 2-4-12　调试热风塑料焊枪

图 2-4-13　待修复区背面焊接

图 2-4-14　整修平整已完成的焊缝熔胶区

图 2-4-15　裂缝边缘焊接

图 2-4-16　去除待修复区正面防护

(10) 待修复区正面打磨 使用气动砂轮打磨机打磨正面裂缝区域（图2-4-17），裂缝边缘用单作用研磨机打磨宽约2cm区域（图2-4-18），并使用180号砂纸打磨待焊区焊缝边缘使焊缝与周边平滑过渡（图2-4-19），便于熔胶填充至裂缝底部，提高焊接强度。

图2-4-17 待修复区正面砂轮打磨

图2-4-18 待修复区正面单作用研磨机打磨

图2-4-19 待修复区正面砂纸打磨

(11) 待修复区正面焊接 焊枪枪嘴热熔焊条从内部向边缘开始焊接（图2-4-20），每焊接2~3cm要抽出焊条整修平整一次已完成的焊缝熔胶区（图2-4-21），直到最后焊完。裂缝边缘需要涂抹面积略大于打磨区（图2-4-22）。

图2-4-20 待修复区焊接

图2-4-21 整修平整已完成的焊缝熔胶区

图2-4-22 裂缝边缘焊接

(12) 打磨焊接区 焊缝冷却后，使用单作用研磨机180号砂纸打磨焊缝使其初步平整（图2-4-23），再用双作用研磨机240号砂纸整体打磨为涂装前处理作准备（图2-4-24）。

(13) 检验修复效果 检查焊缝表面应无裂纹和气孔，掰扭焊缝区域强度可靠，无损伤（图2-4-25）。

(14) 5S 收拾工具，整理工位，清扫场地。

图 2-4-23　单作用研磨机打磨焊缝

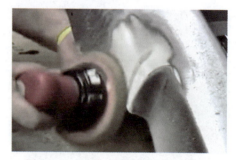

图 2-4-24　双作用研磨机打磨修复区

2. 熔植焊钉修复

(1) 拼合对齐待焊接区　将保险杠裂缝对齐（图 2-4-26），确认保险杠拼合良好，在保险杠的背面施焊。

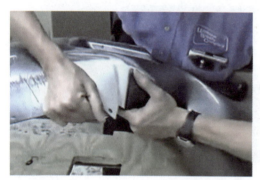

图 2-4-25　检验修复效果

图 2-4-26　拼合对齐待焊接区

(2) 调试热熔植钉塑料修复焊机　接上焊机电源，然后调整温度（图 2-4-27），使焊枪温度在 200～400℃ 之间（具体需参考车辆维修手册和设备说明书）。

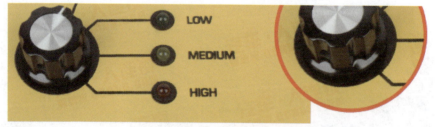

图 2-4-27　调试热熔植钉塑料修复焊机

(3) 装焊钉　将焊钉装到热熔植钉塑料修复焊机的焊枪头部（图 2-4-28）。

(4) 熔植焊钉　将焊钉对准焊缝，对称覆盖裂缝宽度方向，开启焊枪开关，加热焊钉，平稳用力使焊钉熔入保险杠中约 2mm，关闭焊枪开关，停止加热焊钉，焊钉冷却后拔起焊枪，焊钉被植入保险杠中（图 2-4-29）。

(5) 不同区域选用不用焊钉　不同形状区域，对应选用不同焊钉进行焊接（图 2-4-30～图 2-4-32）。

(6) 去除焊钉尾部　去除焊钉尾部，标准焊钉有预制断裂切口，可以直接用尖嘴钳掰断，没有预制断裂切口的可以用偏嘴钳贴保险杠背面剪断（图 2-4-33）。

（7）装抹平刀　将焊钉装到热熔植钉塑料修复焊机的焊枪头部（图2-4-34）。

（8）抹平焊缝　开启焊枪开关，加热抹平刀，把去尾焊钉周边塑料抹平，提高强度，美化焊接区。使用抹平刀可以对平面裂缝进行免植钉修复：先热熔处理裂缝后，再使用焊条焊接（图2-4-35～图2-4-39）。

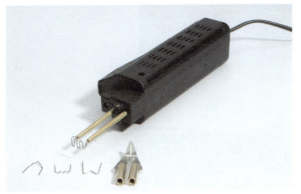

图 2-4-28　装焊钉

图 2-4-29　待修复区背面打磨

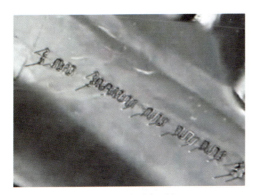

图 2-4-30　回纹平钉

图 2-4-31　直角钉

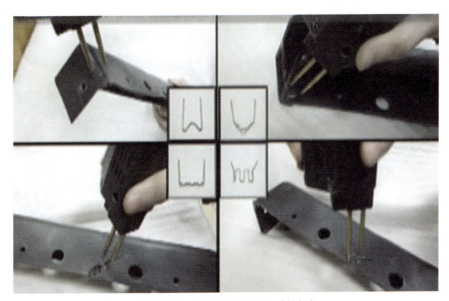

图 2-4-32　不同位置选用不同的焊钉

图 2-4-33　去除焊钉尾部

图 2-4-34　装抹平刀

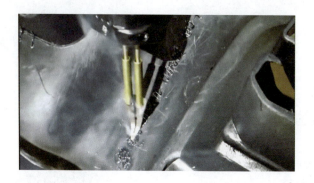

图 2-4-35　抹平焊缝

图 2-4-36　裂缝热熔处理

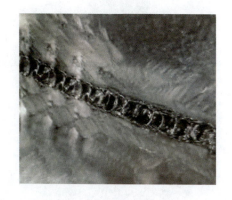

图 2-4-37　裂缝热熔处理效果

图 2-4-38　熔化焊条

图 2-4-39　抹平焊缝

(9) 孔洞修补　借助不锈钢丝网可以实现孔洞的修补（图 2-4-40～图 2-4-43）。

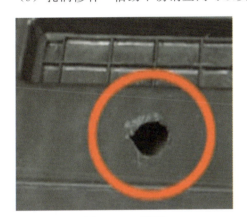
图 2-4-40　孔洞

图 2-4-41　不锈钢网背部贴平焊接

图 2-4-42　正面填充焊接

图 2-4-43　抹平焊缝

(10) 5S　收拾工具，整理工位，清扫场地。

二、塑料件的粘接修理

汽车供应商和材料生产商支持汽车厂家开发现代轻量化设计和解决潜在的各种技术和材料应用问题，以满足对未来汽车制造需求的挑战。现代轻量化设计需要新的粘接剂技术，以便连接新的材料和新的材料组合。已经实现自动化的车身饰件粘接工作，如图2-4-44所示。

图2-4-44　车身饰件自动化粘接工作

塑料件的粘接剂有两种，一种是氰基丙烯酸酯粘接剂，一种是双组分粘接剂。

氰基丙烯酸酯粘接剂有时称为超级胶，一般不推荐使用，因为其主要的缺点是经不起日晒雨淋，因而不能保证修理件耐用。

双组分粘接剂有环氧树脂和氨基甲酸乙酯两种，所谓双组分是指由主料和固化剂混合均匀才能使用的粘接剂。平时主料和固化剂在使用前分别装在两个管中，使用时再按比例混合均匀（混合比例参考说明书）。

无论使用何种粘接剂都应注意以下问题：

（1）塑料在粘接或焊接之前，应对其表面进行清理和处理。

① 对粘接部位进行脱蜡、脱脂处理。将具有脱蜡脱脂功能的溶剂（塑料清洁剂）浸湿在布上进行擦拭，彻底清除粘接部位上的污物。

② 对于裂纹、穿孔部位的粘接，应该使用36#粗砂轮打磨坡口，增大粘接面积，同时粗糙的表面也有利于粘接。如果在打磨时出现滑腻现象（表面熔化而变的光滑），可涂粘接促进剂（可将光滑的塑料表面刻蚀成多孔结构或对塑料表面进行火化改性——对塑料表面的化学处理）。

③ 对需要粘接的部位进行火焰处理。采用富氧火焰如汽油喷灯、煤气氧化焰、气焊中的氧化焰等烧烤塑料表面，以使塑料表面改性和活化，并可消除塑料的内应力。

（2）不同的塑料种类，应注意使用适合类型的粘接剂、粘接促进剂、填料及软涂料。

（3）有些产品系列是为特定基体材料进行配方的，使用前应查阅相关的说明书。

第三章

事故车的修复技术

第一节 事故车损伤评估

严重损坏的车辆，除了车身的外部钣件的变形外，车身的结构件也发生了弯曲、扭曲等变形，非车身零部件也会有损伤，一般需要上校正平台，才能完成修理工作。严重损坏的车辆修理工艺流程如图 3-1-1 所示。

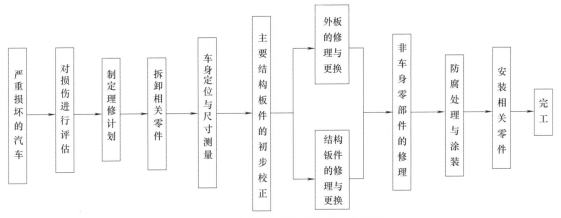

图 3-1-1　严重损坏的车辆修理工艺流程

车辆发生事故后，维修之前需要做的重要的事情就是评估，评估不仅是为保险公司索赔提供依据，还是车辆维修的必要指导。本节将介绍如何评估受损车辆。

一、损伤评估基础理论

1. 不同方位的汽车碰撞

（1）正面碰撞　正面碰撞包括汽车与刚体墙的碰撞和汽车与汽车的碰撞。

（2）追尾碰撞　追尾碰撞产生的原因如下：

① 天气，如雨、雪导致路滑，雾导致能见度低。

② 驾驶员违章，可能是追尾车辆超速或是前方车辆过慢，紧急变道。

③ 汽车自身原因，制动失灵等。

④ 行驶时与前车之间的距离保持太近，当前车遇到情况紧急制动时，后车的制动是在发觉前车已经先行制动以后才开始的制动，加上惯性和距离的原因，从而未能及时停车，造成追尾事故。

（3）直角侧面碰撞　侧面碰撞包括迎头的侧面碰撞、右转碰撞和左转碰撞。

直角侧面碰撞具有以下特点。

① 由于被碰撞车多数是在行驶状态，因而相互碰撞的车辆除受碰撞力的力矩作用外，还受摩擦力作用。

② 在直角侧面碰撞中，被碰撞车在碰撞方向上的速度分量是零。故碰撞时，碰撞车的速度就是有效碰撞速度。

③ 试验证明：相对被碰撞车的质心，碰撞点偏心距离短的前部碰撞，变形量最大；被碰撞车在行驶状态比静止状态的变形量大。

④ 碰撞车和被碰撞车在行驶时，发生直角侧面碰撞时，碰撞车的前部受摩擦力作用，要出现弯鼻式变形。

（4）斜碰撞　斜碰撞的形成有下列3种情况。

① 在引起正面碰撞中，碰撞车在超越中心线或返回本车道的过程中，多形成斜碰撞。

② 在直角侧面碰撞中，碰撞车的驾驶人总是力图摆脱事故的发生而急剧打转方向盘，形成斜碰撞。

③ 在左转和右转碰撞中，多数也形成斜碰撞。但在这种情况下被碰撞车多数是处于停止或近似停止的缓慢行驶状态。

2. 碰撞力的传递与碰撞损伤类型

（1）碰撞力的传递　以轿车的承载式车身碰撞冲击力的传递及结构变形为例：

如图3-1-2所示，当汽车前角受到一个力F_0作用给B区域时，B区域将会变形而吸收能量；碰撞力减到F_1并传递到C点，这段的金属变形，能量继续减少到F_2并传递到D点，依次F_3继续减弱传给E，F_4继续减减，汽车车顶盖金属轻微变形，在F点几乎不再有冲击力，也不再发生变形。

碰撞动能在冲击力传递过程中逐渐转化成零部件的变形能。汽车若以相同的速度碰撞不同类型的障碍物，碰撞力的传递则因障碍物的形状、硬度不同而不同，车身变形的程度也不同。

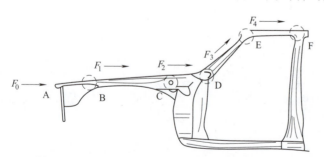

图3-1-2　碰撞力在承载式车身结构上的分布与传递

汽车若以相同的速度碰撞不同类型的障碍物，碰撞力的传递则因障碍物的形状、硬度不同而不同，车身变形的程度也不同。

若汽车前部撞击到刚体墙，如图3-1-3所示，由于接触面积大，则整车变形量小，但涉及的面积大，如图3-1-4所示。如果撞到电线杆、树等物体，如图3-1-5所示，由于接触面积小，保险杠、发动机舱罩、散热器等都会发生严重变形，如图3-1-6所示，甚至会使发动机后移，或使碰撞力扩展到后悬架。

图 3-1-3　汽车前部撞击到刚体墙

(2) 碰撞损伤类型

1) 按碰撞损伤行为不同分类。

① 直接损伤。直接损伤是指车身与其他物体直接碰撞而导致的损坏。由于车身结构、碰撞力、角度以及其他因素的差异，损伤区域各不相同。

② 间接损伤。间接损伤是指发生在直接损伤区域之外，并离碰撞点有一段距离的损伤。

a. 间接损伤的类型：

(a) 波及损伤。波及损伤是指冲击力

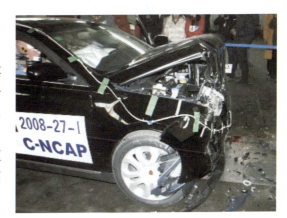

图 3-1-4　汽车前部撞击到刚体墙损伤情况

作用于车身上并分解后，分力在通过车身构件过程中所形成的损伤。

(b) 诱发性损伤。诱发性损伤是指一个或一部分车身构件发生损坏或变形以后，同时引起与其相邻或装配在一起的其他构件的变形。

图 3-1-5　汽车前部撞击到狭窄刚体

(c) 惯性损伤。惯性损伤是指汽车运动状态发生急剧变化，在强大惯性力作用下而导致的损伤。

b. 间接损伤的特点：

(a) 间接损伤是碰撞力从碰撞接触区域向后传递，引起的毗邻钣件、结构物变形损伤，如图 3-1-7 所示的车门变形。

图 3-1-6　汽车前部撞击到狭窄刚体损伤情况

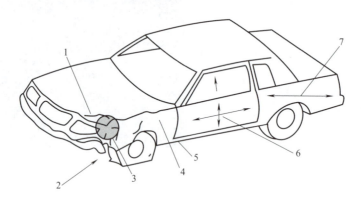

图 3-1-7　直接、间接损伤标志
1—漆面裂痕和皱曲迹象；2—碰撞力作用方向角；3—碰撞位置；
4—构件吸能变形；5—开焊；6—车门、车窗校准；7—后部变形

(b) 间接损伤的程度取决于碰撞力的大小、作用方向以及吸收碰撞能的各个结构件的强度。

(c) 间接损伤有时不易发觉，如钣件皱曲、漆面开裂和伸展、钣件缝隙错位、接口撕裂、开焊等，定损员要注意这些。

2) 按车身损伤结果分类。

按车身损伤结果不同，碰撞损伤可分为左右弯曲、上下弯曲、折皱或压溃、菱形和扭曲变形等，如图 3-1-8 所示。

3. 车身碰撞损伤检查与确定

(1) 碰撞事故对车身的损伤

1) 碰撞的方向性分析。碰撞作用力方向的分类如图 3-1-9 所示。

① 正面向心式碰撞的危害是最严重的。

② 来自后方的向心式追尾碰撞的危害则相对小得多。

③ 来自车身侧面的向心式碰撞，冲击力恰恰指向汽车重心，侧向冲击力与重心位置重合的结果是使碰撞过程中汽车横移受到了限制（即不易发生整体横向滑移）。

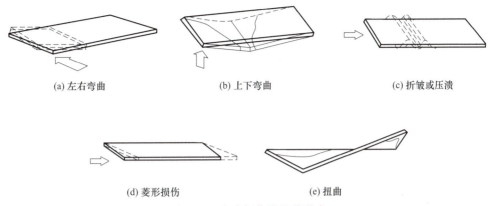

(a) 左右弯曲　　(b) 上下弯曲　　(c) 折皱或压溃

(d) 菱形损伤　　(e) 扭曲

图 3-1-8　车身损伤的几种形式

④ 偏心碰撞后车辆除发生平移运动外，一般都会伴有回转运动，有时甚至因回转运动而继续引发二次碰撞，碰撞后的运动形式也十分复杂。

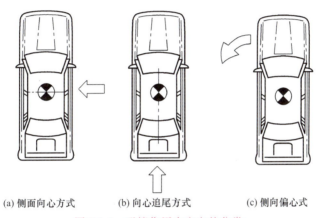

(a) 侧面向心方式　　(b) 向心追尾方式　　(c) 侧向偏心式

图 3-1-9　碰撞作用力方向的分类

2）碰撞力对非承载式车身的损伤。

① 碰撞力对非承载式车身的损伤种类。

a. 车架的弯曲。车架的弯曲有两种形式：一种是左右弯曲（水平方向上的弯曲），另一种上下弯曲（垂直方向上的弯曲）。其中，前者多为正面的碰撞所致，而后者则是由侧面的冲击所引起的，如图 3-1-10 所示。

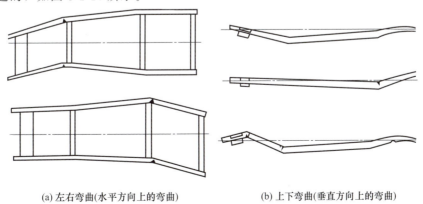

(a) 左右弯曲(水平方向上的弯曲)　　(b) 上下弯曲(垂直方向上的弯曲)

图 3-1-10　车架弯曲的类型

b. 车架的扭曲。车架的扭曲也有两种形式：一种是水平方向上的对角扭曲（也称菱形扭曲）；另一种是垂直方向上的扭转。前者多由偏离车架中心线的角碰撞引起，后者为垂直方向上的非对称性冲击载荷所致。

② 非承载式车身损伤的判别。

a. 左右弯曲（图 3-1-11）。一般可通过观察钢梁内侧及对应钢梁外侧是否有皱曲来确定。通过发动机舱盖、行李箱盖及车门缝隙、错位等情况也能够辨别出左右弯曲变形。

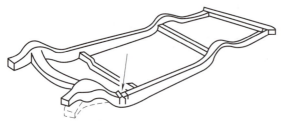

图 3-1-11　左右弯曲损伤（箭头表示撞击力方向）

b. 上下弯曲（图 3-1-12）。判别上下弯曲变形时，可查看翼子板与门之间的上下缝隙，是否顶部变窄下部变宽，也可查看车门在撞击后是否下垂。

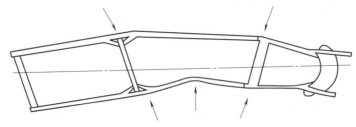

图 3-1-12　上下弯曲损伤

c. 折皱与压溃（断裂）损伤（图 3-1-13）。压溃损伤通常表现为发动机舱盖前移和侧移、行李箱盖后移和侧移。有时看上去车门与周围吻合很好，但车架却已产生了皱折或压溃损伤，这是非承载式结构不同于承载式结构的特点之一。

折皱或压溃通常发生在应力集中的部位，而且车架通常还会在对应的翼子板处造成向上变形。

d. 菱形变形（图 3-1-14）。目测可见发动机室及行李箱盖错位，通常菱形变形还会带来许多断裂及弯曲变形的组合损伤。

e. 扭曲变形。重车单侧车轮下沟翻车常会引起车架扭曲损伤。

③ 非承载式车身的损伤评估。

a. 非承载式车身被碰撞后，可能是车架损伤，也可能是车身损伤，或车架车身都损伤。车架车身都损伤时可通过更换车架来实现车轮定位及主要总成定位。

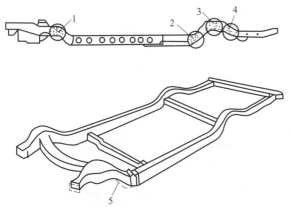

图 3-1-13　折皱和压溃损伤
1～4—压溃点；5—前后侧纵梁冲击力挤压方向

b. 非承载式车身用橡胶垫支撑固定到车架上，受到严重的碰撞时可以导致车身与车架的连接螺栓和橡胶支架弯曲或断裂，在车身与车架之间形成一条缝隙。所以，对于非承载式车身的碰撞勘查要注意橡胶连接处的勘查。

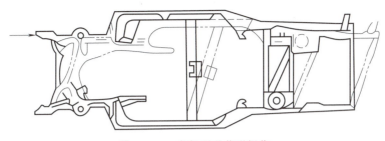

图 3-1-14　车架严重菱形损伤

1→；2—；3……

1—表示冲击力方向；2—表示车架碰撞前形状；3—表示车架碰撞后形状

c. 非承载式车身的修理只需满足形状要求。

3）碰撞力对承载式车身的损伤。

① 承载式车身的安全结构。承载式车身汽车在其前部和后部通常设计有碰撞防护区域，这些防护区域在规定的碰撞限度下能够吸收碰撞能量或者能按照设计要求形成折曲，这样传到车身的振动波在传送时就被大大减小，起到减轻事故损伤的作用。

如图 3-1-15 所示，来自前方的碰撞能量由车身前部和防护区域吸收；来自后方的碰撞能量由车身后部和防护区域吸收；来自前侧方的碰撞能量被前翼子板及前部纵梁吸收；中部的碰撞能量被边梁、立柱和车门吸收；来自后侧方的碰撞能量被后翼子板及后部纵梁吸收。

图 3-1-15　轿车的碰撞变形区域

② 承载式车身的损伤评估。

a. 承载式车身受碰撞后通常会造成车身结构件的损伤。

b. 承载式车身的修理既要满足形状要求，更要满足车轮定位及主要总成定位的要求。所以碰撞对不同车身结构的汽车影响不同，从而造成修理工艺和方法的不同，最终造成修理费用的差距。

（2）汽车碰撞损伤的区位检查法

1）5 个区位：

一区：车辆直接受到碰撞的部位。

二区：受到间接损伤的车身其他部位。

三区：受到损伤的机械零部件。

四区：乘员舱，包括舱内受损的内饰、灯、附件、控制装置等。

五区：车身外部件和装饰件。

2）遵循的基本顺序：

① 从前到后。

② 从外到内。

③ 从主到次。

3) 一区（直接损伤区）的检查。

① 前部碰撞的部位。

② 后部碰撞的部位。

③ 侧面碰撞的部位。

4) 二区（间接损伤区）的检查。

① 间接损伤的直观痕迹：

a. 查看翼子板、发动机舱罩和车门等钣件之间的间隙是否规则。

b. 对于严重的前部碰撞，应查看A柱上部与车门窗框前上角之间的缝隙是否增大，比较左右两边的缝隙，如果缝隙变大，说明前围板向上推动了立柱，并且可能已使车顶受损。

c. 行李箱盖或背门无法打开和关闭，说明车辆后部可能受到了间接损伤。

d. 查看外部钣件（图3-1-16）是否产生折皱。外部钣件的变形通常预示着内部结构件受到了间接损伤。

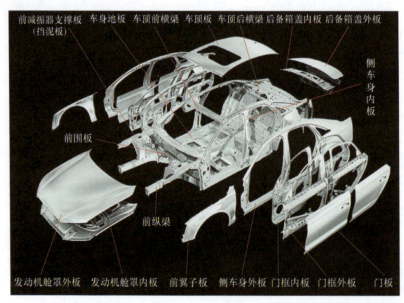

图3-1-16　外部钣件

在严重碰撞事故中，B柱正上方的车顶常常会产生折皱；对于装有天窗的车辆，还要检查天窗窗框的各个边角是否有变形。

e. 查看后轮罩上方、后门后部的C柱下段是否开裂和变形，后角窗立柱正下方的后侧围板是否产生折皱，这些痕迹都预示着后部车身纵梁可能弯曲。

f. 打开发动机舱罩和行李箱盖，查看漆面是否产生折皱，焊点密封剂是否开裂，以及焊点是否断开。

② 测量间接损伤：

a. 车身尺寸一般采用公制单位，用钢卷尺或轨道式量规就可以测量。

b. 量规测量的每个尺寸都应记录下来，而且必须另选两个控制点进行交错检查，其中至少有一个是对角线尺寸。

c. 最好选择悬架和机械零件的安装点作为量规的测量点,因为这些点对于定位至关重要。

d. 很多原厂车身尺寸手册中给出的尺寸是从轨道式量规杆上读取的测量值,而不是钢卷尺测量的绝对距离,实际作业时一定要仔细查看手册中的有关说明。

e. 使用量规测量时,需要对照原厂车身尺寸规范,才能对车辆损坏情况进行精确评估。如果没有原厂车身规范,可以对一辆完好无损的相同车型进行测量,获得原厂尺寸。

f. 如果车辆只有一侧损坏,通常可以对未损坏的一侧进行测量,然后比较这两侧的测量值。

5) 三区(机械损坏区)的检查。

① 机械零部件的外观检查。

② 发动机、变速器、离合器的检查。

③ 电气部件的检查。

a. 打开空调,确保空调正常运转。

b. 查看充电、机油压力等仪表板灯和仪表,如果发动机故障灯或类似的灯点亮,说明发动机存在机械或电控故障。

④ 检查故障码。

利用车载诊断系统(OBD)对车辆进行故障检测,读取故障码。

⑤ 转向和行驶系统的检查。

a. 在车辆下面检查转向和悬架元件是否弯曲,制动软管是否扭曲,制动管路和燃油管路及其接头是否泄漏。

b. 将转向盘向左和向右打到头,检查是否犯卡,是否有异常噪声。

c. 转动车轮,检查车轮是否跳动,轮胎是否有裂口、刮痕和擦伤。

d. 降下车辆,使轮胎着地,转动转向盘,使车轮处于正直向前的位置,测量前轮毂到后轮毂的距离,左右两侧的测量值应当相同,否则,说明转向或悬架元件有损伤。

6) 四区(乘员舱)的检查。

① 检查车辆前部。

② 检查转向盘和转向柱相关部件。

③ 检查座椅。

④ 检查车门和车窗。

⑤ 检查乘员约束系统。

7) 五区(外饰和漆面)的检查。

① 灯光、信号部件的检查。

② 保险杠的检查。

③ 检查油漆状况。

(3) 车身碰撞损伤的目测

① 钣金件截面变形。

② 零部件支架断裂、脱落及遗失。

③ 检查车身各部位的间隙和配合。

④ 检查汽车本身的惯性损伤。

⑤ 检查来自乘员及行李的损伤。

二、汽车正面碰撞损伤评估

1. 保险杠（图 3-1-17）

（1）功用　吸收和缓和外界冲击力，有效地保护车身；减轻被撞人或物的伤害程度；具有很好的装饰性。

图 3-1-17　保险杠

（2）保险杠损伤评估

1）常用保险杠损伤评估。常用保险杠损伤评估如表 3-1-1 所示。

表 3-1-1　常用保险杠损伤评估

部件	材料	性质	损伤情况	修复方法
保险杠	热塑性塑料	价格昂贵、表面烤漆	破损不多	焊接
保险杠内衬	泡沫	多为中高档轿车	轻微损坏	可重复使用
保险杠骨架	铁质	价值较低	轻度碰撞	钣金修复
			中度以上碰撞	更换为主
	铝合金		轻微刮伤	抛光
			轻度碰撞	钣金修复
		修复难度大	中度以上碰撞	更换为主
保险杠支架	铁质	价格较低	轻度碰撞	钣金修复
			中度以上碰撞	更换
	塑料		损坏	更换
保险杠灯（转向灯、雾灯）		价格一般	表面破损	更换
		价格较高的雾灯	只坏少数支撑部位	焊接、粘接

2）前纵梁吸能区的损伤评估。勘查定损时，通过与未受损前纵梁吸能区比较，可确定前纵梁吸能区是否变形。如果前纵梁吸能区影响吸能效果，则必须进行更换。

2. 格栅

（1）格栅的结构和功用　格栅（中网）如图 3-1-18 所示；位于车辆前部中央，有的固定在保险杠装饰板上，有的固定在散热器支架或发动机舱罩上。

（2）格栅损伤评估

① 带电镀层的格栅受损时，需要更换。

② 塑料或甲酸酯格栅受轻微碰撞时，可用塑料焊接技术或粘接修补方法修复，严重时则要更换。

③ 格栅上的车标、前照灯下饰条有些车辆可单独更换，有些与格栅一体，应整体更换。

3. 散热器框架

（1）散热器　散热器框架的功能是支撑前部钣金件、散热器和冷却系统相关零部件，一般焊接在前翼子板和前横梁上形成车辆前板。

在一些非承载式车身结构的车辆中，散热器框架用螺栓固定在翼子板、车轮罩和车架总成上。

（2）散热器框架损伤评估　框架轻微变形，可以修复；如果框架部分损伤，只需更换相应损伤部件；当框架严重变形时，应整体更换。

图 3-1-18　格栅

4. **发动机舱罩**（如图 3-1-19 所示）

（1）发动机舱罩的结构和功能　发动机舱罩位于发动机舱两侧翼子板之间，通常由冷轧板材制成，现代汽车也有采用铝、玻璃纤维和塑料制造。

（2）发动机舱罩损伤评估

① 冷轧钢板在遭受撞击后常见的损伤有变形、破损，根据损伤程度不同可选择钣金修复或整体更换。

② 若发动机舱罩是使用两个冲压成形的冷轧钢板经翻边胶粘而成的，则在严重碰撞后，需将两层分开进行修理；若需将两层分开整形修理，则难以保证质量。

另外，若此种维修的工时费加辅料接近或超过其价值，则应更换发动机舱罩。

③ 铝质发动机舱罩产生较大的塑性变形时，需要更换。

④ 发动机舱罩锁止机构遭受碰撞变形、破损，以更换为主。

⑤ 发动机舱罩铰链碰撞后会变形，以更换为主。

⑥ 发动机舱罩撑杆有铁质撑杆和液压撑杆两种，铁质撑杆基本上可校正修复，液压撑杆撞击变形后，以更换为主。

⑦ 发动机舱罩拉线在轻度碰撞后一般不会损坏，碰撞严重会造成折断，应更换。

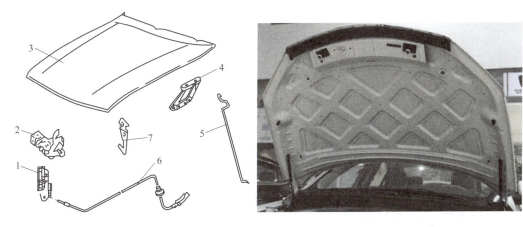

图 3-1-19　发动机舱罩及附件分解图

1—锁下半部；2—锁上半部；3—发动机舱罩；4—铰链；5—撑杆；6—缆索；7—锁钩

5. **前翼子板**

（1）前翼子板的结构与功用　翼子板与发动机舱罩、保险杠总成一起形成车身前端的外

图 3-1-20　翼子板

表面轮廓，如图 3-1-20 所示。对于承载式车身，翼子板用螺栓固定在散热器框架以及挡泥板上。

（2）前翼子板损伤评估

① 损伤程度没有达到必须将其从车上拆下来才能修复，如整体形状还在，只是中部的局部凹陷，一般不考虑更换。

② 损伤程度达到必须将其从车上拆下来才能修复，并且前翼子板的材料价格低廉，材料价格达到或接近整形修复的工时费，应考虑更换。

③ 若翼子板上有较大的撕裂，应考虑更换。

④ 若每米长度超过 3 个折曲、破裂变形或已无基准形状，则应考虑更换；若每米长度不足 3 个折曲变形，且基准形状还在，则应考虑整形修复。

⑤ 如果修复工时费明显小于更换费用，应考虑以维修为主。

⑥ 前翼子板的附件有饰条、砾石板等。饰条损伤后以更换为主，即使未被撞击，也常因钣金整形翼子板需拆卸饰条，拆下后就必须更换；砾石板因价格较低，撞击破损后一般更换即可。

⑦ 钢制翼子板变形后可经过钣金校正修复；玻璃纤维和塑料上的凿孔、破碎可用玻璃纤维修补剂修复。

如图 3-1-21 所示为严重变形的翼子板，应予以更换。

6. 前纵梁

（1）前纵梁的结构及功用　前纵梁的结构及功用如图 3-1-22 所示。

（2）前纵梁损伤评估

① 前纵梁发生碰撞出现弯曲，以拉伸校正为主。

② 若前纵梁碰撞后折在一起或经拉伸后严重开裂，应进行更换。可根据不同损伤程度截取更换。

三、汽车侧面碰撞损伤评估

1. 车门

图 3-1-21　翼子板严重变形（更换）

图 3-1-22　前纵梁的结构及功用

① 若车门产生严重的撕裂,一般无法修复,应考虑更换。

② 许多汽车的车门面板是作为单独零件供应的,损坏后可单独更换,不必更换总成。

③ 如果车门锁块或铰链处产生塑性变形,由于有车门定位的要求,一般来说是无法修复的,应考虑更换。如果门框产生塑性变形,一般无法修复,应考虑更换。

④ 车门防撞饰条碰撞变形后应更换,车门变形后,需将防撞饰条拆下整形。

多数防撞饰条为自干胶式,拆下后重新粘贴上不牢固,用其他胶粘贴影响美观,应更换。

⑤ 门锁及锁芯在严重撞击后会产生损坏,一般应以更换为主。

⑥ 后视镜体破损以更换为主,对于镜片破损,有些高档轿车的镜片可单独供应,可以通过更换镜片修复。

⑦ 玻璃升降机是碰撞中经常损坏的部件,玻璃导轨、玻璃托架也是经常损坏的部件,碰撞变形后一般都要更换。

⑧ 门框条缺损开裂,应考虑更换。

2. 前围板

(1) 前围板的结构和功用　前围板是指发动机舱与车厢之间的隔板。如图 3-1-23 所示。

(2) 前围板损伤评估　因更换前围板工时多,涉及的部件多,原则上不更换前围板。

若要更换,则应考虑如下作业时间:仪表板的拆卸和安装、翼子板的拆下和安装、挡风玻璃的拆卸和安装、车门的拆卸和安装、空调和暖风装置零部件的拆卸和安装。

图 3-1-23　前围板

3. 仪表板

(1) 仪表板的结构(图 3-1-24)　一般中低档轿车仪表板本体采用一体注塑成形仪表板,多用 PP 复合材料。这种结构质量小、易于加工、造价低,当受到冲击时可吸收一部分能量。高级轿车的仪表板多采用软化结构,主要包括骨架、蒙皮和中间发泡层三部分。骨架按材料不同主要有钢板冲压件、树脂注塑件、纤维板、硬纸板等类型。钢板冲压件骨架质量大、成本高、焊接工作量大、装配质量低。树脂注塑成形的仪表板骨架应用最多。

(2) 仪表板损伤评估

① 由于一般的修理厂都没有检测的手段,并且仪表也不容易检测,因此,一旦碰撞,只要发现有明显的损伤、破损,都应该予以更换。

② 更换时,假如可以单独更换仪表,要注意不去更换总成;但若遇到某些整个仪表都安装在一体的仪表台破损,只好更换整个仪表台。

③ 需要注意的是,在检测仪表的工作状态,以判别其是否损坏时,一定不要单纯看仪表自身是否有所反应,还要充分注意相关传感器工作是否正常、线路中的保险是否断路、开关工作是否灵敏。

图 3-1-24　轿车的仪表板

4. A立柱和B立柱

（1）A立柱和B立柱是车身上两个重要的部位，定损时要慎重。若更换，则牵涉许多部件的拆卸，工作量大；若不更换，则影响车身安全。原则上，若变形不太严重，则通过校正修复。

（2）A立柱损伤无法通过校正维修时，可通过切割、分离，再将配件焊接到此位置上的方法进行维修。切割时必须按维修手册的要求进行。

（3）B立柱因碰撞而严重变形时，应进行更换。更换B立柱前，通常在车顶盖下沿处切割B柱（切割部位按维修手册要求）。当B立柱和车门槛同时损坏时，一般两者作为总成同时更换。

损伤评估时，要考虑B立柱的切割和焊接作业以及其他的辅助作业（如拆后门、拆卸和安装装饰件和密封条、防腐处理等）的工时。

5. 车顶

（1）车顶的结构和功用　车顶用于将车身顶部围住，由前后横梁、左右纵梁和一块金属板组成，如图3-1-25所示。

（2）车顶损伤评估　车顶碰撞严重损坏时，恢复原样较为困难，特别是有天窗的车顶，这种情况下可考虑更换。

更换时还要考虑拆卸和安装其他相关零部件（如拆卸车顶内饰板、遮阳板、车顶灯、前后座椅等）的工时。

6. 车门槛板 （图3-1-26）

图 3-1-25　车顶结构

图 3-1-26　车门槛板

(1) 车门槛板的结构和功用　车门槛板通常由内、外钣件组成，是承载式车身的重要组成部分。

(2) 车门槛板损伤评估　车门槛板损伤严重变形时，应进行更换。不同的车辆，车门槛板也不同，有的内、外门槛板可单独更换或整体更换；而有的车辆车门槛板与侧围一体，更换的工程量大。

更换时先进行切割，再进行焊接，最后进行防腐处理。

四、汽车后面碰撞损伤评估

1. 后保险杠及其附件（如图 3-1-27 所示）

(1) 后保险杠及其附件的结构和功用　汽车后保险杠的结构材料与前保险杠相似，所不同的是，有的车后保险杠上装备有倒车雷达。

(2) 后保险杠及其附件损伤评估　后保险杠及其附件的损伤评估参考前保险杠。若后保险杠上倒车雷达系统的倒车警报传感器损坏，应考虑更换，但要仔细检查倒车雷达系统是原车安装的，还是后加的，根据情况，确定是否在定损范围内。

2. 行李箱盖

(1) 行李箱盖的结构和功用　行李箱盖与发动机舱罩的结构、材料相似。行李箱盖总成由内钣件、外钣件、锁芯、门闩总成、锁销以及铰链等组成，如图 3-1-28 所示。

(2) 行李箱盖损伤评估　行李箱盖的损伤评估可参考发动机舱罩的损伤评估进行。

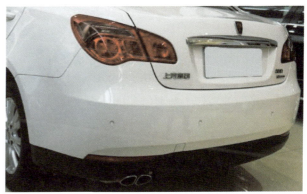

图 3-1-27　带有倒车雷达系统的后保险杠

3. 后翼子板

(1) 后翼子板（如图 3-1-29 所示）的结构和功用　后翼子板焊接在车门槛板、顶盖纵梁及外轮罩上，形成后车身的一侧。

图 3-1-28　行李箱盖

图 3-1-29　后翼子板的结构及切割方法

(2) 后翼子板损伤评估

① 因为轿车后翼子板属于不可拆卸件,所以,当碰撞造成中度以下损伤时,应尽量修复。

② 当后翼子板损伤严重时,应进行更换。

4. 后车身钣件

(1) 后车身钣件结构　一般承载式车身车辆的后车身包括后围板、后翼子板、后底板、后纵梁以及横梁、加强件等,如图3-1-30所示。

图3-1-30　承载式车身车辆的后车身钣件

图3-1-31　尾门

(2) 后车身钣件损伤评估　对于承载式车身来说,后车身钣件一般情况下不考虑更换。若后部钣件严重变形或无法修复,可考虑更换。

5. 尾门

(1) 尾门的结构　两厢轿车的后面是尾门,如图3-1-31所示。

(2) 尾门损伤评估

① 尾门发生碰撞,铰链会变形,应以更换为主。

② 尾门锁止机构变形,应以更换为主。

③ 如果损伤部位接近玻璃时,要考虑玻璃的拆装以及更换或移装尾门附属件(如玻璃导槽及调节器、外把手、高位制动灯总成等)的工时。

6. 后围

后围的处理按发动机舱罩的方法进行处理。铭牌损伤后以更换为主。

五、座椅损伤评估

1. 座椅的结构

座椅由骨架、弹性元件、缓冲垫、装饰蒙皮和调节机构等组成,如图3-1-32所示。

2. 座椅损伤评估

① 座椅的机械部分损坏,如座椅的骨架、导轨等轻微变形,可以校正;调整棘轮、调整螺钮、移动把手等损坏,可以更换。

② 座椅的真皮损坏,可以修复。

③ 座椅的电气元件,如电动机、传感器损坏,可以更换。

图3-1-32　驾驶员座椅

④ 若座椅变形严重,则可考虑更换。若电气元件与座椅连成一体,无法单独更换,也可考虑更换。

事故车评估操作示范

1. 安全防护用品

工作帽、工作服、安全鞋、棉手套。

2. 准备工作

车身测量平台、抹布、受损评估表、水性笔、维修手册。

3. 了解碰撞情况

了解碰撞事故发生情况，有助于全面、准确、迅速检查所有损伤。

4. 确定损坏部位

观察整个车辆，具体方法从碰撞点开始，环绕汽车一圈（图3-1-33），并统计撞击处数，评价其幅度，确定其损坏顺序。

5. 检查外部损伤和变形

从车辆的前部、后部和侧部观察车辆，抹布清洁，并从侧面检查横向和垂直弯曲、扭曲、变形的线条，以及车身上的隆起和凹陷，如图3-1-34所示。同时，检查外板变形或其他与碰撞部位相关联的部位。

图3-1-33　环绕汽车一圈

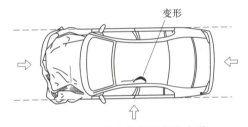

图3-1-34　检查外部损伤和变形

6. 检查外部车身钣件的定位情况

远观了解整体情况（图3-1-35），仔细检查所有带铰链部件（如发动机舱罩、车门、行李箱盖或后背舱门）的装配间隙和配合状况是否正常，开启与关闭是否正常。通过这些检查除了可以判断覆盖件的变形情况，还可以判断安装这些覆盖件的结构件变形情况。比如：车门是通过铰链安装在车身门柱上的。通过开关门和观察门边缘与车身二者间的曲面是否吻合及装配情况等，即可确定车门或支柱是否受到损伤（图3-1-36～图3-1-50）。

图3-1-35　远观左前车身整体情况

图3-1-36　检查左前保险杠和发动机舱损伤和变形

图 3-1-37　左前车灯损伤

图 3-1-38　左前雾灯损伤

图 3-1-39　左前翼子板损伤与变形

图 3-1-40　左前车轮损伤

图 3-1-41　前挡风玻璃及雨刮的损伤

图 3-1-42　观后镜外形及漆面损伤

图 3-1-43　观后镜转向灯损伤

图 3-1-44　观后镜镜面损伤

7. 检查发动机舱和车顶

检查发动机支承以及变速箱支座的变形，辅助系统与底盘以及线束与底盘间的接触情况。检查车身各部分的变形以及焊缝密封胶的剥落（图 3-1-51～图 3-1-54）。

8. 检查乘客室和行李箱室

检查乘客室、行李箱内撞击力造成的间接零件损。检查方向盘、仪表板、内板、座椅、座椅安全带以及其他内饰件上因驾驶员或货物而导致的损坏（图 3-1-55～图 3-1-68）。

9. 检查车身下部

检查发动机机油、变送器油、制动液或散热器冷却液的泄漏情况。检查车身底部各部分的变形以及焊缝密封胶的剥落。如图 3-1-69 所示。

图 3-1-45　左侧前后车门整体情况

图 3-1-46　左前车门损伤

图 3-1-47　左后车门损伤与变形

图 3-1-48　左后车轮损伤

图 3-1-49　后备箱盖、尾灯、后保险杠损伤与变形

图 3-1-50　后下护板与排气管损伤与变形

图 3-1-51　发动机舱盖及支承损伤与变形

图 3-1-52　发动机舱部件损伤

图 3-1-53　前车顶及天窗损伤

图 3-1-54　后车顶、后挡风玻璃与天线损伤

图 3-1-55　左前车门开合及损伤

图 3-1-56　左后车门开合及损伤

图 3-1-57　车内饰整体损伤情况

图 3-1-58　方向盘损伤

第三章　事故车的修复技术　117

图 3-1-59　左前仪表板损伤

图 3-1-60　右前仪表板及安全气囊损伤

图 3-1-61　前排座椅损伤

图 3-1-62　后排座椅损伤

图 3-1-63　安全带损伤

图 3-1-64　安全带锁扣损伤

图 3-1-65　车顶内饰与天窗开合损伤

图 3-1-66　门槛板损伤

图 3-1-67 后备箱内饰与支撑损伤

图 3-1-68 备胎与后底板损伤

10. 主要尺寸的测量

检查评估汽车的损坏程度，用测量法检测是必不可少的手段之一，按维修手册给出的技术参数，测量车架、车身各指定部位点对点的距离，将测量结果与已知数据比较，可以查出损坏范围和方向，有助于对损伤程度进行分析。

11. 完成损伤检查报告

完成所有检查后应认真完成损伤检查报告（常见格式见表 3-1-2）。

图 3-1-69 检查车身下部

12. 5S

工收拾工具，整理工位，清扫场地。

表 3-1-2 损伤评估员记录表（参考样式）

用户姓名		联系电话		地址			进厂日期	
车型与厂家		车身类型		牌号			行驶里程	
车辆识别码		基本装备					存放位置	
保险公司名称		保险类型		保险协调员			联系电话	
预计作业项目及需要的零部件			预计涂装费用		预计零部件费用		预计工时费	
			数量	金额	数量	金额	数量	金额
合计								
附加说明			预算费用总计					
			其中包括	涂装费				
				零部件费用				
				工时费				
				管理费				
评估员		日期		税费				

第二节 车身测量技术

一、车身电子测量

1. 车身测量的重要性

测量就是车身修理中对变形的测量，实际上就是对车身及其构件的形状与位置偏差的检测。车身测量就是用专用的工具和设备，测量车身上的参考点的位置，将测量结果和理想位置（未受损伤的车身参考点）比较，就可以确定车身所受损坏的范围、方向和程度，为车身的诊断和校正提供依据。车身电子测量其实就是通过传感器、接收器、电脑、分析软件和数据库辅助进行车身测量。

测量工作是顺利完成各种车身修复所必需的程序之一。碰撞导致汽车车身变形，汽车整体定位参数就发生变化，影响其行驶性、稳定性、安全性等。只有对车身整体变形进行综合技术诊断，并有的放矢地加以校正和修理，汽车才能恢复其性能。测量可以帮助实现车身受损评估、辅助校正和修复检验。

对整体式车身来说，测量对于成功的损伤修复更为重要，因为转向系和悬架大都装在车身上，而有的悬架则是依据装配要求设计的。

汽车主销后倾角和车轮外倾角是一个固定不可调的值，这样车架损伤就会严重影响到悬架结构。

2. 测量注意事项

为保证汽车正确的转向及操纵驾驶性能，关键尺寸的配合公差必须不超过 3mm。

精确的损伤情况可用车身尺寸图相对出身上具体点测量估测出来。

测量点和测量公差要通过对损伤区域的检查来确定，一般引起车门轻微下垂的前端碰撞，其损伤不会扩展而越过汽车的中心，因而后部的测量就没有太多必要。在碰撞发生较严重的位置，必须进行大量的测量以保证适当的调整顺序。

在整个修理过程中，不论车架式车身还是整体式车身，测量是非常重要的。必须对受伤的部位上的所有主要加工控制点对照厂家说明书进行复查。

3. 车身测量的主要工作

虽然在事故车修理发展过程中，有很多测量方法和技术，目前常用的主要有两种：

（1）可以测量怀疑其变形的控制点到某未变形的控制点尺寸数据，在与车身尺寸图上标注的两点尺寸进行比较以判断该点的变形情况。车身上大多数的控制点都是孔洞，而测量两点尺寸，是中心点到中心点的距离。如果所测的孔不是同一尺寸，它们通常也是同一类型的圆孔、方孔、椭圆孔等。

（2）可以测量汽车车身上的控制点三维尺寸与车身尺寸图上的三维标准数据进行比较，以判断该点的变形情况，从而判断车身变形情况。

二、车身测量的方法

在进行测量前应按照厂家或设备商的要求，在比较坚固的车身中部找出四个或四个以上的基准点（无论是机械测量还是电子测量），以便于确定车辆的基准面和中心线，这是实现车身任意点测量工作的首要条件和基础。每种尺寸测量都需要有基准点,一般将基准面作为高度方向上的基准;中心面作为宽度方向上的基准;零平面作为长度方向的基准。

1. 基准面

汽车设计时,为了便于测量车身高度尺寸,而假想一个平滑的平面,该平面称为基准面,如图 3-2-1 所示。该平面与车身中心水平面平行并与之有固定的距离。生产厂家测得的汽车垂直(高度)尺寸都是以它为基准;它也是在维修检测过程中的主要参考平面。

因为基准面是一假想平面,所以与车身地板之间的距离可以增加或减小,以方便测量。如果测量中以设定的基准面安装测量仪器困难,可以调整基准面的高度,选取合适的安装位置。但要记住最后的测量结果应减去调整值。

图 3-2-1　车身测量基准

2. 中心面

中心面是一个与基准面垂直并与汽车纵向中心线重合的平面,如图 3-2-1 所示。它也是一个假想的平面,在长度方向将车辆对称分开。车身所有宽度方向的横向尺寸都是以中心面为基准测得的。通俗地说,从中心面到车身右侧特定点的尺寸与中心面至车身左侧同一对称点的尺寸,应该是相同的。

3. 零平面

为了正确分析车身的损伤程度,有必要将汽车看作一个方形结构并将其分成前、中、后三部分,如图 3-2-1 所示。分割三部分的基准面称为零平面。

汽车撞伤时往往影响到很多部位,但车身中部被制造得很坚固来保护乘客,不会轻易地弯曲。通常把这部分作为测量基准,来测量不同零部件的宽度和长度。在这个部分的边缘上定义了两个零平面,前面的零平面从地板部分到前横梁,后面的零平面从后门到后横梁。它可以用作检测车身沿长度方向的变形测量基准,车身上各道横梁与零平面的相对位置,是衡量其相对于零平面有无变形的重要参数,是车身测量和校正的主要部位。

相对于零平面的检测,表示车身上所有结构是相互平行的。这里所指的平行与任何外界参照物(如地面)无关。

零平面在车身尺寸图上投影为零平线,如图 3-2-1 中所标注的。

测量的两孔中心距的方法:

测量两孔中心距(也称测距法)可以直接获得定向位置点与点的距离,是最简单、实用的一种测量方法,它主要通过测距来体现车身构件之间的位置状态。

测距法所使用的量具是钢卷尺(图 3-2-2(a))、专用测距尺[图 3-2-2(b)]等。钢卷尺测量简便、易行(图 3-2-3、图 3-2-4),但测量精度低、误差大,仅适用于那些对精度要求不高的场合。尤其是当测量点之间不在同一平面或其间有障碍时,就很难用钢卷尺测量两点间的直线距离。使用专用测距尺,可以根据不同位置将端头探入测量点(图 3-2-5),应用起来十分灵活、方便。

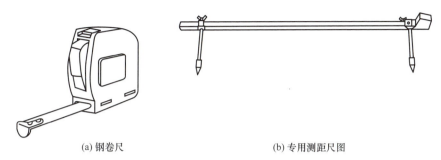

(a) 钢卷尺　　　　　　　(b) 专用测距尺图

图 3-2-2　测量两孔中心距简单工具

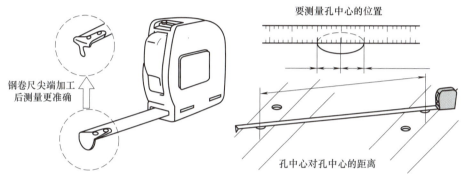

图 3-2-3　钢卷尺测量两孔中心距

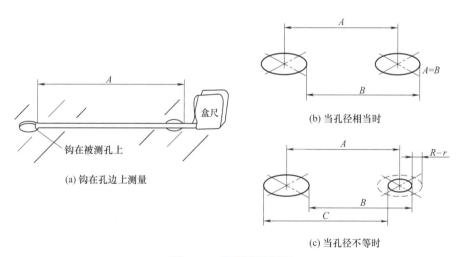

图 3-2-4　用钢卷尺测量

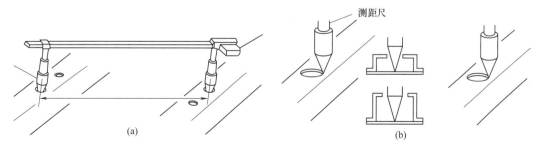

图 3-2-5　用测距尺测量

4. 车身尺寸图

正如上面所述,通过测量车身上特定的点并借助车身尺寸图,就可以完成精确的损伤诊断。车身尺寸图给出了各种车型的测量点和规范尺寸(图3-2-6)。必须根据所修的车型使用相应厂家和车型的尺寸图,利用图中的数据,就可以将损坏车辆的测量尺寸与正确的尺寸进行比较。

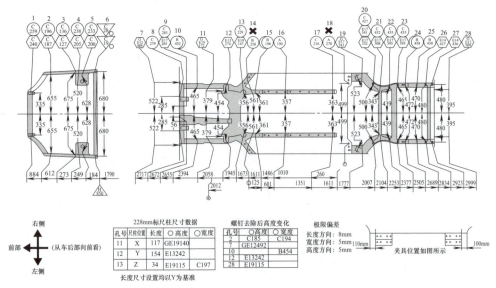

图 3-2-6 某车身尺寸图

三、车身测量系统

目前常使用的通用测量系统有机械测量系统和电子测量系统。

1. 机械测量系统

在大多数机械式通用测量系统中,机械指针都装附在精密的测量桥上,如图 3-2-7 所示。根据车辆厂家规定的水平和垂直规范,在测量桥上定位好测量系统的量针。

具体使用方法请参见后面的操作步骤和该设备的使用说明书。

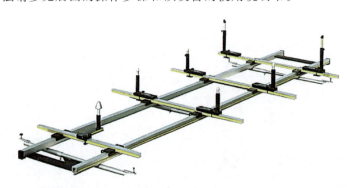

图 3-2-7 机械式通用测量系统机械指针

2. 电子测量系统(图3-2-8)

随着科技的发展,针对车身尺寸的测量不断涌现出各种各样的电子测量系统,它们的出现将使得车辆的损伤鉴定和维修工作更加方便、准确,如图3-2-9所示。通常的电子测量系

图 3-2-8 电子测量系统

统将机械测量系统的测量指针变为电子测量头，通过传感装置将测量头测得的车身数据直接传输到电子计算机中。由于计算机中已经预先存储了各种车型的大量车身数据，所以利用计算机强大的计算能力对测得的数据进行分析和比对，经计算后直接得出车身的变形量，有的还可以给出修复的建议。因此，电子测量系统可以说是一种智能的车身测量系统，对于损伤鉴定人员和维修操作人员来讲都是十分得力的帮手。

目前常用的电子测量系统主要有超声波测量系统、机械臂测量系统、激光测量系统。具体使用方法请参见后面的操作步骤和该设备的使用说明书。

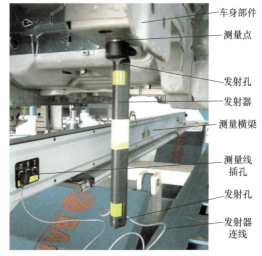

图 3-2-9 电子测量系统测量部件

车身电子测量操作示范

1. **安全防护用品**

工作帽、工作服、安全鞋、护目镜、安全帽。

2. **准备工作**

电子测量平台（以超声波电子测量为例）、抹布、木锤、打印机。

3. **车辆平台上固定**

拆解影响操作部件后在车辆平台上固定车身（电子测量不同于机械测量，不需要找平车身），如图 3-2-10 所示。

4. **进入测量系统**

以奔腾 Shark 超声波测量系统为例，进入测量系统步骤如图 3-2-11～图 3-2-22 所示。

小提示：此系统除了输入客户信息和选择悬架之外，其他操作以 F1、F8（分别表示前进和后退）和鼠标为主。

图 3-2-10　车辆平台上固定

(双击桌面图标)

图 3-2-11　打开软件

(鼠标左键或键盘数字键选择语言)

图 3-2-12　选择语言

(自动显示软件商标)

图 3-2-13　商标显示

(键按键盘F1进入快捷键提示界面)

图 3-2-14　提示界面

(按键盘F1进入客户信息输入界面)

图 3-2-15　客户信息

(按键盘Enter进入客户信息确认)

图 3-2-16　信息确定

(按键盘F1进入车型选择界面)

图 3-2-17　车型选择

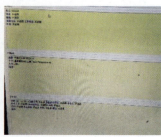

(按键盘Enter键进入车型信息验证界面)

图 3-2-18　信息验证

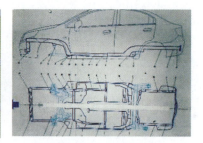

(按键盘F1进入有悬架车身界面)

图 3-2-19　悬架车身

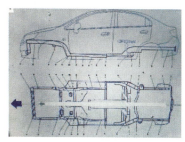

(按键盘PgDn键选择无悬架车身)

图 3-2-20 无悬架车身

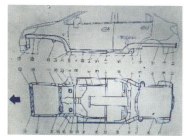

(按键盘F1进入待测量界面)

图 3-2-21 待测量界面

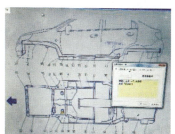

(按键盘F1进入选择测量点窗口)

图 3-2-22 安装点提示信息

5. 装发射器

先装两对基准点（图 3-2-23），按系统显示基准点“A”的测量附件的型号及规格选择测量附件（图 3-2-24），然后装上发射器连接到测量 Shark 横梁上。注意：发射器连接到横梁的编号（左边单号，右边双号）。再按电脑界面提示要求把发射器编号连接到 Shark 测量系统中。同样安装“B”点为基准点和其他待测量点。安装时注意发射器发射孔对准测量横梁。

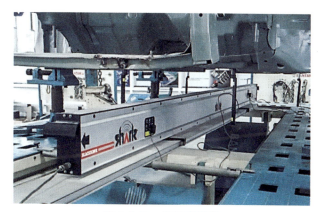

图 3-2-23 安装发射器

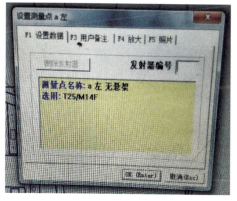

图 3-2-24 选择测量点窗口验证发射器安装点编号

6. 测量数据

按 F1 键进行测量，左面表格显示当前测量点的标准数据、测量值和差值（图 3-2-25）。右面表格显示所有已测量点的差值（图 3-2-26）。

z(右)	长度	宽度	高度
标准数据	-1868	501	187
测量值	-1867	501	184
差值	← 1	0	↓ 3

(a)

z(左)	长度	宽度	高度
标准数据	1868	501	187
测量值	1868	502	186
差值	0	1	↓ 1

(b)

图 3-2-25 当前点测量数据

测量点	长度	宽度	高度
a(左)	0	0	[illegible]
a(右)	0	0	[illegible]
b(左)	← 2	0	0
b(右)	← 3	0	0
z(左)	0	1	↓ 1
z(右)	← 1	0	↓ 3
d(左)	← 1	-1	0
d(右)	← 2	-1	↑ 1
h(左)	0	-3	↓ 3
h(右)	← 2	6	↓ 3
k(左)	← 2	-1	0
k(右)	← 8	1	↓ 4

图 3-2-26 所有已测量点偏差

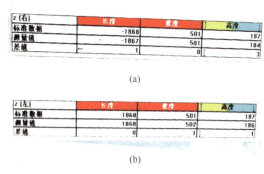

7. 打印数据

测量界面下，按 F7 键进行所有已测量点数据打印，如图 3-2-27 所示。

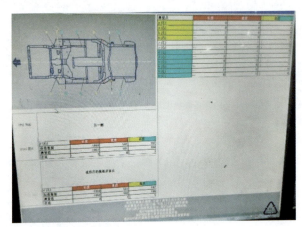

图 3-2-27　打印测量点的数据

8. 退出系统

按 F8 键，返回与进入相反的界面，按系统提示知道退出软件，如图 3-2-28、图 3-2-29 所示。

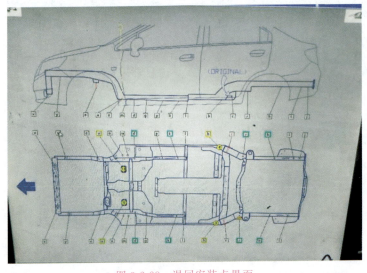

图 3-2-28　退回安装点界面

图 3-2-29　退出软件

9. 5S

工收拾工具，整理工位，清扫场地。

第三节　车身变形的校正

事故车经过受损评估和车身测量后，维修技师会制定一个维修方案，然后根据维修方案进行车身变形的校正工作。

一、车身校正的作用

车身的变形校正就是使用较大的校正力对已经变形的车身壳体或构件采用拉、压等方法使其恢复形状和尺寸。维修前需仔细确认碰撞点，分析碰撞点受力情况，确认拉伸方向，如图 3-3-1 所示。

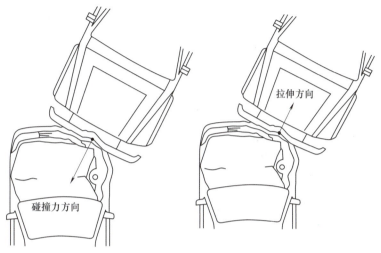

图 3-3-1　碰撞方向与修复拉伸方向

在修理非承载式车身的碰撞变形时，通常修理的重点是车架。车身由于有坚固的车架抵抗冲击力，变形范围和程度都比较小，采用局部钣金整形的工艺就可以达到整形的目的，而车架必须使用大型设备进行校正。然后分别将修理好的车架和车身安装在一起，完成整个车身的修理工作。

整体承载式车身由于没有独立的车架，所以在经受撞击时几乎全部的车身构件与钣件都参与承载。撞击力沿车身构件和钣件进行传递，引起车身广泛部位的变形。车身主要结构件等这些刚度和强度非常高的部件或车身整体产生变形都是由于非常大的力综合作用的结果，必须使用更大的力才能对这些变形进行校正，由于不能像非承载式车身那样可以对车身进行分解，所以针对承载式车身的变形校正必须整体进行。经过多年的探索和实践，人们开发了专门针对承载式车身进行整体校正的设备和相应的操作工艺，校正的方法与单纯校正非承载式车身的车架基本一样，使用大型液压牵拉设备配合专门用于车身整体的校正平台来操作。为了保证车身校正工作的精度要求，专用的车身校正工作台往往配有车身三维尺寸测量系统，在进行车身牵拉校正时控制各部位的尺寸，直到校正完成。图 3-3-2 为目前常用的配备车身三维尺寸测量系统的车身校正器。

对整体车身的变形进行校正的主要目的是消除车身整体的变形量和变形应力，使车身的总体轮廓和主要的定位尺寸恢复原状，当然也包括对变形的钣件进行整形。

对于车身上的主要结构件，例如车身梁等重型构件的损坏和变形，也需要使用车身校正设备进行校正（图 3-3-3）。这些主要的构件即使需要进行更换处理，也要在车身整体校正完成后才能进行拆换，因为如果车身的总体控制尺寸没有被修复之前，需要更换的构件是没有相对尺寸根据的，所以必须首先进行车身的总体校正，然后才能进行更换。

对车身的校正工作是车身维修的基础工作，它要完成的不仅仅是车身变形的简单整理，更主要的是校正时必须完成车身上所有主要控制尺寸的修正。校正之后的车身构件和钣件的具体轮廓和相对尺寸在进行车身校正时不必过多地考虑，因为在完成总体的校正之后，需要将车身分为若干个小的区域，进行局部整形或更换修复。因此，严重损伤的整体式车身的修理工艺可以简单地分解为：

(1) 通过损伤检验确定车身的损伤部位和损伤程度。

(2) 通过车身的总体校正手段完成车身变形的校正和所有主要车身控制尺寸的修正。

(3) 更换或修理车身主要结构件的损伤。

(4) 更换或修理车身外覆钣件的损伤。

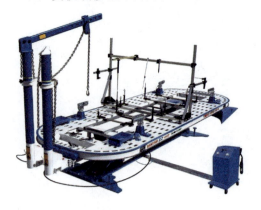

图 3-3-2　目前常用的配备车身三维尺寸测量系统的车身校正器

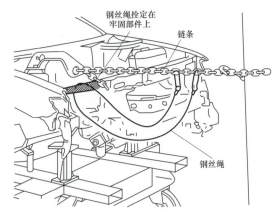

图 3-3-3　车身校正设备拉伸校正

二、车身校正的原理

1. 校正拉伸力方向

车身变形的校正原理可描述为：充分利用力的性质（合成、分解、可移性和平行四边形法则等），按与车身碰撞力大致相反的方向拉伸或顶压变形部位，使受损伤的构件得以修复。

对于碰撞程度较轻的局部变形，一般运用较为简单的拉伸方法，就很容易使变形得到校正。但对较为严重的车身碰撞变形，由于其受力的严重性和复杂性，便不能简单地依靠这类校正方案了。如图 3-3-4 所示，当车身构件受到来自 F 力的重度碰撞时，就会形成变形。如果校正过程中，仍然简单地用与 F 力相反方向的力 P 进行拉伸，就会很容易形成将 A 段拉

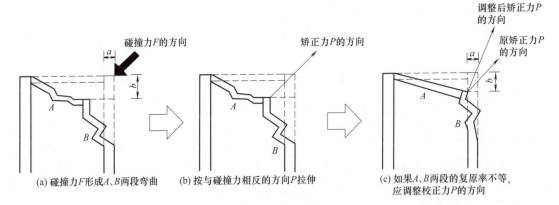

图 3-3-4　校正力方向分析

直但 B 段仍处于弯曲状态的现象。究其原因，复杂的冲击过程使车身构件的变形程度很不匀称，金属材料的强度也因此发生了变化，如：皱褶多的一侧加工硬化现象就严重些。再用同一方向上的力加以校正时，受损伤构件表面上存在的强度差异，也必然会影响到校正的复原率，这就是简单拉伸难以奏效的缘由。如果灵活地运用力的性质，对损伤状况作出进一步的细致分析，调整校正力的大小和方向，变形就比较容易得到校正。

对局部损伤已经基本得到修复的构件，应以其轴线的延长线作为拉伸的施力点一次完成校正，如图 3-3-5 所示。

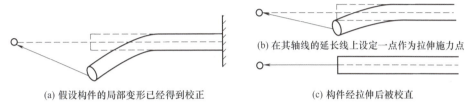

图 3-3-5　基本拉伸方向

对车身变形构件的校正，就是以这种简单的平面力系分析为依据的。

事实上，由于车身构件多属于立体刚架式结构，这就决定了其碰撞时的受力状态多为空间力系。即作用在车身构件上的冲击力由于分解的结果，使力的作用线（即分力方向）不在同一平面内。尽管大多数场合，也可以将空间的受力简化为平面力系来对待（图 3-3-6），但总不如在详尽分析的基础上进行校正来得更好。这里并不需要对构件的受力作更专业化的分析，只需建立起关于空间力系的概念，就可以按照后面推荐的方案校正各类复杂的变形。

当然，许多变形都很难通过一次校正来完成，而是需要不断修正力的大小和方向，有时甚至还要调整校正力的作用点或者从多点进行同时拉伸（图 3-3-7）。

图 3-3-6　空间的受力简化为平面力系

图 3-3-7　多点同时拉伸

例如：校正如图 3-3-8 所示的严重弯折，由于受拉伸条件的限制而不能按理想方向施加校正力时，也可以将拉伸力分解成两个或两个以上的分力，进行多点拉伸。于垂直和水平两个方向同时拉伸纵梁，就比较容易使变形恢复到正常工作位置。另外对于这样的箱式梁，应夹注内侧弯曲（图 3-3-8 的 A 面）表面拉伸，拉伸方向应施加在一条假象部件原位置的延长线上。

如果两侧都要拉伸校正，一侧拉伸完做另外一侧的时候，需要对已经完工的侧梁进行辅

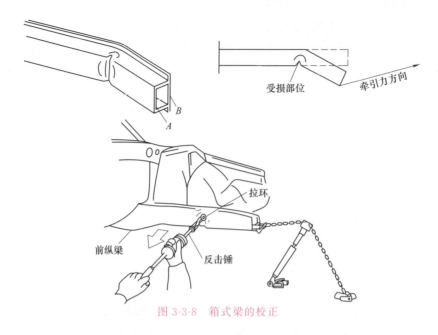

图 3-3-8 箱式梁的校正

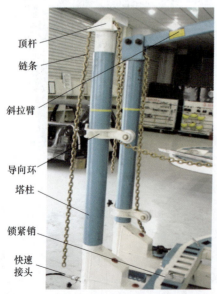

图 3-3-9 车身辅助固定

助固定,如图 3-3-9 所示。

2. 拉伸设备调整

拉伸前,塔柱必须仔细调整,因为塔柱链条方向就是拉伸力的方向。把塔柱链条与夹具连接好,调整导向环在合适高度。注意:导向环的高度严禁超过警戒线调整链条长度及角度,使链条所有链节在一条直线上,严禁扭曲,链条另一端固定在顶杆的链条锁紧机构上。用钢丝绳保险将夹具、链条和车身连接在一起,防止发生危险。启动油泵,开始拉伸工作,当链条刚受力时,松开导向环手轮。拉伸时,不要站在塔柱的后面,以免发生危险。如图 3-3-10 所示。

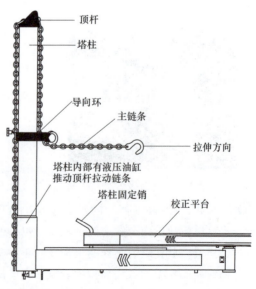

图 3-3-10 塔柱结构及拉伸原理示意图

车身前纵梁校正操作示范

某十字路口，因车速过快，一辆轿车左转，一辆直行轿车发生碰撞，导致车辆受损。车辆正面碰撞损伤评估与测量后，将车身校正到标准位置。

1. 安全防护用品
工作帽、工作服、安全鞋、护目镜、安全帽。

2. 准备工作
电子测量平台（以超声波电子测量为例）、抹布、木锤、打印机。

3. 选择疑似变形点
通过观察分析和测量疑似变形点（如图 3-3-11 所示），判断出车身变形方向和拉伸校正方向，并确定需要拉伸的测量点，需要校正的点包括尺寸偏差超过 3mm 或不超过 3mm 但是影响装配的点。

4. 进入拉伸界面
在尺寸测量界面按 F2 进入拉伸界面，如图 3-3-12 所示。

5. 拉伸准备
将绑带和安全绳放置到纵梁前端，如图 3-3-13 所示。液压控制箱功能选择扳手调到塔柱拉伸一侧，如图 3-3-14 所示。升降控制器放到计算机前，如图 3-3-15 所示。

6. 固定塔柱
轻推塔柱下部，使塔柱沿平台轨道平稳移动（注意若在推动过程中不能移动，不能蛮推，要查明原因后才能继续推）把塔柱移动到要拉伸位置，使固定塔柱的螺纹孔在平台定位孔处，用塔柱的紧固螺栓，把塔柱紧紧地固定在平台

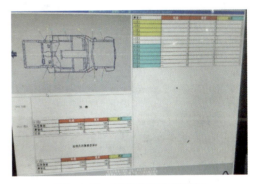

图 3-3-11 观察分析和测量疑似变形点测量

上，防止塔柱的内平行轮或平台的内轨道损坏，发生危险把塔柱的快速接头连接好。选择合适的钣金工具，检查夹具的各部位、螺栓是否有裂纹、变形，并固定在要拉伸的车身部位，如图 3-3-16 所示。打开塔柱升降开关，如图 3-3-17 所示。

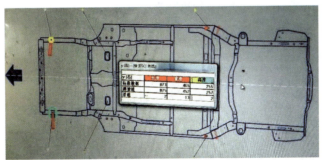

图 3-3-12 进入拉伸界面

7. 调整塔柱
如图 3-3-18 所示，把塔柱链条与夹具连接好，调整导向环在合适高度。

图 3-3-13　绑带和安全绳放置

图 3-3-14　选择液压控制箱拉伸功能

图 3-3-15　升降控制器

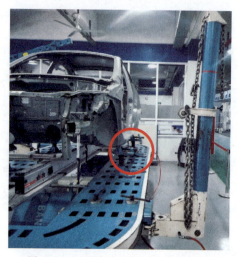

图 3-3-16　固定在要拉伸的车身部位

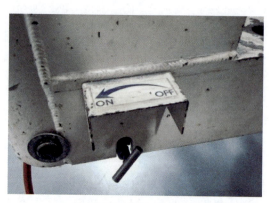

图 3-3-17　塔柱升降开关

图 3-3-18　塔柱链条与前纵梁固定

8. 拉伸校正

在尺寸测量界面按 F2 进入拉伸界面，如图 3-3-19 所示。按升降控制器的上键开始拉伸校正车身，如图 3-3-20 所示。拉伸时耐心看软件窗口显示拉伸的数据变化，拉伸达到一定数量时要停止拉伸，松开升降控制器的上键，按升降控制器的下键，链条松弛后，看拉伸的回弹量，再次计算后拉伸，避免过度拉伸，做成车辆不必要损伤。拉伸时避免一次拉到位，多次拉伸完成车身校正。

拉伸时，禁止敲打链条及钣金工具，以免夹头链条断裂飞出。拉伸中要把注意力放在拉伸工件上,随时观察电脑中数据的变化,防止过度拉伸、撕裂、撕开工件,致使夹头飞出伤人。当数据达到标准值范围内,停止拉伸,操作结束。按相反顺序将拉伸设备复原。

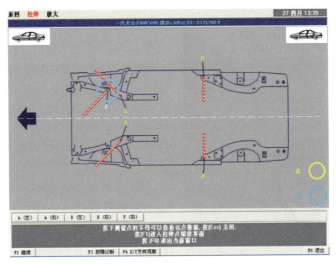

图 3-3-19　拉伸界面

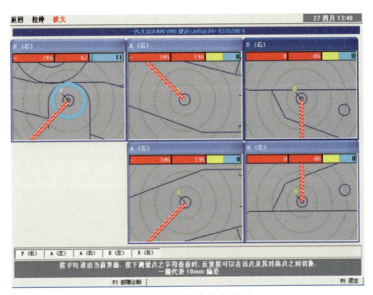

图 3-3-20　拉伸方向指示

9. 5S

退出软件,工收拾工具,整理工位,清扫场地。

第四节　车身钣件的更换

事故车维修分两种,一种是不严重损伤以修理为主,一种是严重损伤以更换为主。这涉及严重程度的界定问题,实际做法一般是以修理成本来界定严重程度。当修理成本大于更换成本 70% 时就不做修理,直接更换。

一、车身钣件更换工作

如图 3-4-1 所示,受损严重(或者修复价值达到更换新件费用 70%)的钣件,应当实施更换。

严重损坏钣件的判断依据是:一个金属钣件的弯曲弧度小于 1/8 弧度或弯曲半径小于 3.2mm 或弯曲角度超过 90°时,则一定要将其更换,如图 3-4-2 所示。这就说明金属钣件被弯曲得幅度过大,当对其进行校正时钣件就会产生裂纹。图 3-4-3 概括说明了将螺栓连接的钣件和焊接的钣件进行更换的一般步骤。

车身是用机械紧固和焊接两种方法将构成车身的为数众多的钣件连接在一起而成的。非结构性的或装饰性的钣件,例如汽车的前翼子板、发动机舱罩、行李箱盖、保险杠等有关的金属构件,通常是用螺栓连接到框架上。更换这些钣件时,只要拆卸紧固件即可。本处主要介绍焊接钣件的更换。

整体式车身结构中,所有的结构性钣件都焊接在一起,构成一个整体框架,比如车身中的散热器支架、挡泥板、地板、车门槛板、发动机室的侧梁、上部加强件、下车身后梁、内部的护板挡、行李箱地板等都属于结构性钣件。

结构性钣件是所有车身零部件和附属于它们的外部钣件的安装基础。因此,焊接的结构钣件定位的精确性,决定了所有外形的配合和悬架装置的准确。在装配过程中,焊接的钣件不能草率地用垫片进行调整,在焊接以前,结构板件必须精确地定位。

图 3-4-1 受损严重钣件

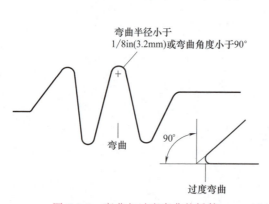

图 3-4-2 弯曲与过度弯曲的钣件

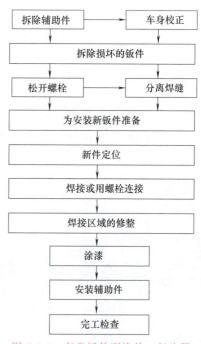

图 3-4-3 车身钣件更换的一般步骤

在结构板件的更换工作中有两种情况,即更换一个钣件的整体和更换一个零件的局部,后者也称为分割更换。

二、结构件的整体更换

1. 结构件的拆卸方法

车身结构钣件在制造厂里主要用点焊连接在一起,因此拆卸结构钣件主要作业就是分离点焊和焊缝。

(1) 分离点焊 分离点焊的第一步应是确定点焊的位置。可以用氧乙炔或丙烷焰焊炬、钢丝刷、砂轮等法去除底漆、保护层或其他覆盖物。如果清除油漆以后,点焊的位置仍不能看见,可在两块钣件之间用錾子錾开,这样可使点焊轮廓线显现,如图 3-4-4 所示。

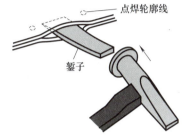

图 3-4-4 用錾子确定点焊位置

确定点焊的位置以后,使用图 3-4-5 所示的点焊切割器,钻掉焊接点。分离时要小心,不要切割焊缝下面的钣件,并且一定要准确地切掉焊接点,以避免产生过大的孔。

用高速砂轮也可分离点焊的钣件,仅仅在用钻头不能钻焊接点,或更换的钣件是在上部,或者那里的柱形焊接点太大,以致不能钻掉时,才采用这种方法。如图 3-4-6 所示。

另外用等离子弧焊枪切割器去掉焊接点要快得多。等离子弧焊枪的工作有点像乙炔焊枪。使用等离子焊枪,可以同时在各种厚度的金属中吹洞来清除焊接点。显然,使用等离子焊枪不能保证下层板材的完整。

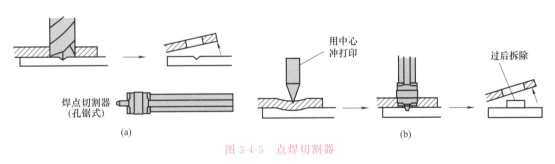

图 3-4-5 点焊切割器

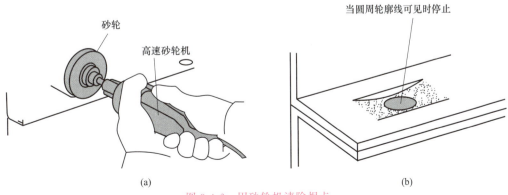

图 3-4-6 用砂轮机清除焊点

(2) 分离连续焊缝　有些钣件是用连续的惰性气体保护焊焊缝连接的。由于焊缝长，因此要用砂轮或高速砂轮机来分离钣件。如图 3-4-7 所示，割透焊缝而不割进或割透钣件。握紧砂轮以 45°角进入搭接焊缝。磨透焊缝以后，用锤子和錾子来分离钣件。

(3) 分离钎焊区域　钎焊用于外部板板边缘处或车顶与车身立柱的连接处，通常是用氧-乙炔焊枪或丙烷焊枪熔化钎焊的金属来分离钎焊区域。但是，用电弧钎焊的区域不适合采用这种方法，因为电弧钎焊的熔点比较高，仍采用此法加热，有可能烧坏焊缝下面的钣件。因此，通常是采用磨削分离电弧钎焊的区域。普通钎焊与电弧钎焊的区别，可以通过钎焊金属的颜色来识别。普通钎焊区域是黄铜色的，而电弧钎焊的区域是淡紫铜色的。

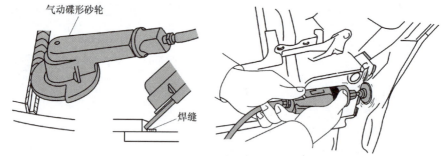

图 3-4-7　分离连续焊缝

首先，用氧-乙炔焊枪使油漆软化，如图 3-4-8 所示，用钢丝刷或刮刀将油漆除掉。然后加热钎焊焊料，直到它开始熔化呈糊状，再将它快速地刷掉，小心不要使周围的金属薄钣过热。用錾子在两块钣件之间錾入，将钣件分离。保持钣件的分离，直到钎焊金屑冷却并硬化。

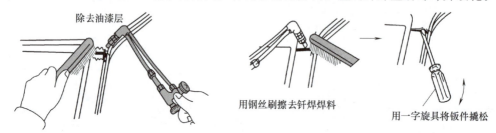

图 3-4-8　用氧-乙炔焊枪分离钎焊区域

如果除去油漆以后，确定连接是电弧钎焊，可采用高速砂轮机，切除钎焊，如图 3-4-9 所示。如果更换上面的钣件，不要切穿在它下面的钣件。磨掉钎焊接头以后，用錾子和锤分离搭接的钣件。

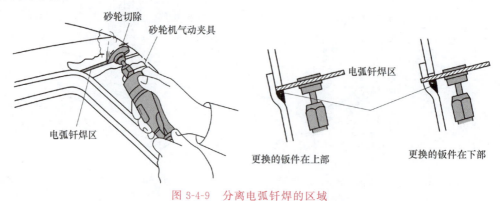

图 3-4-9　分离电弧钎焊的区域

2. 钣件的准备及安装

主要包括车上钣件和新钣件的准备工作、钣件的定位工作、钣件连接处的焊接工作。这些内容请参见后面的操作步骤。

三、结构件的分割更换

受损伤的整体式车身部件，一般在生产时的接缝处进行更换。但当许多必须分离的接缝处于车辆未受损伤的区域内部时，这样做是不现实的。在这样的修理中，如对梁、立柱和车门槛板、地板进行分割，可使昂贵的修理费用降低。分割结构件，使修理区域的强度像撞击以前一样，同时保持了防撞挤压区。这样，当再到碰撞时就具有吸收碰撞的能力。

1. 分割部位的选择

根据研究可进行分割作业的结构件主要有：车门槛板、后侧围板、地板、前侧梁、后侧梁、行李箱地板、B柱以及A柱，如图3-4-10所示。

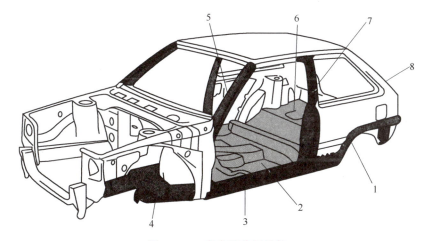

图 3-4-10　车身可分割板件

1—后侧梁；2—地板；3—车门槛板；4—前侧梁；5—A立柱；6—行李箱地板；7—B立柱；8—后侧围板

为了保证分割不危害车辆结构完整性，对切割部位、切口走向、切换范围等都有一定要求，应视车身构件的结构强度、点焊方式、断面形状等因素而定。为此，在进行车身构件的切换作业时，一定要按汽车维修手册中推荐的方案选定切割位置，或在弄清具体构造的基础上，按以下基本原则选位。

(1) 避重就轻　所谓避重就轻，就是要求切口位置一定要避开构件的强度支承点，而选择那些不起重要支承作用的位置切割。同一构件上强度大小的区别在于，是否有加强板等结构在起辅助增强作用。

(2) 易于修整　构件切换后还需要对接口、焊缝等进行修整，如果按修整工作量的大小选择切口，就可以简化构件更换后的作业，如：所选切口正好位于车身内、外装饰件的覆盖范围内，其接口或焊缝的表面处理就显得容易得多。

(3) 便于施工　选位应兼顾到切换作业的难易程度，如：需要拆装的关联件的多寡与作业难易程度，以及是否便于切割和所选的切口是否易于对接等。

(4) 避免应力集中　应力集中会使构件发生意想不到的损坏，切口的选位应避开车身构件的应力集中区。否则，将影响构件的连接强度并诱发应力集中损伤。

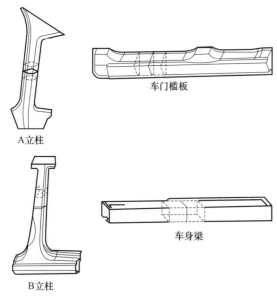

车门槛板

A立柱

车身梁

B立柱

图 3-4-11　用插入物对接

另外还应注意，应尽量避开防撞挤压区进行切割分离，否则就会改变设计安全目的，应避开支承点，如悬架支承点、座椅安全带在地板中的支承点，以及肩带 D 环的支承点。例如，当切割 B 柱时，应环绕着 D 环面作偏心切割，以避免影响支承点的加固。

2. 分割连接的基本类型

正确的结构件分割工艺和分割技术涉及三种基本的连接类型。一种是用插入物对接（图 3-4-11）。主要用于封闭截面构件，例如车门槛板、A 立柱、B 立柱以及车身梁。插入物使这些构件容易装配和正确地对中连接，并且使焊接过程比较容易。插入物也是一个立体的、无间断连接的部件的基础。

另一种基本类型是没有插入物的对接，也就是通常所说的偏置对接［图 3-4-12（a）］。这种类型的焊接连接用于 A 柱、B 柱及前侧梁。

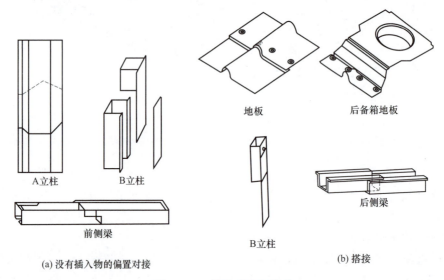

(a) 没有插入物的偏置对接　　　(b) 搭接

图 3-4-12　偏置对接和搭接

第三种基本类型是搭接［图 3-4-12（b）］。搭接用于后侧梁、地板、行李箱地板及 B 柱。

被分割构件的形状和结构，可能要求采用组合的连接类型。例如，分割 B 立柱，可能要求在外件上用偏置对接，而在内件上用搭接。

3. 切割车身梁

修理封闭截面梁，采用的工艺是用插入件对接，如图 3-4-11 所示。大多数的后侧梁以及各种前侧梁，为帽子形槽板结构。它们的封闭件有些是垂直的，例如将前侧梁连接到侧面挡泥板上的构件。有些则是水平的，例如将后侧梁连接到行李箱地板上的构件。

在大多数情况下，当切割开口式（帽子式槽板形）梁时，其焊接工艺是在搭接区域中用塞焊并沿着搭接的边缘连续搭接焊，如图 3-4-13 所示。切割前侧梁或后侧梁时，一定要记住它们都肯定有防撞挤压区。进行切割时，必须避开这些区域。也要记住，切割要避开任何孔和加强件。

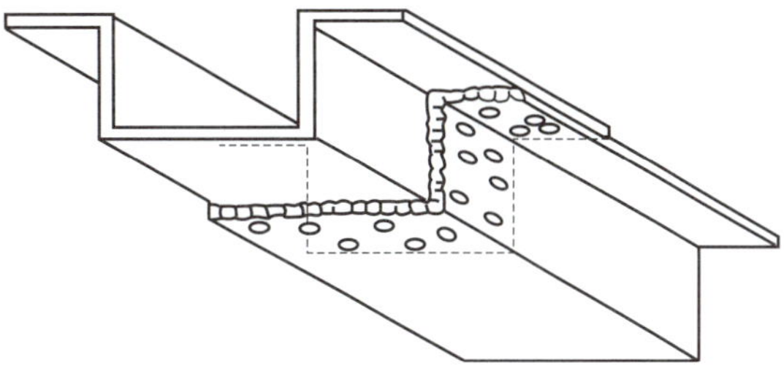

图 3-4-13 连接开口式侧梁

4. **分割车门槛板**

车门槛板有二件、五件和四件式结构，是汽车上设计最为复杂的结构，如图 3-4-14（a）所示为不同形式的车身槛板。

从图中可以看到，有些车门槛板装有加强件，这些加强件可以是间断的，也可以是连续的。根据损坏情况的不同，可以选择车门槛板与 B 柱一起进行修理，也可以对车门槛板进行单独修理。根据车门槛板结构的不同，所采用的修理方法也不相同。例如采用纵向切割用插入件对接，或仅对车门槛板的外件进行切割，用搭接或偏置对接的方法装上修理件。

切割车门槛板时，应按照厂家要求的操作过程进行。只要选择的切割区远离车身立柱，就可以采用如图 3-4-14（b）所示的方法进行切割。切割车门槛板总成前，应仔细选择切割部位，以便分割钣件。应采用搭接连接方式，保持钣件修理工作的连续。如果不仅仅是车门外槛板需要更换，而且其他钣件也需更换时，不同钣件的切割方法如图 3-4-14（c）所示，采用交错切割方法。

车门槛板的修理应从里向外进行。更换钣件从车门内槛板与地板连接处开始。然后，首先安装内钣件加强件，接下来安装其他钣件，如车门外槛板。车门槛板的嵌入件可以采用新的钣件制作，也可以使用好的旧钣件。采用对接焊接，如图 3-4-14（d）所示交错进行，使热量迅速散出。

(a) 几种常见车门槛板的断面图 (b) 车门槛板的切割部位

(c) 车门槛板的切割剖面图 (d) 加强车门槛板的切割方法

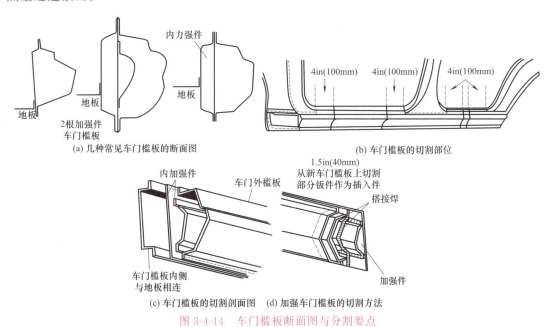

图 3-4-14 车门槛板断面图与分割要点

用插入件作对接时，从纵向切割钣件。用从修理件上的多余部分或损坏件的端部切割下

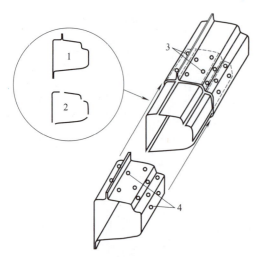

图 3-4-15 切割插入件以安装车门槛板
1—车门槛板的截面；2—切割后插入件截面；
3—车门槛板插入件，用塞焊固定或用螺钉固定；
4—塞焊的孔（直径 8mm）

来的一块或多块作材料，制作插入件。插入件应是 15～40cm 长，如图 3-4-15 所示。然后去掉夹紧焊的凸缘，以便将插入件安放在车门槛板里面。用塞焊将插入件固定在适当位置。在封闭截面中安装插入件时，不管它是车门槛板、A 柱、B 柱或者车身梁，都要确保封闭焊接完全焊透插入件。焊接以前，应仔细地清理切割面上的毛刺。否则，焊接金属将围绕毛刺形成焊瘤，可能产生焊接裂纹，形成应力集中，引起龟裂并削弱连接强度。

一般来说，只有在更换车门外槛板或其一部分时，才采用搭接工艺。具体方法请参见后面的操作步骤。

5. 分割 A 柱

A 柱是由两件或三件组成的，如图 3-4-16（a）所示。可以在上端或下端或上下两端将它们加固，但不大可能在中间加固。因此 A 柱应在中间附近切割，以避免割掉任何加固件。

对 A 柱切割，可用纵向切割，用插入件对接，或者没有插入件的偏置对接。用插入件对接修理时，采用与已经介绍过的车门槛板相同的方法。A 立柱插入件的长度应是 5～10cm。插入件沿长度方向滑出任何凸缘以后，将插入件轻轻地敲入。用塞焊将插入件固定在适当位置，并用连续对接焊缝封闭立柱所有的周边，如图 3-4-16（b）所示。

进行偏置对接时，内件的切割位置与其他件不同，形成偏置。只要有可能，应尽量设法在制造厂的焊接点之间进行切割，以便于钻除焊点。两切割线之间的间距不得小于 5～10cm。将截面对接在一起并将它们的四周连续焊接，如图 3-4-16（c）所示。

6. 分割 B 柱

对于分割的 B 柱，可以用插入件连接、偏置对接和搭接的组合。

（1）插入件对接　当 B 立柱的截面相对简单，仅由两件组成，没有那些内部加强件时，用插入件对接通常比较容易对中和配合。插入件可提供附加的强度，如图 3-4-17 所示。

由于大多数 B 柱上设置座椅安全带的 D 环固定点，所以一定要在 D 环座的下部切割，其距离要足以避免切通 D 环固定点的加强件，D 环固定点加强件是焊到内件上的，因此无法安置插入件，此时对 B 柱，仅在它的外件使用槽形插入件。

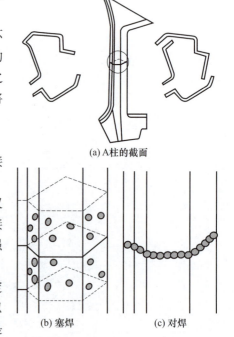

(a) A 柱的截面

(b) 塞焊　　　(c) 对焊

图 3-4-16　A 柱的截面（由两件或三件构成）与插入件对接

首先在现有的内件上搭接新的内件,而不要将它们对接在一起,并且焊好搭接边缘,如图 3-4-18(a)所示。然后用点焊把插入件焊接就位,并且用连续对接焊环绕着外立柱封闭连接,如图 3-4-18(b)所示。

有时用旧的 B 柱和车门槛板组件作整体更换更为有利。因为当 B 柱遭到猛烈碰撞,必须更换时,车门槛板也基本上会遭到破坏。用两种有效的连接形式中的任一种形式安装 B 柱的上端,并且用已经介绍的方法与车门槛板中的插入件进行对接。

如果主要损坏是在后门开口处,则可用插入件与前门开口进行对接连接,并整体安装车门槛板的另一端。如果主要损坏是在前门开口处,工艺规程就相反。

(2)偏置对接和搭接的组合　一般来说,在安装新件时,或在处理分离的内件和外件时,更常用的是偏置对接和搭接两种方式的组合。综合利用偏置对接和搭接的方式应当按照以下步骤进行。

① 在 D 环固定点加强件上部的外件上切割出一个对接接头;
② 在 D 环固定点加强件下部内件上进行搭接切割,如图 3-4-19 所示;

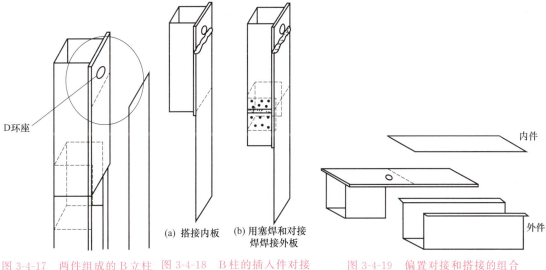

图 3-4-17　两件组成的 B 立柱　　图 3-4-18　B 柱的插入件对接　　图 3-4-19　偏置对接和搭接的组合

③ 首先安装内件,用新的钣件搭接在原有的钣件上,如图 3-4-20(a)所示;
④ 搭接焊接边缘;
⑤ 将外件安放就位,在边缘上进行塞焊,并且在对接处用连接焊缝封闭截面,如图3-4-20(b)所示。

7. 分割地板

切割地板时,不要切穿任何加强件,例如座位安全带的固定装置。要注意使后部地板搭接在前板上,使汽车下部地板的边缘总是指向后方。这样,从前向后运动的道路飞溅物会从底部边缘流出而不会迎面撞击,如图 3-4-21 所示。具体步骤如下:

① 用搭接焊连接所有的地板;
② 塞焊搭接,将铆塞从上向下插入,如图 3-4-22(a)所示;

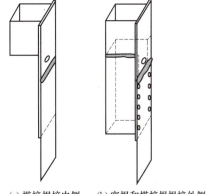

图 3-4-20　偏置和搭接的组合的例子

③ 用弹性捻缝材料堵塞上边和前向的边；
④ 在下边，用连续焊缝搭接焊重叠的边；
⑤ 用底漆、焊缝保护层以及外涂层覆盖搭接焊缝，如图3-4-22（b）所示，这样有助于防止连接缝受到腐蚀，并且保证没有一氧化碳通过接缝进入乘坐室。

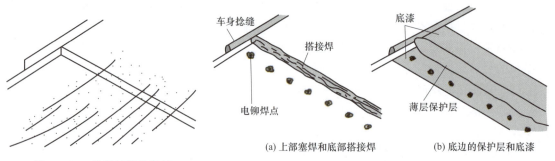

图3-4-21 地板的搭接保护接缝不受气流影响

图3-4-22 地板搭接焊

8. 分割行李箱地板

行李箱地板的分割方法与车箱地板的分割方法基本相同，但略有区别。通常只有汽车发生严重碰撞，行李箱地板被损坏时，才对行李箱地板进行切割更换。需更换行李箱地板时，车身后侧梁通常也需更换。由于行李箱地板下面、靠近后悬架的地方，通常设置有横梁，所以切割行李箱地板时，应选择后横梁的后缘上面的区域。选择距离横梁适当的位置切割下已损坏的车身梁。把新的地板搭接在横梁的凸缘后部，从顶面开始进行塞焊。然后像地板缝焊接那样，对顶面向前的连接缝进行封焊。如果连接缝位于横梁上，由于横梁提供足够的强度，就不用把上面的钣件焊接到下部钣件上。但是，如果没有横梁，就必须对地板连接缝进行焊接，并采取防腐蚀措施，然后进行密封，防止CO通过接线处进入车厢。

 车身钣件的更换操作示范

【实际案例】

如图3-4-23所示，某十字路口，因车速过快，一辆轿车左转，一辆直行轿车发生碰撞，导致车辆受损。

图3-4-23 侧面碰撞事故

侧面被撞车辆损伤评估与分析后，此车辆修复需要更换右侧前后门、中立柱及门槛板。

【操作示范】

1. 安全防护用品

工作帽、工作服、安全鞋、护目镜、安全帽。

2. 准备工作

气体保护焊机、φ6mm 和 φ8mm 打孔钳（或气动钻、电动钻）、带式打磨机、焊接工作台、带虎钳工具车、固定夹钳若干、偏嘴钳、气动锯、抹布、划针、尖嘴钳或清渣刀、300mm 钢板尺、240 目砂纸、木锤等。

图 3-4-24　清洁钣件

3. 操作步骤

（1）清洁钣件　使用抹布清洁待焊接表面（图 3-4-24），如有油渍需用除油剂清洁，锈迹用带式打磨机打磨干净。

（2）固定钣件　将内、外钣件进行组合、夹紧、定位于工作台架上，如图 3-4-25 所示。

（3）电阻点焊　调整电阻点焊设备、试焊。试焊时要求自行进行破坏性试验，然后把内钣件和外钣件焊接起来，如图 3-4-26 所示。

图 3-4-25　钣件焊接固定

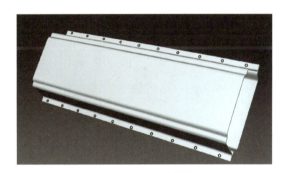

图 3-4-26　电阻点焊

（4）重叠切割　将替换钣件放到上钣件上，两端对齐，在第五和第六个焊点之间划线（图 3-4-27），重叠切割替换板及上钣件。为防止切到下钣件，可预先使用錾子分离第五和第六个焊点之间钣件（图 3-4-28），然后塞薄钢板预防切伤下钣件。用台虎钳固定钣件（图 3-4-29），从钣件拐角处开始切割（图 3-4-30），整体分离钣件。

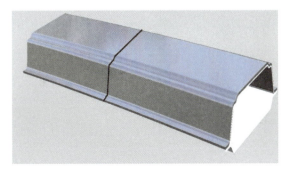

图 3-4-27　钣件划线

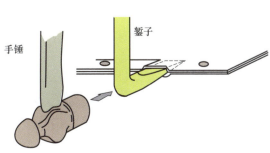

图 3-4-28　錾开切割位置钣件

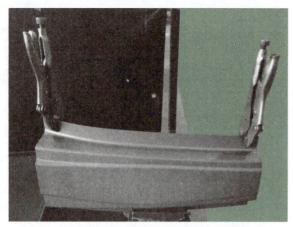

图 3-4-29 钣件切割固定

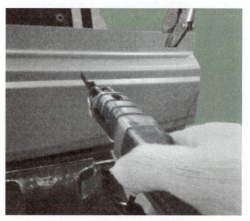

图 3-4-30 切割钣件

（5）分离电阻点焊　使用焊点钻去除上钣件一端10个点电阻点焊，如图3-4-31所示。

（6）气体保护焊　把替换钣件安装在上下钣件的组合件上，定位、夹紧，使用气体保护焊进行塞焊和对接焊（图3-4-32）。

图 3-4-31 分离电阻点焊

图 3-4-32 气体保护焊

（7）清渣打磨　清除焊渣，连续点焊焊缝，打磨平整（图3-4-33）。

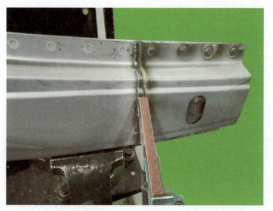

图 3-4-33 清渣打磨

（8）5S　关闭焊接设备，工收拾工具，整理工位，清扫场地。

第四章

车身喷漆基础知识

第一节 汽车喷漆健康与安全

一、个人安全防护

在汽车喷涂的整个过程中，会产生许多影响人体健康的不利因素，如涂装使用的除锈剂、除油剂、除漆剂、喷砂尘雾、打磨粉尘、涂料溶剂、稀释剂、固化剂或各种添加剂等，有的具有较强的腐蚀性，有的则会产生有害气体或粉尘，直接侵害涂装操作人员的身体健康或对自然环境造成污染。这就要求做好卫生与防护工作，改善工作条件，避免有害物质危害职工的身体健康和防止职业病。

二、车间布置

在着手车间布局设计之前，应掌握一些基本资料，如预计车辆的年修补量、修理工作的大小、员工的数量、可使用的地皮大小、资金预算，以及当地法规对用地、环境及排放等的规定。

（一）全新修理厂的车间布局设计

1. 业务量和人员的分配

可通过专业调查公司对修理厂的修理量、用户忠诚度等专业数据进行推算。

2. 工作区

一般按照标准工作区和辅助工作区进行划分。标准工作区主要对常规修复开放，小钣喷维修时可利用辅助工作区实施维修，以节省空间和等待时间。在维修车间设立工位标牌，避免车辆来维修时出现混乱、占用工位现象。

3. 设备

修理厂必须考虑重要的设备及其摆放位置。

喷涂准备区包括打磨区，现代化修理厂一定要创造无尘区域。为减少灰尘，地板一般采用格栅式,而所有的干磨设备一定要和吸尘系统连接。红外设备一般用于原子灰的干燥,因此可以放置在准备区,若将红外设备固定在顶部轨道上,则可以在多个区域同时使用。若条件允许,准备区最好临近喷涂区域。

(二)重新规划现行修理车间布局和扩建

一般重新规划现行修理车间布局的限制非常多,但所遵循的基本原则和建立一个新的修理车间一致。在重新规划时,有时只要做局部调整即可收到非常好的效果,例如在地板上做好间隔的标志,规定在修理的过程中车辆不许占用通道就可以节约可观的车辆移动时间。修理车间的扩建一般比重新规划在空间上的限制较小,但可能在时间上的限制较多。

清洁、整理后的场地应设备摆放整齐,物品耗材放置在相应的位置,如图 4-1-1 所示。

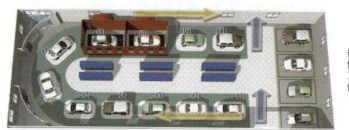

(1)拆件工位 (2)钣金工位 (3)腻子工位 (4)打磨工位 (5)中涂工位 (6)打磨工位
(7)遮蔽工位 (8)面漆工位 (9)干燥工位 (10)抛光工位 (11)组装工位

图 4-1-1　车间布局示意图

图 4-1-2　规范的车间布置

要考虑是所有的底漆和面漆喷涂都使用烤漆房还是仅喷面漆时使用烤漆房。喷涂面漆是修理的最终步骤,因此烤漆房最好放置在靠近出口的位置而且靠近喷涂准备区域,可以是对面也可以是相邻。若条件允许,可以考虑专门设置零配件烤漆房喷涂零配件及保险杠。规范的车间布置见图 4-1-2。

三、环境保护

涂料对环境的污染有两个方面:一是在制造过程中产生的"三废",即废气、废水、废料的污染;二是在涂装、施工等应用过程中,有机溶剂挥发到大气中造成的二次污染。

对汽车修理厂所使用的涂料对环境的影响有了正确的认识后,应该针对各种情况采取相应的措施保护环境。

四、安全操作规程和防火技术

(一)安全操作规程

安全操作规程是在生产过程中保证工作人员作业安全和工具设备使用安全的规定。汽车涂装大多在充满溶剂气体的环境中作业，不安全因素较多。为了保证生产安全，操作者必须熟知汽车涂装的作业特点及工具设备的合理操作方法。

1. 涂装人员安全操作规程

（1）操作前根据作业要求，穿好三紧或连裤工作服和鞋子，戴好工作帽、口罩、手套、鞋罩和防毒面具；

（2）操作场所应通风良好；

（3）在用钢丝刷、锉刀、气动或电动工具进行表面处理时，需戴防护眼镜，以免眼睛沾污和受伤；粉尘较多时应戴防护口罩，以防呼吸道感染；

（4）用碱液清除旧漆膜时，必须戴乳胶手套、防护眼镜并穿戴涂胶围裙和鞋罩；

（5）剩余涂料和稀释剂等应妥善保管以防挥发；

（6）登高作业时，凳子要放置平稳，注意力要集中，严禁说笑打闹；

（7）喷涂结束后，将设备工具清理干净并妥善保管，操作现场应保持清洁，用过的残漆、废纸及废砂纸等要放置到垃圾箱内。

2. 空气压缩机安全操作规程

（1）空气压缩机应设专人使用和管理；

（2）使用前认真检查空气压缩机、电动机及其控制装置并开动试转片刻，一切正常后方能投入使用；

（3）空压机要按规定程序启动，启动后要认真检查其运转状况并观察气压表读数，发现异常应及时排除；

（4）在工作中禁止工作人员与其他人员闲谈或随意离开机房，以防发生事故；

（5）非专管人员不得随意开动机器。

3. 电动、气动工具安全操作规程

（1）检查各部件外部安装是否牢固、紧固连接是否可靠、电缆及插头有无损坏、开关是否灵活等；

（2）尽量使用220V电源，必须用380V电源时应确保地线连接可靠；

（3）使用前应检查所用电压是否符合铭牌规定；

（4）接通电源空运转，检查有无异响；

（5）使用中发现异常现象（如火花、异响、过热、冒烟或转速过低等）应立即停止使用，并由专业维修人员进行检修（不得擅自拆卸）；

（6）电动、气动工具应及时维护，以确保其清洁及可靠润滑；

（7）电气设备与元件应存放在干燥处，以防受潮与锈蚀；

（8）使用气动工具时，应防止连接不牢而造成空气损失和人身事故；

（9）工具必须在关闭并完全停稳后才能放下，转动着的工具不得随处放置；

（10）使用砂轮时，身体要避开其旋转的方向，工件要轻轻接触砂轮，以防止事故的发生。

4. 用电安全操作规程

（1）涂装车间照明设备应做防爆处理；工作灯必须使用36V的安全电压。

（2）室内开关应为防爆开关，操纵要灵活轻便。

（3）大功率电器插座应为防爆插座。

（4）空调开关、普通开关、配电箱应安装在操作间外。

5. 喷漆烘漆房安全操作规程

（1）喷漆房内不得进行喷涂以外的作业；

（2）按说明书规定使用和保养喷漆、烘漆房，并由专人管理；

（3）定期更换过滤材料；

（4）定期清除风道内的漆尘及脏物；

（5）进行喷漆时应先开动风机。

（二）安全防火技术

汽车修补涂装作业的火灾危险性大小与所使用的涂料种类、用量、涂装场所的条件等有关。从事涂装的单位和个人必须高度重视防火安全。

1. 涂装产生火灾和爆炸事故的外因

（1）气体爆炸。由于喷涂车间或喷漆烤漆房空间太小，加之换气不良，充满溶剂蒸气，在达到爆炸极限时遇明火（火星或火花）就爆炸。

（2）电气设备选用不当或损坏后未及时维修。照明工具、电动机、开关及配线等在危险场合使用，在结构上防爆考虑不充分，有产生火花的危险。

（3）废漆（或溶剂）、废遮盖物、被涂料和溶剂污染的废抹布等保管不善，堆积在一起产生自燃。

（4）不遵守防火规则，防火安全意识淡薄，在涂装现场使用明火或抽烟。

2. 易燃性溶剂的危害

火灾危险性随溶剂的种类和溶剂在涂料中含量的不同而异。衡量溶剂的爆炸危险性和易燃性可以从闪点、自燃点、蒸气密度、爆炸范围、挥发性、扩散性和沸点等溶剂特性来判断。

（1）闪点　可燃性液体蒸气与空气形成可燃性混合气体，遇明火而引起闪电式燃烧，这种现象称为闪燃，引起闪燃的最低温度称为闪点。在闪点以上可燃性液体就易着火，闪点在常温以下的液态物质，具有非常大的火灾危险性。

根据闪点，可区分涂料和溶剂的火灾危险性等级，一般划分为以下3个等级：

一级火灾危险品——闪点在21℃以下，极易着火；

二级火灾危险品——闪点在21~70℃，一般；

三级火灾危险品——闪点在70℃以上，难着火。

（2）自燃点　不需借助火源，仅达到自发着火燃烧的最低温度即自行燃烧的温度称之为自燃点，它较闪点高得多。

（3）蒸气密度　易燃性溶剂的蒸气一般都比空气密度大，有积聚在地面或低处的倾向。因此，换气口必须设置在接近地面处。

（4）爆炸范围　由可燃性气体或蒸气与空气混合形成爆炸性混合气体，点火即爆炸。这种混合气体随可燃性气体、蒸气的种类，各自有不同的比例。产生爆炸的最低浓度（用体积百分比表示）称为爆炸下限，最高浓度称为爆炸上限。在上限和下限之间都能产生爆炸，爆炸范围越宽，爆炸下限越低，危险性越大。为确保安全，易燃气体和蒸气的浓度控制在下限浓度的25％以下。

除上述特性外，在考虑危险性时还须注意挥发性、扩散性和沸点。

3. 粉尘爆炸

有些颜料（如铝粉、有机颜料）、干漆雾粉尘和各种粉末涂料等属于易燃性粉末，当这些粉末在空气中形成一定浓度时，遇上明火就能产生爆炸和火灾。粉末颗粒互相摩擦或与其他表面摩擦会产生静电荷，在一定条件下积聚的电荷进行放电而引起粉末着火或爆炸。

通常粉末涂料中的粉末爆炸下限浓度为 $50g/m^3$，环氧树脂型粉末涂料的爆炸下限浓度为 $30g/m^3$，聚乙烯粉末为 $25g/m^3$，且粉末的粒度越细，粉尘爆炸下限浓度越低。因此，无论在调配粉末状涂料，还是在涂装过程中，都要严格控制工艺规程和操作方法，避免粉末的摩擦，防止高温、火花、明火、静电积聚及放电，以免引起爆炸事故。

4. 防火安全措施

汽车修补涂装时，一般采取下列防火措施：

（1）汽车修补涂装车间属于火灾危险区，应采取相应的消防措施，一般应布置在厂房的一侧，并用防火墙与其他车间隔开。

（2）汽车修补涂装车间的所有构件都应尽量采用防火性能好的材料。

（3）所有的电气设备和开关都应有防爆装置，电源应设置在防火区以外。

（4）涂装车间的所有金属设备都应接地可靠，防止静电积聚和放电。

（5）涂装车间内严禁烟火，不许带火柴、打火机等火种进入车间。

（6）存储涂料应放在远离工作区的地方，工作区最多保留一天的用量。

（7）擦过溶剂和涂料的棉纱、破布等应放在专用的带盖铁箱中，并应及时处理掉。

（8）严禁向下水道倾倒易燃溶剂和涂料。

（9）在涂装过程中应尽量避免敲打、碰撞、冲击、摩擦等动作，以免发生火花或静电放电而引起着火燃烧。

（10）喷漆应在专门的喷漆房内进行，喷漆房、烘干室等应符合防火安全技术要求。

5. 汽车涂装车间的灭火方法

灭火的方法有多种多样，但其基本原则是以下三个方面。

（1）移去或隔离火源，使之熄灭。

（2）隔绝空气（即切断氧气）使之窒息，比如将二氧化碳气体直接喷射到燃烧物体上。

（3）用冷却法使被燃烧物体的温度降低到着火点以下即可灭火。

涂装修补车间的技工都应熟知防火安全技术知识、火灾类型及灭火方法，会使用各种消防工具，一旦发生火灾，尤其是在电器附近着火，应立即切断电源，以防火势蔓延和产生电击事故。当工作服上着火时切勿惊慌失措，应就地打滚将火熄灭。

第二节 油漆基础知识

一、认识油漆

（一）油漆的作用

汽车在运行中，由于受各种环境的影响，如风吹、雨淋、盐碱侵蚀、冷热变化或因事故造成破损等，使涂层表面发生开裂、粉化、变色、脱落等，均需要进行修补或在新表面上喷涂。同时，油漆还可以起到保护、装饰、标志等作用。

（二）油漆的组成

油漆是一种能牢固覆盖在物体表面，起保护、装饰、标志和其他特殊用途的化学混合物涂料。现代汽车涂料大多为树脂涂料，其基本构成可以归纳为树脂、颜料、溶剂及添加剂四大部分。

1. 树脂

树脂是涂料最基本的组成物质，外观呈透明状，是非结晶型半固态或固态有机化合物。树脂分子量一般较高，多数可溶于有机溶剂（如醇、酯、酮等），而难溶于水或不溶于水。将树脂与有机溶剂制成的溶液，涂在物体表面，待溶剂挥发后能形成一层连续的固体薄膜。树脂决定着涂膜的表面性能（丰满度、光泽等）、耐候性能（硬度、附着力、耐水、耐起泡等）和施工性能（主要指干燥特性）。树脂是涂料的主要成膜物质，对涂料的性能起着决定性的作用。因此，树脂的种类常被用于定义涂料的种类，如以丙烯酸树脂为基料的涂料被称为丙烯酸涂料。

根据其来源，树脂可分为天然树脂和合成树脂。天然树脂一般是从动物和植物中提炼出来，如虫胶、松脂等，使用比较方便，但选择性较少且耐候性较差；合成树脂主要是由炼油工业提炼出来的，又分为热塑性树脂和热固性树脂。如表 4-2-1 所示。

热塑性树脂是可还原树脂，在高温时软化及容易被溶剂溶解，如硝基纤维树脂。热固性树脂是不可还原树脂，高温时产生化学反应，冷却后树脂不会再受热软化，硬度好、耐溶剂性强，如丙烯酸树脂。

表 4-2-1 树脂的种类

序号	树脂类别	主要成膜物质
1	油脂	天然植物油、鱼油、合成油等
2	天然树脂	松香及其衍生物、虫胶、乳酪素、动物胶等
3	酚醛树脂	酚醛树脂、改性酚醛树脂、二甲苯树脂等
4	沥青	天然沥青、煤焦沥青、硬质酸沥青、石油沥青
5	醇酸树脂	甘油醇酸树脂、季戊四醇及其他醇类的醇酸树脂等
6	氨基树脂	脲醛树脂、三聚氰胺甲醛树脂
7	硝基纤维树脂	硝基纤维素、改性硝基纤维素
8	纤维酯、纤维醚	乙酸纤维、苄基纤维、乙基纤维、乙酸丁酸纤维等
9	过氯乙烯树脂	过氯乙烯树脂、改性过氯乙烯树脂
10	烯类树脂	含烯类聚合物树脂、含氟树脂、石油树脂等
11	丙烯酸树脂	丙烯酸树脂、丙烯酸共聚树脂及其改性树脂
12	聚酯树脂	饱和聚酯树脂、不饱和聚酯树脂
13	环氧树脂	环氧树脂、改性环氧树脂
14	聚氨基甲酸酯	聚氨基甲酸酯
15	元素有机聚合物	有机硅、有机钛、有机铝
16	橡胶	天然橡胶及其衍生物、合成橡胶及其衍生物
17	其他	以上 16 类以外的成膜物质，如无机高分子材料等

2. 颜料

颜料是白色或有色固体粉末，不溶于水及有机溶剂，是涂料中不挥发的部分之一。颜料的作用是赋予颜色、遮盖基底、改善涂料性能、增强装饰及保护效果。

根据功能分类，颜料可分为着色颜料、体质（填充）颜料、防腐颜料及特殊效果颜料等。着色颜料是指底漆或面漆中提供颜色的部分；体质颜料又称填充颜料，一般是来源于矿物质的无机物，其作用是改进涂料的物理性能、力学性能及降低成本；防腐颜料是在涂料中所使用具有防腐蚀特殊功能的颜料；常见的特殊效果颜料有铝粉、珠光颜料、干涉珍珠等，其作用是使涂料具有特殊的装饰效果。如表 4-2-2 所述。

表 4-2-2　颜料种类及作用

颜料种类	作用	举例
着色颜料	提供颜色,遮盖底材	色漆
体质颜料	使涂料具有填充性,提高强度、浓度	腻子
防腐颜料	主要用于底涂层,起到防锈效果	防锈底漆
特殊性能颜料	使涂层具特殊效果,如金属或珍珠色彩,降低涂层的光泽	珍珠漆

3. 溶剂

溶剂的主要作用是溶解、稀释树脂。除此之外，还能调整涂料的干燥特性，提高涂膜的表面平整度等。值得注意的是不同涂料使用的溶剂不同，不能混用。

溶剂按照其作用的不同分为真溶剂、助溶剂和稀释剂三类。真溶剂是起溶解树脂作用的溶剂，不同的树脂体系所使用的真溶剂是不同的，例如丙烯酸需要芳香烃和酮类，硝基涂料则需酮类和酯类；助溶剂是起促进真溶剂溶解能力作用的溶剂，例如将醇类溶剂加入硝基涂料中可以提高溶解效果；稀释剂对于特定的树脂不会起溶剂的作用，但可以减少溶剂和产品的消耗，其作用为稀释树脂及分散颜料。

4. 添加剂

添加剂用量很少，一般不超过 5%，但具有很重要的作用。汽车修补涂装中常用的添加剂有帮助稳定涂料储存，防止涂料沉淀的"防沉淀剂"，帮助涂料在施工过程中流平的"流平剂"，缩短涂料干燥时间的"催干剂"和提高涂料耐候性的"稳定剂"等。涂料配方中一般使用多种添加剂，以使其生产工艺、储存稳定性、施工性及涂膜性能得到有机地结合，最好地满足客户需求。

（三）车身涂料分类与命名

按照涂料中主要成膜物质的不同，涂料可分为 17 类，见表 4-2-3。按其在涂膜中所起的作用不同，涂料可分为底漆、衬漆、面漆及原子灰等。按照施工方法不同，涂料可分为刷漆、喷漆、烘干漆和电泳漆等。按使用效果不同，涂料可分为绝缘漆、防锈漆、防腐漆、耐酸漆、耐热漆等。按是否含有颜料，涂料可分为清漆、色漆和含大量体质颜料的原子灰。按溶剂构成情况不同，涂料分为溶剂型漆、水性漆、无溶剂漆和粉末涂料。按成膜机理的不同，涂料可分为氧化聚合型漆、双组分反应型漆、烘烤聚合型漆和溶剂挥发型漆等。

表 4-2-3　涂料的类别

序号	代号	类别	序号	代号	类别	序号	代号	类别
1	Y	油脂漆	7	Q	硝基漆	13	H	环氧树脂漆
2	T	天然树脂漆	8	M	纤维素漆	14	S	聚氨酯漆
3	F	酚醛树脂漆	9	G	过氯乙烯漆	15	W	有机硅树脂漆
4	L	沥青漆	10	X	乙烯树脂漆	16	J	橡胶漆
5	C	醇酸树脂漆	11	B	丙烯酸漆	17	E	其他漆
6	A	氨基树脂漆	12	Z	聚酯漆			

二、干燥油漆

（一）油漆的成膜方式

使液体状涂料硬化，形成涂膜的过程叫做涂料固化。根据涂料固化和干燥的方式不同，可以分类为溶剂挥发型、氧化聚合型、烘烤聚合型及固化剂成膜型。

1. 溶剂挥发型

这类涂料在常温下靠溶剂挥发干燥成膜，在干燥的过程中，涂料中的成膜物分子结构没有显著的变化。溶剂挥发型油漆的成膜过程如图 4-2-1 所示。在目前

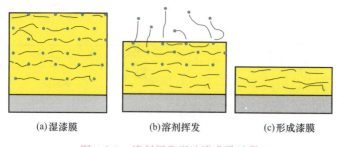

图 4-2-1　溶剂挥发型油漆成膜过程

•溶剂；～树脂

常用的汽车修补漆中，最典型的涂料品种是热塑性丙烯酸树脂涂料。

2. 氧化-聚合型涂料

这类涂料在常温下干燥，干燥过程分两个阶段，第一阶段是溶剂的挥发，第二阶段是氧化聚合反应形成涂膜（图 4-2-2）。干性油或干性油改性的涂料，都属于氧化聚合型涂料，常用的品种有醇酸涂料、酚醛涂料等。目前在汽车上很少有用此类涂料的。

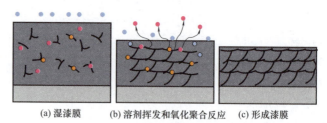

图 4-2-2　氧化-聚合型油漆成膜过程

•氧气；～树脂；●溶剂；●固化剂

3. 烘烤聚合型涂料

此类涂料必须在一定温度下烘烤，成膜物分子发生交联反应而固化（图 4-2-3）。目前汽车上所使用的原厂漆大都属于这一类型的，常用的品种有氨基醇酸烘烤涂料、丙烯酸氨基烘烤涂料、有机硅烘烤涂料等。每种涂料都有一定的烘烤温度，不可随意升高或降低，否则将影响涂料的固化而引起涂膜质量。

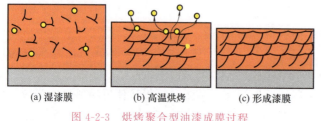

图 4-2-3　烘烤聚合型油漆成膜过程

●溶剂；～树脂

在实际施工中，涂料的烘烤条件与下列条件有关：

（1）涂料颜色。深色的涂料吸热量大，烘烤时间可以缩短，相反，浅色漆反射热量，故需要的烘烤时间要长一些。

（2）工件的形状和厚度。厚度大的工件吸热量大，需烘烤时间长一些，相反薄而多孔的工件吸热量小，热传导快，干燥就快一些。

（3）工件材质。黑金属吸热速度比有色金属快，故烘烤时间相对要短一些。

（4）烘烤固化的涂膜硬度高，耐磨性能好，耐光性和耐久性也更优越。

4. 固化剂成膜型涂料

此类涂料由固化剂中的活性基团与成膜物分子交联反应而固化（图 4-2-4）。该固化方式的涂料被广泛用于汽车修补，如所使用的环氧底漆、双组分的封闭底漆、双组分面漆、罩光清漆都属于此类型。

这类涂料的固化反应在常温下即可进行，也可以加热固化。如双组分汽车面漆（或罩光

清漆）在 25℃ 时，需要 24h 才能使交联反应完全而固化，48h 才能达到较高的硬度，进行抛光等操作。如果在 60℃ 条件下，只需要 30min，即可使涂膜固化，且涂膜的性能也更好。

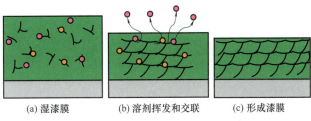

(a) 湿漆膜　　(b) 溶剂挥发和交联　　(c) 形成漆膜

图 4-2-4　固化剂成膜型油漆成膜过程

●溶剂；●固化

（二）油漆的干燥方式

根据油漆的成膜方式不同，应选择合适的干燥方式。干燥方式有自然干燥、低温烘烤干燥和高温烘烤干燥。

1. 自然干燥

自然干燥是油漆喷涂完成后静置至油漆完全干燥。将已涂装完毕的被涂物放置在空气流通的场所，进行自然通风干燥。干燥时间的长短，以现场的温度、湿度和通风状况确定。此法不需要专用设备和消耗能源，经济简易，适用于结膜干燥快的挥发性涂料和室外大面积物件施工，但一般干燥时间较长。

2. 低温烘烤干燥

低温烘烤干燥是将喷涂好的油漆闪干后采用红外线烤灯或烤房加热烘烤使油漆干燥。低温烘烤干燥的温度一般控制在 80℃ 以下，烘烤 30min 左右即可将油漆烤干。此种干燥方式干燥时间短，效率较高，适用于双组分涂料的干燥，但烤房占地面积大，消耗能源。

3. 高温烘烤干燥

高温烘烤干燥是将喷涂好的油漆置入高温环境下烘烤至油漆干燥。高温烘烤干燥的温度一般在 120℃ 以上，在汽车生产厂采用。

第三节　涂装工具与设备

一、刮涂工具

在汽车维修过程中，外表经钣金工的敲补、焊接后，还需用腻子填补磨平。刮涂腻子常用的工具有硬刮具和软刮具两类。硬刮具有灰刀、牛角刮刀以及钢片刮刀等，通常用于平面及大面积凹坑；软刮具一般是指橡胶刮板，它一般涂刮小的凹坑，刮出的腻子表面较平滑、遗留孔隙较小。

1. 调灰刀

调灰刀又称油灰刀。它是由木柄和刀板构成，木柄用松木、桦木等制作，刀板由弹性较好的钢板制作。其特点是成品灰刀的规格多，弹性好，使用方便。如宽灰刀有 100mm 和 75mm 两种，适用于木车厢、客车板等平整大物面腻子刮涂或基层清理，中号灰刀的宽度多为 50～65mm，主要用于调配腻子、小面积腻子补刮及清除旧漆等。窄灰刀多用于调配腻子或清理腻子毛刺。调灰刀及握姿如图 4-3-1 所示。

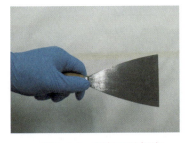

图 4-3-1　调灰刀及握姿

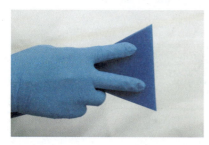

图 4-3-2　牛角刮刀及握姿

2. 牛角刮刀

牛角刮刀的形状类似牛角，其特点是使用方便，可来回刮涂（左右刮涂）。主要用于修饰腻子的补刮等。牛角板使用后，应清理干净置于木夹上存放，以防变形，影响使用。牛角刮刀及握姿如图 4-3-2 所示。

3. 钢片刮刀

钢片刮刀由弹性极好的薄钢片制成，其特点是弹性好、刮涂轻便、效率高，刮后的腻子层平整，既可用于局部刮涂，也可用于全面刮涂。较适于小轿车、大型客车等表面的腻子刮平。钢片刮刀及握姿如图 4-3-3 所示。

4. 橡胶刮刀

橡胶刮刀采用耐油、耐溶剂和膨胀系数小的橡胶板制成，外形尺寸和形状根据需要确定。橡胶刮刀弹性极好，刮涂方便，可随物面形状的不同进行刮涂，以获得平整的腻子层。尤其对凹凸形、圆形、椭圆形等物面，使用橡胶刮刀刮涂，质量更优。橡胶刮刀适于刮涂弧形车门、翼子板等。橡胶刮刀及握姿如图 4-3-4 所示。

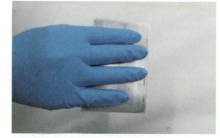

图 4-3-3　钢片刮刀及握姿

二、干磨设备

干磨工具与设备在涂装作业中广泛应用，主要用来研磨旧漆、原子灰、中涂漆等，它替代了传统的水磨工艺，减少了废水排放污染，提高了生产效率，降低了施工人员的劳动强度。按照不同的吸尘方式，干磨设备可分为移动式、中央集尘式和简易袋式三种类型，如图 4-3-5 所示。

图 4-3-4　橡胶刮刀及握姿

(a) 移动式

(b) 中央集尘式

(c) 简易袋式

图 4-3-5　干磨设备类型

移动式干磨设备在使用与维护方面，灵活性好，价格便宜，适合小型修理厂使用；中央集尘式干磨设备集尘效果好，可同时带动多个干磨头，但该类设备需要铺设管路，占用空间大，适合大型维修站使用；简易袋式干磨设备小巧、灵活，但吸尘效果不佳，已很少使用。

干磨工具与设备主要包括伺服系统、集尘器、三合一套管、研磨机等。

1. 研磨机

研磨机是干磨设备的重要组成部分，是研磨旧漆、原子灰等工作的主要工具。根据运动方式不同，研磨机可分为单作用式、双作用式和轨道式三种类型。不同的运动方式其用途也不同，研磨效果也不一样。此处以费斯托研磨机展开介绍。

(1) 单作用研磨机　单作用研磨机的运动轨迹是单向旋转，如图4-3-6所示。单作用研磨机在使用时研磨盘与工件表面应成一定的角度，角度不宜过大，一般在15°～30°最为合适，故又称锐角打磨机。其研磨速度快，效率高，产生的痕迹较重，在除旧漆、除锈等工作中广泛应用。

(2) 双作用研磨机　双作用研磨机的运动轨迹是旋转运动及偏心振动，偏心幅度大小有7mm、5mm、3mm。

偏心7mm的研磨机（图4-3-7）振动幅度大，研磨效率高，适用于研磨原子灰、去除旧漆层等粗磨工作。在使用时应将研磨机先放在工件表面上，再开动机器，在打磨时应尽可能平放。

偏心3mm的研磨机（图4-3-8）振动幅度小，研磨的痕迹细腻，适合精细研磨，如研磨中涂漆。

图4-3-6　单作用研磨机

图4-3-7　偏心7mm研磨机　　图4-3-8　偏心3mm研磨机

偏心5mm的研磨机通常配有软垫和硬垫。研磨机配合软垫使用时适合研磨中涂漆，配合硬垫使用时适合研磨原子灰。但偏心5mm的研磨机在粗磨时效率不如偏心7mm的研磨机，在细磨时不如偏心3mm的研磨机研磨的痕迹细腻，所以应用不是很广泛。

(3) 轨道式研磨机　轨道式研磨机（图4-3-9）的运行轨迹是前后左右振动，振动幅度有4mm、5mm，多用于大面积原子灰粗、中级研磨，不适合中涂底漆的细研磨。

图4-3-9　轨道式研磨机

轨道式研磨机在研磨原子灰时应平放在原子灰表面，在移动研磨机时也要保证平行移动，这样才能保证研磨出来的原子灰表面平整。

2. 手工磨板

除了研磨用的研磨机外，研磨漆面使用的工具还有手工磨板。手工磨板主要是在精细研磨原子灰时使用，是做细研磨必不可少的研磨工具。手工磨板的规格有多种，此处以费斯托手工磨板套装为例展开介绍。

(1) 手动长方手刨　规格为400mm×80mm，主要用于大面积原子灰修饰打磨，如车门、机盖、车顶等平面处的研磨。如图4-3-10所示。

(2) 手动大方手刨　规格为228mm×115mm，主要用于大面积原子灰修饰打磨，如车门、机盖、

图4-3-10　手动长方手刨

车顶等平面处的研磨。与手动长方手刨的差异在于前者更宽，后者更长。如图4-3-11所示。

（3）手动中方手刨　规格为200mm×80mm，主要用于中小面积原子灰的修饰打磨，如平面、边角、线条等。如图4-3-12所示。

（4）手动小方手刨　规格为133mm×80mm，主要用于小面积原子灰的修饰打磨，如小平面、边角打磨等。如图4-3-13所示。

图4-3-11　手动大方手刨　　　图4-3-12　手动中方手刨　　　图4-3-13　手动小方手刨

研磨设备操作示范

步骤、作业内容及技术要求	图　解
1. 检查工具 查看耗材是否充足、工具是否完好 温馨提示 重点检查研磨盘毛毡的粘贴力，如果粘贴力差，应及时更换研磨盘	
2. 连接打磨机电源和气源等外部连接 检查电源插头时不允许用湿手去触摸；连接气管接头时要连接牢靠；气动研磨机额定工作气压一般为6bar($6×10^5$Pa) 温馨提示 额定工作气压是指研磨机在工作状态下的气压，如果气压不足，应通过气压表调节螺栓进行调节	
3. 粘贴砂纸 砂纸是有毛毡的，只要将砂纸轻轻粘在研磨机的表面即可 温馨提示 所选砂纸的型号要和研磨盘的型号一致，砂纸上的孔要和研磨盘上的孔对齐	
4. 用研磨机去除旧漆 研磨机使用时应一只手握住研磨头，另外一只手握住研磨机和管路的结合部位，稳稳地放在板件上 温馨提示 研磨时要佩戴防护用品，研磨机使用时应平放在板件上。除旧漆的工具组合为7#机配合P80砂纸	

续表

步骤、作业内容及技术要求	图 解
5. 用研磨机研磨原子灰 研磨机使用时应一只手握住研磨头,另外一只手握住研磨机和管路的结合部位,稳稳地放在板件上 温馨提示 研磨时要佩戴防护用品,研磨机使用时应平放在板件上。研磨原子灰的工具组合应为 7# 机配合 P80~P240 砂纸	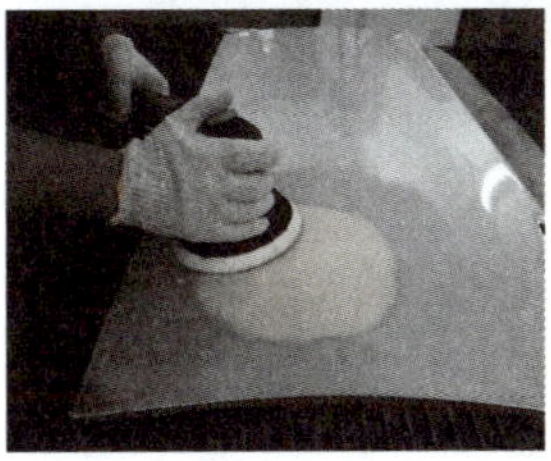
6. 打磨机完成后,进行设备和场地的整理工作	

三、砂纸

砂纸在干磨工艺中是一个比较重要的材料,所以了解砂纸也就至关重要了。

1. 砂纸的组成

砂纸通常是由磨料、底胶、面胶、背材等组成,如图 4-3-14 所示。

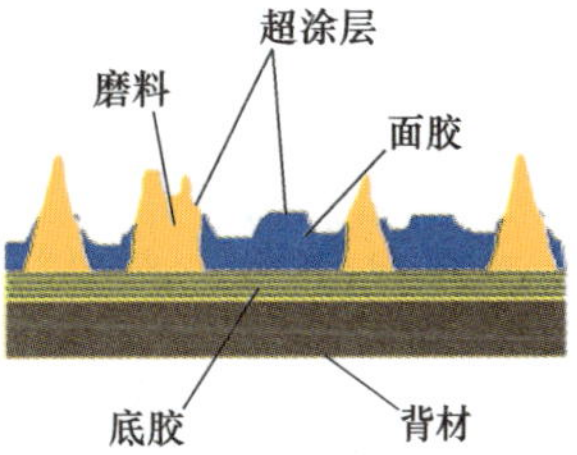

磨料:分为天然与合成(人造)磨料,提供硬度、尖锐性和韧性。

底胶:磨料与背材的黏胶。

面胶:磨料间的黏胶。

背材:研磨材料(砂粒)的承载体,通常有纸、布、纤维、薄膜、复合体。

超涂层:在研磨介质表面的一种特殊涂层,按作用来分有防堵塞涂层和冷切削涂层等,这是高等级干磨砂纸特有的一种技术。

图 4-3-14 砂纸的组成

一般砂纸磨料的硬度和尖锐性主要反映在切削力上,而韧性主要反映在掉砂量和砂纸的耐用性能上。表 4-3-1 是目前比较通用的 7 种矿砂的基本性能。

表 4-3-1 磨料性能

矿砂种类	硬度(HS)	韧性
天然刚玉	3400	3.4
石榴石	1360	0.8
氧化铝(人造刚玉)	2000	1.0
氧化锆(锆刚玉)	1500	2.3
陶瓷氧化铝	1600	2.3
碳化硅	2500	0.9
人造钻石	8000	9.1

一般来说,硬度越高,矿砂切削力越强;韧度越高,矿砂的研磨寿命越长。在汽车涂装研磨工艺里常用的磨料为氧化铝和碳化硅。

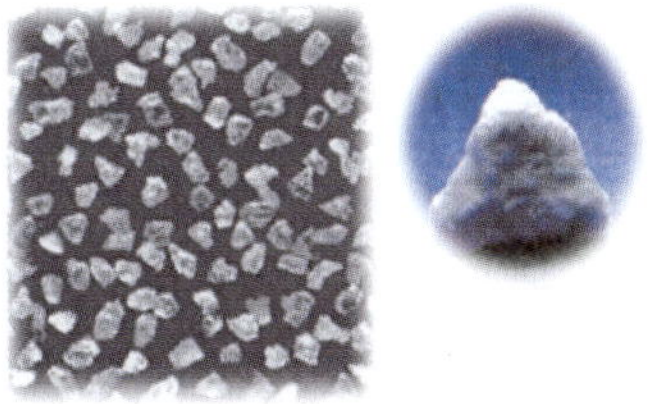

氧化铝(图 4-3-15)硬度不如碳化硅(图 4-3-16)高,但韧性却更好。氧化铝磨料在打磨过程中磨料不易破碎,切削力主要是以磨钝形式损耗。碳化硅硬度高,碳化硅磨料在打磨过程中易破碎从而产生锋利的锐角,切削力较好。

水砂纸多用在湿磨工艺中,使用时应先浸水,使砂纸完全浸湿,这样可防止因为手工打磨折叠而引起的脆裂,特别

图 4-3-15 氧化铝

图 4-3-16 碳化硅

是冬天温低时,应先用温水浸泡,以防止砂纸脆裂。使用时应注意以下事项:

(1) 对于一般常规打磨。将水砂纸竖横裁成 1/4 大小,约 11.5cm×14cm,这种尺寸大小适中,适合手握操作,是维修时最常用的。

(2) 对于小面积打磨。将砂纸裁成 1/8 大小,约 5.75cm×7cm,以这种尺寸配合小垫板适合小面积打磨及处理局部留痕处的磨平。

(3) 对于大面积打磨。将水砂纸横向裁成 1/4 大小,约 7cm×23cm,这需要根据打磨板的规格而裁剪的。一般打磨前把砂纸固定在标准打磨板上进行,对于较大面上的缺陷有较好的平整作用。水砂纸裁剪法如图 4-3-17 所示。

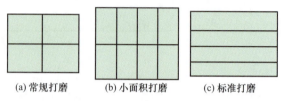

图 4-3-17 水砂纸裁剪

水砂纸在使用时由于必须带水研磨,极易导致锈蚀、涂层起泡等缺陷,所以在很多高端车的维修工艺中已经禁止使用。

三维打磨材料(菜瓜布)质地柔软,研磨颗粒置于纤维组织内,由于具有良好的研磨效果,且重复利用率高,抽取方便而广泛使用。三维打磨材料通常有红色、灰色、黄色三种,不同的颜色其用途也不同,如图 4-3-18 所示。

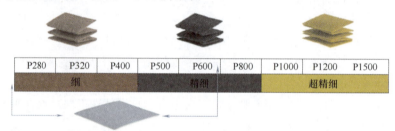

图 4-3-18 三维打磨材料

2. 砂纸的选用

在研磨时要根据不同的研磨工序选择合适的砂纸,砂纸的选择原则如下:

(1) 根据打磨规则从粗到细,以相差不超过 100 号的砂纸循序渐进;

(2) 根据油漆的遮盖力选择砂纸,应保证砂纸痕可以被该涂料填充或遮盖;

(3) 底材前处理的砂纸选择一般是 P80~P500,面漆缺陷处理的砂纸一般为 P800~P3000。

砂纸型号对比与选用见表 4-3-2~表 4-3-4。

表 4-3-2 砂纸型号对比

欧洲 FEPA 标准/中国 GB 标准	美国 ANSI 标准	日本 JIS 标准	欧洲 FEPA 标准/中国 GB 标准	美国 ANSI 标准	日本 JIS 标准
P1200	600	1200	P150	150	150
P1000	500	1000	P120	120	120
P800	400	800	P100	100	100
P500/P600	360	600	P80	80	80
P400	320	500	P60	60	60
P360/P320	280	400/360	P50	50	50
P280	240	360/320	P40	40	40
P240/P220	220	280	P30	30	30
P180	180	180			

表 4-3-3 干磨砂纸与水磨砂纸的粗细对比

干磨砂纸	P60	P80	P120	P150	P180	P240	P280	P320	P360	P400
水磨砂纸	P150~P180	P180~P220	P240~P280	P280~P320	P320~P360	P400~P500	P500~P600	P600~P800	P800~P1000	P1000~P1200

表 4-3-4 不同工序推荐选用砂纸型号

工序 \ 砂纸	P60~P80~P120	P180~P240~P320	P400~P500~P800	P1000~P1200~P1500
除旧漆	→			
磨羽状边		→		
磨原子灰		→		
磨中涂漆			→	
抛光前处理				→
驳口区研磨				→

砂纸使用操作示范

步骤、作业内容及技术要求	图解
1. 正确区分砂纸大小的规格 观察不同砂纸型号的研磨颗粒大小的区别,一般砂纸番号越大研磨颗粒越细,反之番号越小,研磨颗粒越粗	
2. 选择砂纸打磨旧漆 打磨旧漆时候,旧漆层可能有腻子层,比较难打磨,所以选择砂纸时候,砂纸范围在 P60~P120 左右 温馨提示 在粘贴砂纸时要保证砂纸上的孔要和研磨盘上的孔对齐	
3. 选择砂纸打磨原子灰 打磨原子灰层时候,需要磨平磨光,先使用机磨粗整平,再用手刨修饰。所以选择机磨砂纸:P80~P180 左右;手刨砂纸:P180~P240 左右 温馨提示 做好安全防护,工作鞋、工作服、手套等穿戴齐全	
4. 选择砂纸打磨中涂底漆 研磨中涂底漆是为了做面漆前的准备,所以表面不允许有砂纸痕,在选择砂纸上就要求更精细,砂纸范围:P400~P500 左右 温馨提示 做好安全防护,工作鞋、工作服、手套等穿戴齐全	

续表

步骤、作业内容及技术要求	图解
5. 喷漆后处理选择砂纸 喷漆完成后，面漆层上会残留灰尘颗粒物或者会有局部的小流挂，要对这些缺陷进行处理，应选择 P800～P3000 的砂纸 温馨提示 做好安全防护，工作鞋、工作服、手套等穿戴齐全	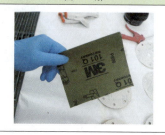
6. 砂纸的选择完成后，进行设备和场地的整理工作	

图 4-3-19　喷枪的组成

1—风帽；2—喷嘴；3—顶针；4—密封圈；
5—空气阀顶杆；6—扳机；7—数字气压表；
8—颜色识别系统；9—空气接头；
10—喷幅调节旋钮；11—气压调节旋钮；
12—流量调节旋钮；13—枪壶接头

四、喷涂工具

喷枪是涂装的关键设备之一，在维修涂装中更为突出。虽然不同的喷枪有许多通用的零部件，但每一种类型或每一种型号的喷枪适用于一定范围的喷涂作业。所以选择适当的喷枪进行喷涂，是保证喷涂质量的重要手段。

1. 喷枪的结构组成

喷枪是通过压缩空气将液态涂料雾化后均匀地喷涂于工件表面的工具。喷枪主要有可拆卸的喷头装置，该装置由风帽、喷嘴（即顶针）等组成，喷枪结构如图 4-3-19 所示。其中风帽上有主雾化孔、辅助雾化孔、扇幅控制孔。喷枪各主要零件的名称和作用见表 4-3-5。

表 4-3-5　喷枪各主要零件的名称和作用

名称	作用
风帽	把压缩空气引入漆流中，使漆液雾化
主雾化孔	形成真空，吸出漆液
扇幅控制孔	借助空气压力控制扇形面
辅助雾化孔	促进漆液雾化，若孔大或多，雾化能力强，反之则弱
喷幅调节旋钮	调到最小时，扇面为圆形，全开调节旋钮，扇面成椭圆形
顶针	控制漆液的流量多少
密封圈	起密封作用
顶针弹簧	当扳机放开时，使顶针回位作用
流量调节旋钮	旋到最小时，扣扳机没有漆液出来，全开时，出漆量最大
气压调节旋钮	调节气压大小

2. 喷枪的种类及特点

常用的喷枪种类很多，用途各不相同，但根据供应涂料的方式主要有吸上式、重力式和压送式三种。此三种喷枪的形式（供漆方式）见表 4-3-6。三种喷枪的特点对比见表 4-3-7。

表 4-3-6　喷枪分类

序号	名称	示意图	说明
1	吸上式喷枪		靠压缩空气的吸力及大气压力喷出油漆并形成漆雾，是目前应用较为广泛的喷枪

续表

序号	名称	示意图	说明
2	重力式喷枪		是靠漆料的重力将漆料供到喷嘴,再由抽吸作用吸出喷嘴,广泛应用于汽车修补行业
3	压送式喷枪		喷嘴与气帽正面平齐,不形成真空,漆料被压力压向气帽,压力由一个独立的压力罐提供,适合大型车辆整车喷涂

表 4-3-7 喷枪性能比较

类型	涂料的供应方式	优点	缺点
重力式喷枪	枪壶在喷枪的上方,油漆是靠地球的引力以及压缩空气在喷嘴处产生吸力供应至枪嘴	枪壶置于喷枪的上方,使用灵活,而且不同的黏度对喷涂后的差异性影响较小	枪壶的容量较小,不适合做大面积的喷涂工作
吸上式喷枪	枪壶在喷枪的下方,油漆是靠喷嘴处产生的吸力供应	由于枪壶较大,适合做大面积的喷涂作业	不同黏度的油漆会影响喷枪的吸送能力,从而产生不稳定的喷涂效果
压送式喷枪	枪壶和喷枪是分开的,油漆在枪壶内被压缩空气加压,并供应至喷嘴	容量大,适合做大面积的连续性施工,并提供灵活的喷涂效果	不适合做小面积的修补喷涂,喷枪清洗较困难

3. 喷枪的雾化过程

喷枪可以定义为用空气压力把漆液转化为微小颗粒的工具,这个过程称为雾化。彻底了解雾化机理是正确使用喷枪的关键。雾化把油漆在喷流中分裂为微小而均匀的颗粒适当地喷在汽车表面,这些颗粒聚集起来形成厚度均匀的薄膜,具有镜面般的光泽。雾化的发生可分为三个基本阶段,如表 4-3-8 所示。

表 4-3-8 漆液雾化过程

序号	示意图	说 明
第一阶段		油漆被重力或空气吸力送入喷嘴,并开始被气流包围,有产生雾化的趋势
第二阶段		从喷嘴而来的油漆被气流包围,气流使油漆开始分散
第三阶段		辅助雾化孔和扇幅控制孔处的气流作用在油漆上,使油漆进一步分散并形成扇形漆雾

4. 喷枪的选用

（1）根据被涂物面积大小选择喷枪。被涂物件大，要选用枪壶容积大的喷枪，这样喷涂的漆膜连续性好、节省换料时间、效率高。

（2）根据涂料品种选择喷枪。例如喷涂溶剂型油漆时，应选择溶剂型喷枪；喷涂水性漆时最好选择水性漆喷枪，这样能更好地配合涂料的特性而进行喷涂，以保证喷涂施工的质量。

（3）根据喷涂质量要求选择喷枪。喷涂质量要求高的产品，应选用雾化性能好，操作、调整方便，可靠性强，能保证喷涂质量的喷枪。例如喷涂底漆时，要求快速达到漆膜厚度，这时应选择口径大的喷枪；喷涂色漆时，要求雾化效果好，这时应选择口径小的喷枪。

（4）根据喷枪的自身因素选择。喷枪自身的大小、重量、影响喷枪性能的空气用量、供漆量及供漆方式，以及操作性能等，均是应该考虑的因素。

（5）喷枪口径越大，所需的空气压力越大。喷枪的口径大小与喷枪嘴的空气帽的风孔是互相配合的。空气帽分为多孔型和少孔型。多孔型的空气帽，空气用量大，雾化性能好，涂膜品质也好。少孔型的空气帽，空气用量小，但雾化性能差，适用喷涂品质要求不太高的工件。

（6）喷涂涂料的雾化程度与喷枪的口径大小、涂料的黏度、出风孔的排风量及排列角度等有很大关系。因此，要根据不同品种的涂料选择喷枪嘴的口径和出风孔的多少。底漆喷枪与面漆喷枪对喷枪的要求，如表 4-3-9 所示。

表 4-3-9 底漆喷枪与面漆喷枪对喷枪的要求

修补类型	油漆类型	喷枪	喷涂口径	雾化气孔
局部修补	中涂底漆	重力式	1.3～1.7mm	少
	面漆		0.8～1.4mm	多
全车喷涂	中涂底漆	重力式	1.6～1.7mm	少
		吸上式	1.9～2.0mm	少
	面漆	重力式	1.3～1.4mm	多
		吸上式	1.6～1.7mm	多

喷枪在使用时应按照厂家建议及使用需要调节喷枪参数，表 4-3-10 列举了喷枪的调节参数。

表 4-3-10 喷枪参数

喷枪参数	HVLP（高流量低气压）	RP（优化减压）	传统高气压
喷枪型号	SATA jet 2000	SATA jet RP	SATA jet B
建议喷气压/10^5Pa	2.0	2.5	4
风帽气压/10^5Pa	0.7	约 1.3	约 1.7
耗气量/(L/min)	430	295	380
喷涂距离/cm	13～17	15～23	18～23
传递效率	65%+	65%+	35%～45%
枪嘴直径选择（*标准型号）	1.0,1.2,*1.3,1.4,1.5,1.7,1.9,2.2	1.0,1.2,*1.3,1.4,1.6,1.8,2.0,2.5	1.0,1.4,1.5,1.7,2.0

在压缩空气供应充足且稳定的情况下，选用 HVLP 喷枪，反之，则使用 RP 喷枪。HVLP 喷枪油漆散失量少，对人身、环境危害要小于 RP 喷枪，目前有逐渐取代 RP 喷枪的趋势。

5. 喷枪的正确使用

（1）在喷涂施工前，首先检查并调整喷枪，使之处于良好状态，保证正常施工。

（2）喷枪与被涂物表面应保持适当的距离。当喷枪与钣件间的距离较短并以高速喷涂时，会使涂膜起皱；若距离太大时，可能会产生"橘皮"或干喷现象，也会影响面漆的颜色，涂料损失也大；若距离距离太小，涂膜增厚，涂料起堆，容易产生流挂。一般喷枪的距离应控制在 150～200mm。如图 4-3-20 所示。

(3) 喷涂作业时，喷枪与被涂物表面应该始终保持垂直。喷枪移动时，应保持水平移动。如图 4-3-21 所示。喷枪的移动方式不正确，会使涂膜厚度不均匀。

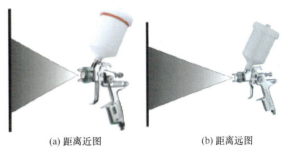

(a) 距离近图 (b) 距离远图

图 4-3-20　喷枪的操作距离

(4) 喷涂时的气压选择与涂料种类、稀释剂种类、稀释后的黏度等因素有关。传统喷枪的气压较高，一般为 0.35～0.5MPa 或按试喷结果确定。为适应环保的要求，目前常用的 RP 喷枪的气压要求约为 0.25MPa，HVLP 喷枪的气压要求约为 0.2MPa。合适的喷涂气压，能获得良好的喷雾、散发率和喷幅。气压低，油漆雾化效果差，喷涂出来的油漆颗粒粗，油漆容易堆积，易产生"流痕"；而压力过高，溶剂可能过度蒸发，严重时会形成干喷现象。

(5) 喷雾是喷枪的气压、距离综合因素的结果，应事先在试纸上测定和调整好。操作时，面对试纸，保持 90°夹角并保持合适的距离（图 4-3-22），把扳机扳到底再立即放开，然后测定喷雾形状内漆液的均匀性和喷雾的形状。喷雾的调节方法如图 4-3-23 所示。根据喷涂工艺要求，调节出漆量，其方法如图 4-3-24 所示。

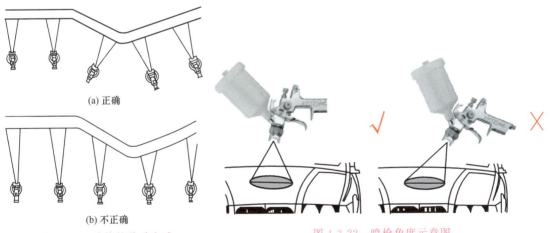

(a) 正确

(b) 不正确

图 4-3-21　喷枪的移动方式

图 4-3-22　喷枪角度示意图

放松气帽的锁紧螺母，拧动气帽，使气帽角处于上下的位置垂直，这时气帽产生的喷雾是水平的方向。再次喷涂，这次一直扳住扳机，直到漆液往下流（这叫淹没喷雾）。检查各段流挂的长度，如果各项调整正确，各段流挂的长度应相似。如图 4-3-25 所示。

如果喷束太宽或气压太低，流挂呈分开的形状，如图 4-3-26 所示。可把喷幅控制旋钮拧紧，或把气压调高，交替进行这两项调试，直到流挂长度均匀为止。

如果流挂中间长两边短，这是因喷出的油漆太多，应把出漆量旋钮拧紧，直到流挂长度均匀为止。如图 4-3-27 所示。

(6) 喷枪的移动速度与涂料的干燥速度、环境温度和涂料的黏度有关。移动速度一般为 0.8～1.2m/s。移动速度过快，会使涂膜粗糙无光，流平性差；移动速度过慢，会使涂膜过厚，易产生流挂。移动速度应尽量均匀一致，否则涂膜厚薄不均匀。在喷涂过程中，绝不能让喷枪停着不走，否则会产生流挂。

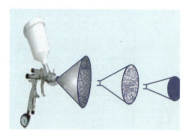
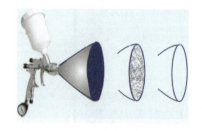

转出 ← 调节量 → 转进　　转出 ← 调节量 → 转进

图 4-3-23　喷雾调节方法　　图 4-3-24　出漆量调节方法　　图 4-3-25　流挂均匀

图 4-3-26　流挂两边长

图 4-3-27　流挂中间长

（7）喷涂时，枪幅之间要有重叠。重叠方法有纵行重叠法、横行重叠法和纵横交替法。喷涂的路线应按从高到低、从左到右、从上到下、先里后外的顺序进行。应按计划好的行程稳定而均匀地移动喷枪。

对于一些难以喷涂的部位，例如拐角或边缘等处，要先喷涂。操作时正对着要喷涂的部位，将所有边缘或拐角处都喷好后，再喷涂水平表面。对竖直表面喷涂时，通常是从表面的最上端开始喷涂，喷嘴与上边缘齐平，喷枪重叠幅度应为第二层及上一层的 1/2～3/4 或 1/3～2/3。枪幅的重叠方式如图 4-3-28 所示。

6. 喷枪的维护

喷枪在使用完后应立即清洗，以保证喷枪的性能处于良好的状态，除此之外，还应定期检查喷枪的各部件，对出现问题的部件应及时维修或更换，表 4-3-11 是喷枪的维护项目。喷枪在使用中难免会遇到一些故障，常见的喷枪故障及排除方法见表 4-3-12。

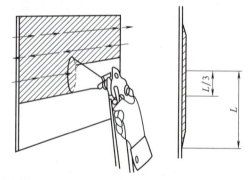

图 4-3-28　喷枪重叠幅度

表 4-3-11　喷枪的维护项目

序号	项目	步骤
1	空气帽的清洗	(1)把空气帽拆下，浸泡在清洁的稀释剂里 (2)用专用的毛刷刷洗气孔，最后用压缩空气吹干 (3)最后，将气帽装配调试，看雾化情况，决定是否再清洁
2	虹吸式喷枪和喷杯的清洗	(1)从喷枪上把喷杯拆下，此时还有漆液在物料管中，需留在喷枪中不要拿开，松开空气帽 2～3 圈 (2)拿一块布罩在空气帽上，扳动扳机。此时空气从物料管内通过，将残留的物料管中的物料冲回到喷杯内，倒掉喷杯内的物料 (3)用刷子蘸溶剂将喷杯刷洗干净，最后用蘸有清洁剂的抹布将喷枪擦拭干净 (4)将清洁的溶剂倒入喷杯内(大约 1/3 左右)，通过喷枪喷溶剂以清洗液体物料管，最后用抹布蘸清洁的溶剂将喷枪擦拭干净
3	压送式喷枪的清洗	(1)关闭涂料罐的压缩空气，打开泄压阀，松开空气帽 2～3 圈 (2)用布罩在空气帽上，扳动扳机，使涂料由软管回到涂料罐中 (3)清洗涂料管并加一些溶剂在涂料罐内 (4)把涂料罐再安装好，打开所有的空气阀，扳动扳机，使溶剂通过软管流动，以达到清洁软管的目的 (5)清洗喷枪和空气帽，最后清洗涂料罐，使用前装配好

续表

序号	项目	步骤
4	喷枪的注油	（1）如果每一天都使用喷枪，则要在有弹簧的部位加一点轻润滑脂，如控制出漆量的顶针弹簧和空气阀的弹簧，每年加注两次 （2）如果每周使用喷枪 2～3 次，则每年加注一次 （3）每天使用完喷枪后，都要在喷枪的其他各零部件处加注几滴轻润滑油

表 4-3-12　常见的喷枪故障及排除方法

标准喷幅	倾向一边的圆形喷幅严重弯曲	喷幅不连续，跳动	喷幅破裂，呈燕尾状	喷幅朝一边扭曲
	雾化孔没有清洁干净，用专用的喷嘴或更换喷嘴组	喷嘴或者枪针松，应旋紧；枪壶通风口堵塞，应清洁	稀释剂太多，气压太高，喷幅太宽	其中一边的雾化孔不干净，清洁雾化孔，如有必要，更换喷嘴组

喷涂工具使用操作示范

步骤、作业内容及技术要求	图　解
1. 检查工具 查看喷枪是否完好，风帽、枪嘴是否有堵塞现象，如有应用专用工具清除 温馨提示 切勿用牙签或铁丝等尖锐物品清除喷枪堵塞	
2. 连接喷枪气源等外部连接 连接时应保证气管接头与喷枪接头配套，并扣动扳机，检查气压表是否完好	
3. 调整喷枪的参数 调整喷枪参数时应根据喷枪的型号、喷涂的油漆等要求进行调节	
4. 喷漆练习 按照喷枪的使用方法，进行操作练习 温馨提示 注意喷枪的距离、走枪速度、重叠幅度	
5. 完成后，进行设备和场地的整理工作	

五、烘烤设备

汽车涂装作业中,主要的烘烤设备有烤漆房和烤灯,合理应用烘烤设备既能保证修补质量又可提高生产效率。下面就上述设备做详细介绍。

1. 烤漆房

烤漆房是用来固化、烘干涂膜或加快自干漆涂膜的固化设施。目前常用的烤漆房有热空气对流干燥式(如图 4-3-29 通常对溶剂型涂料进行干燥)、红外线辐射干燥式(如图 4-3-30 通常对水溶性涂料进行干燥)、紫外线辐射干燥式(通常对 UV 漆进行干燥)。对烤漆房的基本要求:

图 4-3-29　热空气对流喷烤漆房

(1)进入烤漆房的空气,必须经过过滤,要保证空气中无尘。在严冬时,过滤后的空气还需适当加温,达到烤漆房施工工艺的要求。

(2)空气在室内的流动方向必须采用下行式,即空气由天花板流向地面。

(3)对于溶剂型涂料的烤漆房,要求喷涂时烤漆房的进风量在 12000m³/h;对于水溶性涂料的烤漆房,要求进风量在 18000m³/h。

(4)烤漆房与外面应达到有效的密封,防止外界的灰尘乘虚而入。

图 4-3-30　红外线辐射喷烤漆房

(5)烤漆房内的空气,应过滤后排到外面大气中,以防止对环境的污染。

(6)烤漆房在工作时应始终保持烤房内的压力大于烤房外的压力,即维持室内处于正压状态,防止外界灰尘进入室内。一般要求室内气压与室外气压的压力差保持在 4~12Pa,气压过小灰尘有进入室内的可能;气压过大会导致烤漆房门关闭困难,甚至影响喷涂质量。

(7)烤漆房内的噪声不允许超标,一般规定烤漆房内的噪声应小于 85dB。

(8)烤漆房内应有灭火装置,要符合油漆厂安全防火的要求。

(9)水溶性涂料对压缩空气的要求较高,在喷涂水溶性涂料时要求烤漆房内配备三节管油水分离器。

一般烤漆房有两种工作状态,即喷漆状态和烤漆状态。在喷漆时,外部空气经过初级过滤网过滤后由风机送到房顶,再经过顶部过滤网二次过滤净化后进入房内。房内空气采用下行式送入烤漆房,空气以 0.2~0.3m/s 的速度向下流动,使喷漆后的漆雾微粒不能在空气中停留,而直接通过底部出风口被排出房外,这样不断地循环,使喷漆时房内空气清洁度达 98% 以上,从而最大限度地保证喷漆的质量。喷漆时的烤漆房工作循环如图 4-3-31 所示。

烤漆时,风机将外部新鲜空气进行初过滤后,与热能转换器发生热交换后送至烤漆房顶部的气室,再经过第二次过滤净化,送入烤房。热风经过风门的内循环作用,除吸进少量新鲜空气外,绝大部分热空气又被继续加热利用,使得烤漆房内温度逐步升高。当温度达到设定的温度时,燃烧器自动停止;当温度下降到设置温度时,风机和燃烧器又自动开启,使烤漆房内温度保持相对恒定。最后当烤漆时间达到设定的时间时,烤漆房自动关机,烤漆结束。烤漆时的烤漆房工作循环如图 4-3-32 所示。

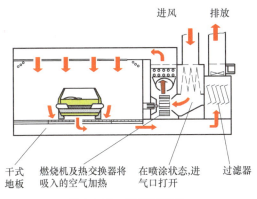
图 4-3-31 喷漆原理图

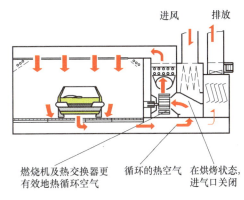
图 4-3-32 烤漆原理图

烤漆房在使用时应做好日常维护，维护时应：

（1）烤漆房内的墙壁应喷涂保护液，以便吸附漆尘，防止污染墙壁并定期做好清理工作；

（2）每星期清洁进风隔尘网，检查排气隔尘网是否有积塞，如房内气压无故增加时，必须更换排气隔尘网；

（3）每工作 150h 或烤漆房内压力超过内压上限时应更换地棉地板；

（4）每工作 300h 或烤漆房内压力低于内压下限时应更换进风隔尘网；

（5）每月清洁地棉地板，并清洗燃烧器上的柴油过滤装置；

（6）每个季度应检查进风和排风电动机的传动皮带是否松弛；

（7）每半年应清洁整个烤漆房，检查循环风活门、进风及排风机轴承；

（8）每年应清洁整个热能转换器，包括燃烧室及排烟通道，每年或每工作 1200h 应更换烤漆房顶棉。

除了对烤漆房的日常保养之外，涂装作业人员还应能及时查明或排除烤漆房常出现的故障。表 4-3-13 列举了烤漆房常见的故障及排除方法，以便涂装作业人员及时排除故障，保证工作的正常开展。

表 4-3-13 烤漆房常见故障及排除方法

故障	可能原因	排除方法
燃烧机启动 15s 后，燃烧机故障指示灯亮	（1）油箱缺油 （2）油管接头处有漏气 （3）进油管上的滤网太脏	（1）把油箱装满油 （2）把油管重新接好 （3）清洗滤网
燃烧机电机不转动	（1）已到设定时间 （2）温度表所显示的温度到设定温度 （3）油泵卡死	（1）重新设定时间 （2）重新设定温度 （3）检查油泵转轴是否有杂物或油渣卡紧
喷漆时风量偏小	（1）第一道过滤棉堵塞 （2）风阀处于打开状态	（1）清洁每一道过滤棉 （2）检查风阀是否动作
烤漆时升温慢	风阀没有打开	检查风阀是否动作
主风机不启动	（1）保险丝熔断 （2）热继电器离位 （3）电器短路	（1）更换保险丝 （2）按下复位按钮 （3）更换电机

2. 辐射干燥设备

辐射是热传递的一种方式，这种加热方式是将热量转变为各种波长电磁振动的辐射能，其过程称为热辐射。利用热辐射的方法干燥物体，以红外线为辐射热源的干燥设备，称为红外线干燥。

红外线的干燥特点：

（1）干燥速度快并由内向外干燥，溶剂易挥发，缩短干燥时间；

（2）干燥质量好，涂层干燥均匀，可避免产生针孔、气泡等缺陷；

（3）升温速度快，大大缩短烤干的时间；

（4）红外干燥设备结构简单，效率高，节约设备投资和占地面积；

（5）红外辐射具有方向性，可用于局部加热；

（6）红外线以直线运行，因此要尽量使工件表面受到红外线的直接照射，才能取得良好效果。

红外线工作原理，如图 4-3-33 所示。长波红外线的设备，在加热时对漆膜的穿透力差，会使被加热的漆面表干里不干；中波红外线穿透力一般，不能以表面干燥来判断整个漆膜的干燥；短波红外线的穿透力强，加热过程是由内向外干燥，漆膜干燥彻底，效率高，是目前应用最广泛的干燥设备。

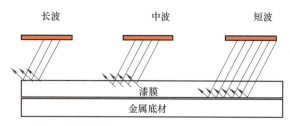

图 4-3-33　红外线穿透漆膜

红外线辐射干燥的速度取决于以下因素：

（1）辐射源与受热面的距离应根据涂层厚度和环境等状况，参照厂家设备说明书选择合适的距离；

（2）受照射面的反射率和吸收率取决于物质的颜色，不同颜色的物体对红外线的吸收率不同，深色比浅色的干燥快；

（3）涂装工件越重，干燥时热量消耗多，干燥越慢。

烘烤设备使用操作示范

步骤、作业内容及技术要求	图　解
1. 检查工具、设备 查看喷烤漆房、烤灯是否完好达，耗材是否足够 温馨提示： 喷烤房、烤灯使用的是 220V 交流电，注意用电安全	
2. 烤漆房使用(喷漆时) 先打开烤漆房电源开关，再打开照明开关，最后将功能旋钮打到喷漆挡	

续表

步骤、作业内容及技术要求	图解
3. 烤漆房使用(烘烤时) 先打开烤漆房电源开关,再打开照明开关,设置烤漆时间,再设置烘烤时间,将功能旋钮打到烤漆挡,启动燃烧机 温馨提示 在烘烤时,观察故障指示灯是否点亮,如果故障指示灯亮,应及时查出故障并排除	
4. 短波红外烤灯使用 连接好外部电源,打开电源,设置全灯管工作,再设置辐射方式是常态工作,设定烘烤时间,设定烘烤距离(现在的烤灯有感应器,只要达到距离绿灯就亮;过近红灯亮;过远黄灯亮),启动开始按钮	
5. 烤漆房、烤灯使用完成后,进行设备和场地整理工作	

第五章

汽车车身喷漆工艺

第一节 常规涂装工艺

一、清洁

1. 清洁的作用

在整个涂装维修中,各个环节都离不开清洁,可见清洁在涂装维修中的重要性。在不同的工序中,清洁的作用也是不同的,根据涂装的工艺流程,可将清洁的作用大致概括如下:

(1)清洁车身,便于损伤区域的检查(图 5-1-1) 车辆在进车间之前应该进行清洗,这样可以防止污染物带入车间。当车辆进入车间后,也便于维修人员对车身损伤部位的检查。在检查时,若发现工单上没有记录的新伤,应及时和接车人员联系,并告知客户。在检查车辆时应绕车一圈,关键在于找出需要修补的损伤处。检查维修区域时,确定维修区域底材和工作步骤,流程和产品,以及需要使用的清洁剂。

(a) 车辆清洁

(b) 检查受损区

图 5-1-1 清洁车身,便于损伤区域的检查

(2)清洁漆膜上的污物,防止漆膜产生缺陷 车辆所用油漆对油污、水分、汗渍等敏感,这些污物残留在漆膜上会导致漆膜产生缺陷、弊病。如油污会使漆膜产生"鱼眼"的毛病,水残留在漆膜上会使漆膜起泡等。另外,灰尘、颗粒等脏物如果留在漆膜上会导致尘点等弊病,如图 5-1-2 所示。彻底的清洁是保证完美漆膜的前提,是防止漆膜产生缺陷的简洁方法之一。

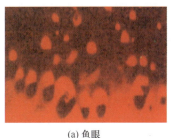  

(a) 鱼眼　　　　　　　　　　(b) 尘点　　　　　　　　　　(c) 起泡

图 5-1-2　漆膜缺陷

（3）为涂装施工准备良好的底材　针对不同的材料，应根据底材的实际情况，在预处理中使用不同的清洁剂，以便彻底清除可能影响涂层效果的表面污染物，为涂装施工准备良好的底材。如钢铁材料已锈蚀，必须用除锈水或打磨机清除干净；塑料件容易积累电荷，需用除静电的清洁剂彻底清洁等。

2. 清洁的方法

汽车车身材料由于材料属性不同，应根据底材的实际情况，在预处理中使用不同的清洁剂，以便彻底清除可能影响涂层效果的表面污染物。

清洗汽车时，肥皂、水和水性清洁剂是去除水溶性污染物的解决方案，而非水溶性的污染物只能通过专门的清洁剂才能去除。专业化学清洁剂可以去除硅脂、蜡、油脂和油渍。修补漆主要遇到三种类型基底（表 5-1-1）。

表 5-1-1　底材类型

底材	种类	常见污染物	选用清洁剂
旧漆面	原厂漆	保护蜡中的硅油	除硅、油清洁剂
	修补漆涂层	受到树脂、盐污染 受到灰尘、鸟粪污染	水 除硅、油清洁剂
	新电泳底漆层面板	保护液、油	除硅、油清洁剂
金属	钢板	锈蚀、油污	金属清洁剂 除硅、油清洁剂
	镀锌钢板	氧化锌、油污	金属清洁剂 除硅、油清洁剂
	铝	氧化铝、油污	金属清洁剂 除硅、油清洁剂
塑料	热塑性	脱膜剂 静电	塑料清洁剂 除硅、油清洁剂 除静电清洁剂
	热固性	脱膜剂 静电	塑料清洁剂 除硅、油清洁剂 除静电清洁剂

塑料表面无气孔，带有残留脱膜剂。由于硅油可用于大部分塑料器件脱模，因此须用专业塑料清洁剂多清洗几次。水溶性脱膜剂的运用正日益广泛，但这种脱膜剂只能用水去除。因此，第一步就是用温的肥皂水清洗塑料。若在清洗步骤之间适度的短时间加热，效果将更佳。不同底材的清洁方法，见表 5-1-2～表 5-1-4。

表 5-1-2　塑料底材

塑料	塑料清洁剂	1x	损伤区域 P80~P600 其余部分 使用百洁布	塑料清洁剂	1x	擦干	泡沫塑料和聚酰胺必须加热1h。（去除脱膜剂和水分）擦干
GRP/SMC	塑料清洁剂	1x	擦干	P180~P240	塑料清洁剂		擦干

表 5-1-3　金属底材

钢板	金属清洁剂	1x	擦干	P80~P150	金属清洁剂	1x	擦干
镀锌钢板	金属清洁剂	1x	擦干	红百洁布	金属清洁剂	1x	擦干
铝板	金属清洁剂	1x	擦干	P150~P180	金属清洁剂	1x	擦干

表 5-1-4　旧漆膜/新原厂件

新件原底漆	除硅、蜡清洁剂	1x	擦干	百洁布或 P240~P320	除硅、蜡清洁剂	1x	擦干
旧漆膜	除硅、蜡清洁剂	1x	擦干	P240~P320	除硅、蜡清洁剂		擦干
溶剂敏感	脱脂清洁剂	1x	擦干	P240~P320		1x	擦干

 清洁操作示范

步骤、作业内容及技术要求	图　解
1. 车辆清洗 用洗车机将车辆彻底清洗，并使用洗车毛巾将水迹擦拭干净，其目的是洗掉水溶性污染物，方便损伤评估 温馨提示 操作人员身上不要佩戴锋利、坚硬饰品，以免损伤漆面、汽车装饰品等易伤物品；洗车毛巾使用前应检查是否干净、是否有异物	

续表

步骤、作业内容及技术要求	图　解
2. 检查未洗掉的污染物 绕车检查用水无法清洗掉的污染物，并判断是哪一类污染物 温馨提示 操作人员在污染物清洗不掉时，切勿用力使劲擦拭，以免损伤漆面	
3. 穿戴防护用品 使用清洁剂清除漆面污染物时，应选用合适的安全防护用品，如护目镜（可防止除油剂溅入眼睛）、防毒面具（可过滤有害物质）、耐溶剂手套（可保护皮肤）等 温馨提示 切勿因为麻烦不穿戴防护用品	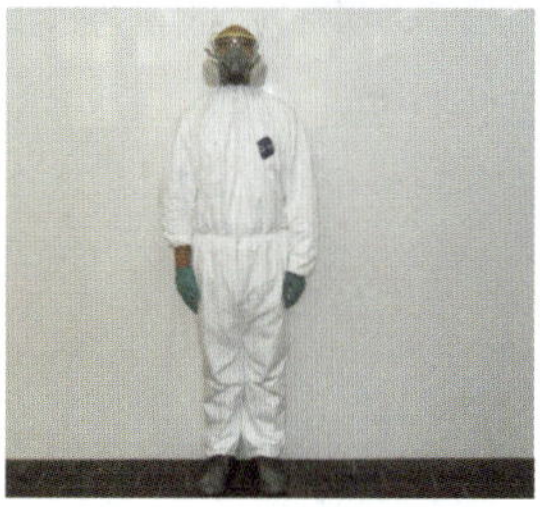
4. 使用清洁剂清洁 车辆上是油性污染物，故可使用除油剂清除掉污染物。此处选择的是德国施必快 7010 除油剂进行清洁 温馨提示 在喷洒前，应检查喷嘴是否松动，如有松动应拧紧，切勿对着人喷洒。如清洁剂不慎洒入眼睛应立即用水清洗，并送医院治疗	
5. 使用擦拭纸擦拭 使用擦拭纸擦拭洒有清洁剂的部位，以达到清除污染物的目的 温馨提示 根据使用产品的不同，在擦拭时需要让清洁剂静置，静置时间请参照产品说明	
6. 使用记号笔标出损伤部位 车身清洁干净后即可对车身检查，找出损伤部位，并用记号笔标注出来，为后续修理做准备	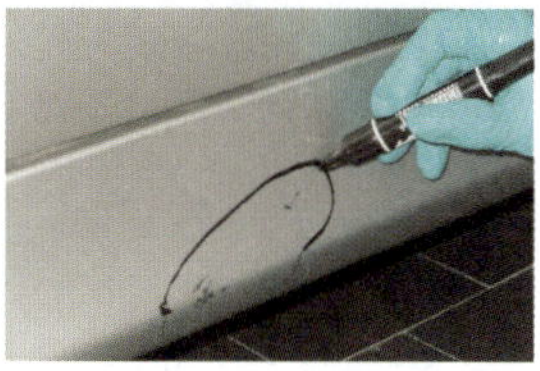
7. 进行工具和场地整理工作	

二、损伤评估

做完车辆清洁后就要进入车辆损伤部位评估阶段。车辆损伤评估是更好、更快、更合理维修车辆的前提，是选择恰当维修工艺的关键。损伤评估的内容一般包括损伤部位、损伤程度、以前的修理状况及底材是什么材料等内容。

1. 损伤部位

不同的损伤部位所用时间及工艺也不同。如图 5-1-3 所示将车身分为三个不同的区域，即 A、B、C 三个区，如果损伤部位处在 A 区，无论损伤轻微还是严重，都不建议做快修；如果损伤部位在 B 区，可以视情况而定，轻微损伤可以做快修，损伤严重时则不

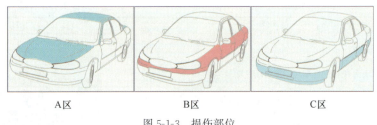

图 5-1-3 损伤部位

建议做快修；如果损伤部位在 C 区，是最适合做快修的部位，但严重损伤则不建议做快修。

2. 损伤程度

车身的损伤程度是影响维修时间的重要因素。检查工件的损坏情况，严重的送回钣金重新校正。对于损伤程度的评估一般建议用以下三种方法。

（1）目测　就是用眼睛去观察损伤的情况。在观察的时候要选择光线充足的地方或者在检测灯的帮助下观察。观察时要迎着光线，分不同角度评估，并用记号笔做好标记。

（2）手摸　是用手去检查损伤的程度。在触摸损伤部位时最好带上手套，并从多个方向仔细检查，在检查时注意身上佩带的手表、戒指等硬物，防止划伤漆面。

（3）尺量（图 5-1-4）　是利用直尺测量损伤部位的损伤程度。在用尺子量的时候要把尺子贴紧车身，从未损伤部位开始拉向损伤区域，观察损伤部位的损伤程度。

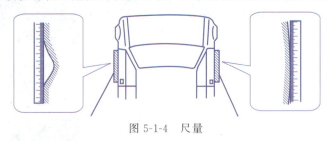

图 5-1-4　尺量

3. 漆膜状况

车辆如果已经维修过，则要判断之前的修理状况。检查以前的修理状况主要是检查油漆类型、涂膜类型及漆膜厚度。

单组分油漆可还原，用稀释剂擦拭损伤区的漆膜，如果掉色说明油漆是单组分油漆；如果用稀释剂擦拭损伤区，漆膜不掉色说明是双组分油漆。使用单组分的油漆耐久性及耐溶剂性差，建议清除或用双组分油漆覆盖。

使用白色棉布（棉花）配合细抛光蜡，擦拭涂层表面。如果漆膜掉色则是单工序涂层；如果漆膜没有颜色掉落则是双工序涂层。如图 5-1-5 所示。

 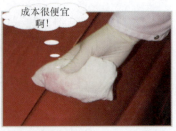

图 5-1-5　单工序、双工序涂膜鉴别

第五章　汽车车身喷漆工艺　175

 损伤评估操作示范

步骤、作业内容及技术要求	图　解
1. 直尺测量损伤程度 　　在已经清洁结束的车辆上对损伤部位进行评估。先使用直尺测量损伤程度，测量时直尺水平压在钣件上，目测凹陷的大小，以便观察是否需要整形及基本确定刮涂原子灰的量 　　温馨提示 　　直尺不能有变形、毛刺	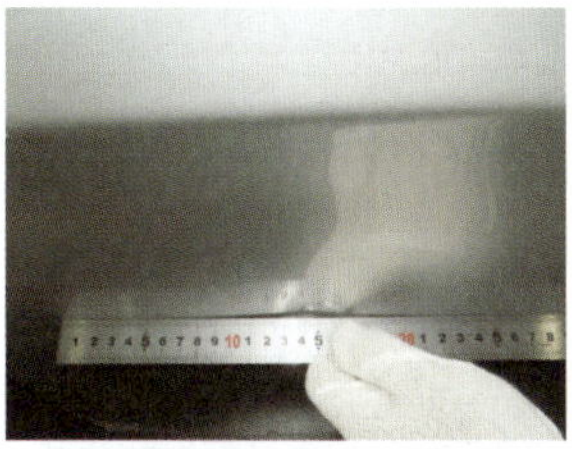
2. 手摸损伤部位，判断损伤程度 　　为准确判断损伤程度，还可以利用手去摸损伤部位，判断损伤面积及凹陷程度，并利用眼睛观察相邻钣件是否受到影响 　　温馨提示 　　用手感觉损伤程度时最好戴上手套，这样更方便损伤评估	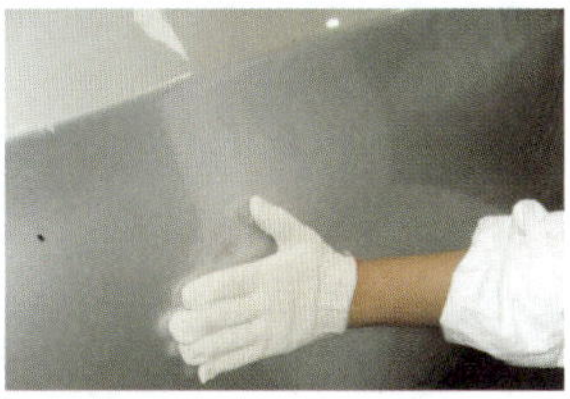
3. 使用抛光蜡判断漆膜类型 　　使用抛光蜡对漆膜类型进行判断，此目的是为后续采用何种工艺做准备 　　温馨提示 　　使用细蜡擦拭	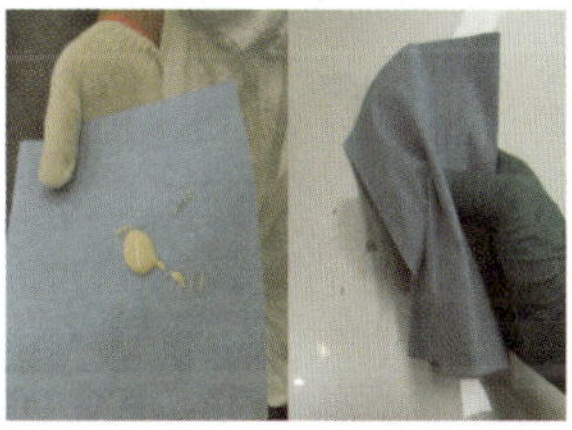
4. 使用溶剂判断油漆类型 　　使用溶剂对油漆类型进行判断，此目的是为后续采用何种工艺做准备，如果漆膜被溶解则应在后续中清除掉 　　温馨提示 　　在此步骤中应佩戴相应的防护用品	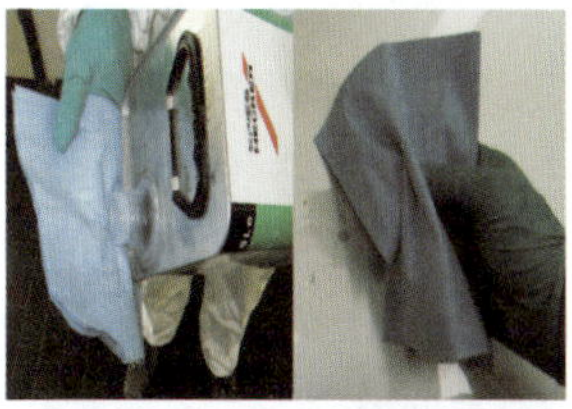
5. 使用膜厚仪判断漆面状况 　　膜厚仪的作用主要是判断车辆是否有过维修，漆膜的厚度超过原厂标准值时即可判断该车已进行过维修，这会直接影响后续修复的时间和成本 　　温馨提示 　　膜厚仪在使用前应先校准	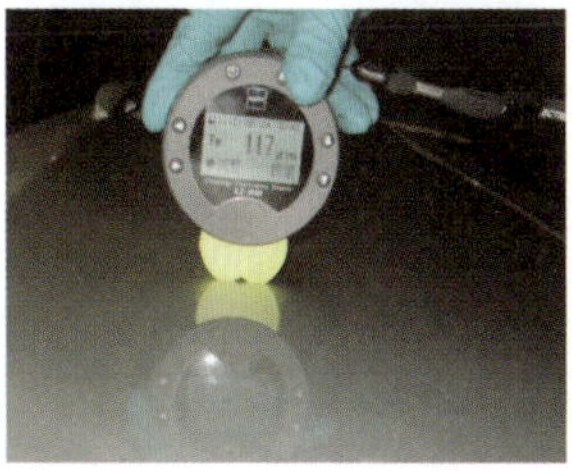
6. 确认损伤范围，制定修复计划 　　根据以上的评估，确认损伤范围，并制定出修复计划方案	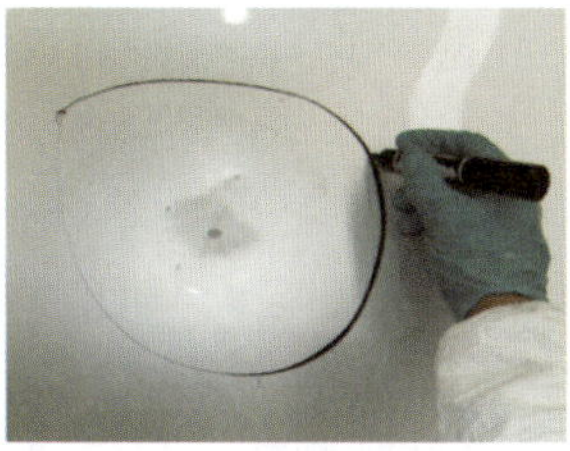
7. 进行工具和场地整理工作	

三、研磨羽状边

损伤评估结束后就要进行除旧漆工作。除旧漆就是将损伤部位的旧漆层打磨干净，将损坏的漆层打磨至适合施工的程度，防止旧漆层影响涂装质量。除旧漆一般是用单旋转打磨机配合 60～80 号砂纸研磨。当然，损伤程度不同使用的工具和砂纸型号也是有差异的，严重的损伤选用粗砂纸，轻微的损伤（没有伤到底漆或者底材）选用细砂纸。如图 5-1-6 所示。

图 5-1-6　损伤示意图

如果某一区域受到冲击，就有可能影响涂膜与金属之间的附着力，必须清除原有涂膜。利用 P80 砂纸研磨受损区域，直至暴露出受损区域的裸金属。如图 5-1-7 所示。

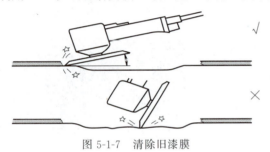

图 5-1-7　清除旧漆膜

清除了旧涂膜的边缘是很厚的，为产生一个宽的、平滑的边缘，可以将涂膜的边缘打磨形成一个平滑的斜坡，称之为羽状边，整个研磨过程即羽状边的研磨。如果没有做羽状边研磨，就将原子灰补上去，就会造成漆面出现原子灰印。因为原子灰和固化剂调和后约半个小时至一个小时便可研磨，但是要到完全干燥，即使在炎热的夏天也需要一个星期，所以基本上在施工过程中，不可能等到完全干燥才进行下一步施工程序。所以在烤漆施工完成后，所补的原子灰经过一段时间，还是会略微下陷，而这时候，如果底层没有做羽状边研磨，就会因为斜面太过于陡峭，原子灰就会出现。但是如果将每一个断层做好 1～3cm 的羽状边研磨，其斜面便可承受补上经过长时间后再下陷造成的高低差，而不会出现原子灰痕迹。

如图 5-1-8 所示，羽状边的研磨方法很多，可以沿着旧漆边缘转动着研磨，也可以从旧漆面向损伤区域打磨。无论应用哪一种方法，必须遵循以平滑为原则。研磨时使用偏心振动的 7mm 研磨机配合 120 号砂纸，对于未曾修补过的漆膜，羽状边的宽度研磨至 3cm 为宜（图 5-1-9）；对于已经修补过多次的漆膜，每层至少研磨 5mm，不管是新旧漆膜，对羽状边的研磨效果最终的判断是平顺、无台阶且研磨范围尽可能的小。

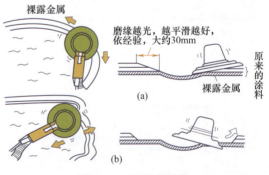

图 5-1-8　羽状边研磨

使用 120 号砂纸研磨出羽状边后，还应使用 180 号砂纸配合 7mm 研磨机对羽状边边缘进行研磨，使羽状边更光滑，并且可以去除 120 号砂纸痕。从羽状边的边缘起向外 3～5cm 的范围内还应使用 240 号砂纸配合 7mm 研磨机磨毛，为原子灰施工提供操作区域。如图 5-1-10 所示。

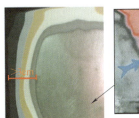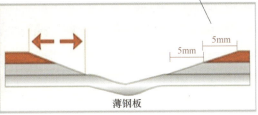

图 5-1-9 羽状边宽度

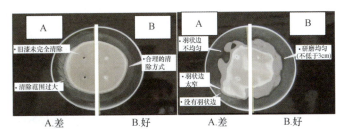

(a) 清除旧漆层　　　　　(b) 研磨羽状边边缘

图 5-1-10 旧漆层、羽状边研磨对比

羽状边研磨操作示范

步骤、作业内容及技术要求	图　解
1. 清洁损伤部位 在施工前要对损伤部位进行清洁，目的是防止油污影响砂纸寿命及防止灰尘带进实操区 温馨提示 在使用除油剂时应佩戴防毒面具、耐溶剂手套、工作鞋、工作服始终穿戴好	
2. 设备选用 清除旧漆层应选用 7# 研磨机配合 P80 砂纸进行研磨 温馨提示 研磨机偏心越大，研磨效率越高，砂纸痕越粗，在选择时要根据工作内容选择	
3. 设备调试 将干磨机控制开关打到"AUTO"挡，把砂纸贴在干磨头上，测试干磨机运转情况，如果运转无力，请按照厂家要求检查相关部件参数是否设置在规定范围内 温馨提示 砂纸上的吸尘孔要和干磨头吸尘孔对齐，否则会影响吸尘效果、电机寿命及磨头毛毡磨损	
4. 清除旧漆层 将研磨机平放在损伤部位，把损伤部位的旧漆层除掉 温馨提示 在此步骤中应佩戴相应的防护用品，研磨范围不能过大，应控制在损伤范围内	

续表

步骤、作业内容及技术要求	图解
5. 清除损伤深处的漆层 使用 P80 砂纸将损伤深处的旧漆膜清理干净,为底漆提供良好的附着力 温馨提示 不能将打磨机倾斜较大角度去除损伤深处的漆膜,以免损坏研磨盘	
6. 清洁研磨部位 使用吹尘枪除去灰尘,使用除油剂除去油污 温馨提示 在此步骤中应佩戴相应的防护用品	
7. 研磨羽状边 选用 P120 砂纸配合 7# 研磨机研磨出羽状边 温馨提示 沿着损伤漆膜边缘研磨,羽状边的范围应在保证平顺的情况下尽可能控制在很小的范围	
8. 检查羽状边研磨效果 从不同角度判断羽状边的效果,羽状边研磨至平顺即可。如已经平顺,则可选择 P180 砂纸配合 7# 研磨机对羽状边边缘进行修饰,以降低砂纸痕	
9. 研磨羽状边周围区域 选择 P240 砂纸配合 7# 研磨机对羽状边周围进行磨毛处理,此范围应根据施工者水平高低进行控制,原则上应尽可能得小,在刮涂原子灰时,原子灰刮涂区域应在磨毛范围内	
10. 清洁 使用吹尘枪除去灰尘,使用除油剂除去油污 温馨提示 在此步骤中应佩戴相应的防护用品	
11. 进行工具和场地整理工作	

四、底漆施工

1. 汽车用底漆的种类及功能

底漆的作用主要是提供附着力和防腐蚀。底漆一般不具备填补车身表面缺陷的能力,但能使得裸露的金属表面适合使用原子灰、中涂底漆以及面漆。它作为被涂表面与涂层之间的媒介层,使两者牢固结合。底漆的种类繁多,如汽车上的材质除钢铁外,还有铝、镀锌铁板及塑料等,针对不同的底材,要选用适当的底漆。正确选择合适的底漆是非常关键的。它不仅可以降低成本,方便施工,而且可以延长漆膜的耐久性,充分发挥漆膜

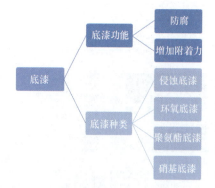

图 5-1-11 汽车用底漆的种类和功能

的作用,达到汽车涂装的质量要求。另外,施工方法与涂层的质量也有相当大的关系,如漆膜的厚度、均匀度、干燥程度、稀释剂的使用、施工环境(温度、相对湿度)、涂装表面的

预处理等也会影响底漆的涂装质量。汽车用底漆的种类和功能如图 5-1-11 所示,底漆的性能见表 5-1-5。

表 5-1-5 底漆的性能

类型 性能	侵蚀底漆	硝基底漆	聚氨酯底漆	环氧底漆
防锈	⊗	⊗	◎	◎
附着	◎	⊗	○	◎
固化	◎	◎	○	⊗

注:⊗差;○一般;◎好。

(1) 侵蚀底漆。也称为洗涤底漆、磷化底漆。其主要成分为聚乙烯醇缩丁醛树脂和防锈的铬酸锌颜料,并在其中加入主要由磷酸制成的固化剂,直接施涂到裸金属上,在裸金属表面形成化学转化涂层,可以改进底材的防锈能力,并且能提高下一涂层的附着力(可以喷中涂或双组分素色烤漆)。虽然有单组分类型,但是双组分类型可以提供更佳的防锈和附着特性。但是不可以刮原子灰,喷银粉漆。

(2) 环氧底漆。以环氧树脂为主要成膜物质制成的底漆品种较多,有高温烘烤底漆、双组分底漆、单组分常温自干底漆。环氧底漆附着力强,漆膜坚韧持久,对许多物体表面有较强的黏合力,但涂料耐光性差,易粉化,因此只适合用作底漆。在要求较高或湿热环境下使用的车辆一般应该使用环氧底漆。由于汽车经常受到强烈的冲击、震动以及磨损,还要受到各种多变的气候条件影响,以及酸、碱、盐的侵蚀,需要有一种很好的保护层来阻挡,当汽车涂层要进行较大的整修工作时,双组分环氧底漆就是最佳的选择。其附着力、耐腐蚀性能、封闭性、耐化学品性能以及耐碱性能都非常突出,而且漆膜柔韧性好,硬度高,对镁铝合金,以及轻金属、钢铁、玻璃钢都有很好的附着力。而且双组分环氧底漆能与多种面漆配套使用。

(3) 聚氨酯底漆。这是一种双组分类底漆,主要由醇酸树脂组成,用聚异氰酸脂作为硬化剂。它的防锈及附着特性极好,也是常用的底漆之一。

(4) 硝基底漆。硝基底漆主要由硝酸纤维和醇酸树脂组成,不过其防锈和附着特性不如双组分类底漆那么强,且硝基底漆是可以被还原的,不可以在上面直接刮涂原子灰,目前只用在打磨露出小部分裸金属上。

2. 底漆施工方法

在维修中,为防止金属生锈和增加附着力,要在裸露金属区域喷涂底漆。虽然底漆有单组分和双组分两种,但是一般使用双组分底漆,因为有些原子灰不能很好地附着在底漆上。此处以施必快环氧底漆 4090 为例,具体的施工步骤如下(图 5-1-12):

(1) 遮蔽无需喷涂区域的周围。

(2) 如果损伤区域较深,需要刮涂原子灰,则应在该区域施涂双组分底漆,为原子灰的施工提供良好底材。杜邦施必快产品系列环氧底漆 4090 按 2∶1 比例添加硬化剂 3110。如损伤区不需要刮涂原子灰,则可使用单组分、快干类型底漆。如杜邦施必快产品系列洗涤底漆 4085 按 1∶1 添加稀释剂 3364。

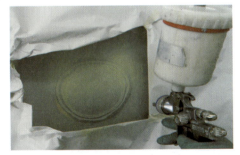

图 5-1-12 底漆施工

(3) 使用 1.6~1.7mm 喷枪喷涂一薄层(15~20μm)。

(4) 干燥：4090 底漆在 60℃ 的温度下烘烤 30min 后方可刮涂原子灰。

(5) 等底漆干燥后即可除去遮蔽材料。

(6) 研磨底漆时应使用红色菜瓜布或 P240～P320 砂纸研磨。

 汽车用底漆施工操作示范

步骤、作业内容及技术要求	图　解
1. 清洁损伤部位 在施工前要对损伤部位进行清洁,目的是防止油污影响砂纸寿命及防止灰尘带进实操区 温馨提示 在使用除油剂时应佩戴防毒面具、耐溶剂手套、工作鞋、工作服应始终穿戴好	
2. 遮蔽 对不需要喷涂底漆的部位进行遮蔽,遮蔽时应采用反向遮蔽 温馨提示 反向遮蔽的目的是防止喷涂时产生硬边,所以在接近损伤区的遮蔽纸不要用手去压折	
3. 调配底漆 根据产品手册说明调配底漆,此处选用的是杜邦施必快环氧底漆 4090,其配套固化剂是 3110,稀释剂 3365,比例是 2∶1∶10% 温馨提示 调配时应先倒油漆再加入固化剂,搅拌均匀后根据产品说明放置一定时间后加入稀释剂	
4. 喷枪扇面调试 将油漆通过滤网过滤后倒入喷壶就可以调试喷枪了。喷枪扇面应该是整个调试过程中的第一个要调的参数,选择的是 RP1.7mm 底漆枪,扇幅控制螺栓全开后再回四分之一圈左右即可(根据喷涂面积大小,扇面由大调小) 温馨提示 切记先调扇面,否则会对气压产生影响	
5. 出漆量调节 在喷涂时,出漆量的大小可通过出漆量调节螺钉来调节,通常调到扇面油漆流淌均匀即可 温馨提示 出漆量根据扇面的大小而由大调小	
6. 气压调节 RP1.7mm 喷枪的标准气压是 2.5×10^5 Pa。把喷枪扳机扣开,调节气压至 2.5×10^5 Pa 温馨提示 气压应根据扇面、出漆量大小而由大调小	
7. 试枪 按照喷涂要求调好喷枪参数后就要在测试纸上试枪,喷出的扇副大小合理,流痕均匀即可,否则应反复调节三个参数 温馨提示 试枪应从两个方向喷出扇面,竖着一道,横着一道	

步骤、作业内容及技术要求	图　解
8. 喷涂环氧底漆 喷枪调试好后即进行环氧底漆喷涂，环氧底漆喷涂时只要薄薄喷涂一层，将裸金属覆盖住即可（约 15～20μm） 温馨提示 此处喷涂时尽可能避免遮蔽纸处产生硬边	
9. 烘烤底漆 底漆喷涂后可采用红外线烤灯烤干。烤灯的距离和温度应按照油漆厂家建议执行 温馨提示 一般建议烘烤温度控制在 50℃，距离 70cm 以上	
10. 研磨底漆 底漆可以使用红色菜瓜布研磨，研磨时只需轻轻磨掉粗纹理即可 温馨提示 对喷涂时产生的硬边一定要研磨干净	
11. 清洁 对损伤部位进行清洁。使用吹尘枪除掉灰尘，使用除油剂清洁油污	
12. 进行工具和场地整理工作	

五、原子灰施工

1. 原子灰的种类及性能

原子灰（俗称原子灰）一般呈浆状，体质颜料含量高，主要是用来填补被施工工件不平整的地方。原子灰能使受到损坏的底材恢复到原有的形状，是一种快速而低成本的修补方法。但涂原子灰不能代表钣金的所有修理工作。

在涂原子灰前底材要达到一定的要求，如合理的钣金件安装，表面平整度的变形量应不超过 2mm，底材不应有裂口或未焊接的接缝等。否则，过厚的原子灰层会降低涂层的性能，裂口和缝隙会吸进潮气，导致锈蚀的产生，最终会破坏原子灰和金属的结合。汽车在行驶中的震动和应变，会使过厚的原子灰层及处理不当的钣金件变形，造成原子灰层的开裂、脱落。

除此以外，根据汽车涂层的质量要求，合理选择原子灰及正确的施工方法也是非常重要的，它关系到能否发挥原子灰的填补缺陷的能力、施工性

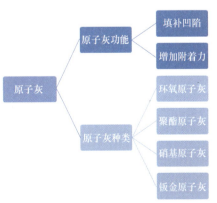

图 5-1-13　原子灰的种类及功能

能、施工速度和涂层的使用寿命。原子灰的种类及功能如图 5-1-13 所示。

（1）环氧原子灰。这是一种双组分类原子灰，主要由环氧树脂组成，使用胺作为固化剂。由于环氧原子灰的附着力极好，常常用于修理塑料零件。至于固化、成形和打磨特性，该材料不及聚酯原子灰。

（2）钣金原子灰。钣金原子灰（合金灰）应用于汽车车身的金属板材、各种硬塑料、玻璃钢损伤的修复。其填补凹陷的能力强，附着力好，但打磨性能差。

（3）聚酯原子灰。这是一种双组分类原子灰，主要由不饱和聚酯树脂组成，使用有机过氧化合物作为固化剂。不同的供应商销售不同类型的原子灰，以满足不同应用的要求。此类原子灰一般均含有体质颜料，可以施涂成厚涂层，并且容易打磨，但是可能会产生粗糙的纹理。

（4）硝基原子灰。这是一种单组分原子灰，主要由硝酸纤维和醇酸或丙烯酸树脂组成。主要用于填补划痕、针孔或者是在中涂底漆施涂以后留下的浅的凹穴。

目前修补型原子灰主要是不饱和聚酯原子灰，是双组分型，固化剂为过氧化物，使浆状最终变成固体。

2. 原子灰的施工方法

（1）原子灰混合。如图 5-1-4 所示，在混合原子灰前，必须将原子灰和硬化剂分别搅拌均匀，然后根据损伤情况调配适量的原子灰。原子灰混合比例（重量比）见表 5-1-6。

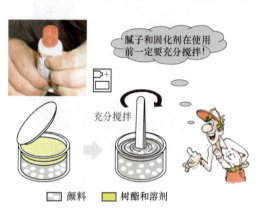

图 5-1-14　施工前搅拌

若固化剂过多，干燥后就会开裂；如果固化剂过少，就难以固化干燥。近来有一种方法将主剂和固化剂采用不同的颜色相区别，通过其混合后的颜色来判断其混合效果。

表 5-1-6　原子灰混合比例

物料	混合比例	图	例
原子灰	100∶(1%～3%)	原子灰:固化剂	不按比例混合

原子灰罐每次使用后必须盖好，以防溶剂蒸发。取出原子灰以后，不要在罐口刮除粘在混合棒上的原子灰。所有粘在罐口的原子灰最后都会固化，并跌入罐内。如果有原子灰粘在固化剂口上，就会发生化学反应，引起固化剂固化。因此，不要将固化剂直接挤到原子灰基料上。混合后，在 20℃天气下活化时间为 4～5min。

（2）原子灰刮涂。原子灰刮涂步骤见表 5-1-7。

（3）原子灰干燥。在原子灰刮涂完成后，为加速原子灰的干燥可采用红外线烤灯进行烘烤。见表 5-1-8。

表 5-1-7　原子灰刮涂步骤

步骤	说明	图示
步骤一	在损伤区刮涂一薄层原子灰 第一次刮涂时，将刮刀倾斜大约 45°～75°，并将原子灰刮在工件表面上，施涂一薄层，以确保原子灰透入哪怕是最小的划痕和针孔，从而增大附着力	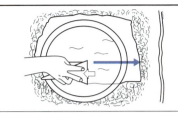
步骤二	填平凹陷 第二次刮涂时，将刮刀倾斜大约 35°～45°，原子灰施涂的量要略多于所需要的量。在每次施涂以后，都要逐步扩大原子灰施涂的面积。在边缘上一定要涂得薄，形成斜坡，不要产生厚边。在刮涂时可分多次刮涂，达到填平凹陷的目的 为了更好地施工，先在小面积部位涂刮原子灰，然后再逐渐地扩大施涂于较大面积部位。刮涂时使用来回刮涂的方法	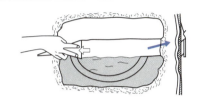
步骤三	收光 在最后一次施涂时，刮刀要拿得与工件表面保持一个小于 35° 右的小角度，使表面平整	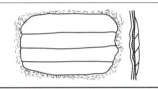

检查原子灰是否干燥应检查薄的区域。因为涂层薄的地方温度往往比涂层厚的地方温度低，使涂层薄的部位固化反应速度减缓。因此，一定要检查涂层薄的部分，以此来确定原子灰的固化状态。

表 5-1-8　原子灰干燥

干燥方式	干燥时间	注意事项
自然干燥（20℃）	20～30min	在用红外线干燥原子灰时，应选用短波红外线烤灯，烤灯的温度应在 60℃ 以下，距离根据红外线烤灯的功率调整，一般为 70cm 以上，烘烤时间在 5min 左右即可
红外线干燥（60℃）	4～5min	

（4）原子灰研磨。原子灰的打磨可分成两个阶段：一是粗整平，在这个阶段主要追求的是研磨效率，以最快的速度将粗糙的原子灰表面初步整平即可；二是细整平，在这个阶段追求的是研磨质量，要求原子灰平整、光滑，符合中涂漆施工的要求。

在粗整平阶段，对于所有打磨操作，应当按照正确的打磨材料型号顺序进行。对于重叠/接口/羽状边区域，采用从最初较粗的 P80 至最细的 P400 的顺序，确保较深的打磨痕在每次的操作中均被研磨到，从而被除去。在每次换砂纸时应涂打磨指示碳粉。使用打磨指示碳粉能在打磨过程中清楚地看得见打磨的程度，直观地知道磨痕是否去除了。如图 5-1-15 所示。

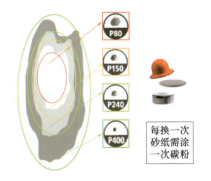 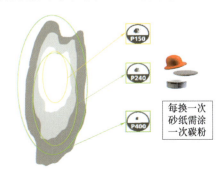

图 5-1-15　研磨粗填补原子灰砂纸使用顺序　　图 5-1-16　研磨细填补原子灰砂纸使用顺序

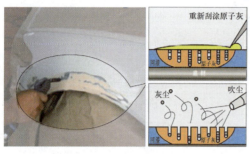

图 5-1-17 吹掉打磨的灰尘

在细整平阶段,对于所有打磨操作,也应当按照正确的打磨材料型号顺序进行。对于重叠/接口/羽状边区域,采用从最初的 P150 至最细的 P400 的顺序,确保较深的打磨痕在每次的操作中均被研磨到,从而被除去。如图 5-1-16 所示。

涂覆细填补原子灰前,利用压缩空气从车身修补区表面除去灰尘。原子灰里的灰尘将会在日后造成瑕疵。使用吹风枪吹掉被修复表面的灰尘和脏物,吹净原子灰孔中的灰尘(图 5-1-17)。注意:聚酯原子灰表面多孔容易有水或灰尘残留在孔中,因此打磨以后需要用压缩空气吹去灰尘,才可以再次刮涂原子灰。

原子灰施工操作示范

步骤、作业内容及技术要求	图 解
1. 清洁损伤部位 在施工前要对损伤部位进行清洁,目的是防止油污影响砂纸寿命及防止灰尘带进实操区 温馨提示 在使用除油剂时应佩戴防毒面具、耐溶剂手套、工作鞋、工作服应始终穿戴好	
2. 搅拌原子灰 在调配原子灰前应对原子灰及固化剂进行搅拌,让原子灰及固化剂上下均匀 温馨提示 如原子灰罐盖上有已经干掉的原子灰应及时清理,以免盖子盖不严导致原子灰干燥	
3. 调配原子灰 根据产品手册说明调配原子灰,此处选用的是杜邦施必快多功能原子灰 2035,其配套固化剂是 0909,比例是 100:(1%~3%) 温馨提示 调配时应严格按照产品说明添加固化剂,在调配时应充分搅拌均匀	
4. 刮涂原子灰步骤一 取少量原子灰,竖直刮刀将凹陷最深处填满原子灰 温馨提示 此步骤主要是为了将凹陷深处的空气挤出	
5. 刮涂原子灰步骤二 取适量原子灰填补整个凹陷部位,应保证从小到大刮涂,重复步骤二直至凹陷填补完毕 温馨提示 刮涂时应保证边上薄中间厚,多次薄刮以免产生砂眼并保证原子灰表面光滑。刮涂完毕后应立即清洗刮刀刮板,且废弃原子灰应放置于水中	

续表

步骤、作业内容及技术要求	图　解
6. 烘烤原子灰 使用红外线烤灯对原子灰进行烘烤，烘烤时应根据烤灯的功率调节烤灯的距离 温馨提示 一般烤灯的温度应保持在50℃左右，距离70cm以上	
7. 测试原子灰干燥 原子灰的干燥可通过指甲测试，用指甲划原子灰表面，如表面硬度足够应能划出细痕且不粘手 温馨提示 经验表面使用红外线烤灯对原子灰烘烤3~5min，原子灰就可以达到研磨要求	
8. 施涂指示层 在研磨原子灰前应先施涂指示层，以方便研磨 温馨提示 在每次换砂纸研磨时都应施涂指示层	
9. 粗磨原子灰 选用 P80~P120 砂纸配合 7# 研磨机对原子灰进行粗磨。P80 砂纸的作用主要是将高点磨掉，不能超出原子灰范围，P120 砂纸的作用是去除 P80 砂纸痕，对整个原子灰进行研磨达到基本平整 温馨提示 P80~P120 砂纸主要是粗磨，研磨范围限于原子灰范围内，且应达到基本平整	
10. 细磨原子灰 使用手工模板配合 P120~P180 砂纸修饰原子灰表面，使原子灰达到平整光滑，再使用 P180 配合 7# 研磨机去除砂纸痕 温馨提示 此步骤主要是修饰原子灰表面，达到平整光滑	
11. 整板磨毛 使用 P240 配合 7# 研磨机对整个钣件进行研磨，一方面是去除较粗的砂纸痕，另一方面是为中涂底漆施工提供良好的附着力 温馨提示 在做修补时，磨毛区的范围控制在 5~10cm	
12. 清洁 对原子灰表面进行清洁。使用吹尘枪除掉灰尘，使用除油剂清洁油污	
13. 进行工具和场地整理工作	

六、中涂漆施工

1. 中涂漆性能简介

中涂底漆一般固体分子高，可以得到足够的膜厚（大约 40μm），机械性能好，尤其是具有良好的抗石击性，另外还具有表面平整、光滑、打磨性好、耐水性优良等特点，对汽车整个漆膜的外观和性能起着至关重要的作用。

中涂底漆层在涂层组合中是在面漆层之下的涂层，主要起增强涂层间附着力，加强底涂层的封闭性和填充细微痕迹的作用，因此，中涂底漆层要有一定的附着力、耐溶剂性和填充性，以保证为面漆层提供一个完美的施工表面，并突出面漆的装饰性。作为面漆层与底漆层、原子灰层、旧涂层之间的媒介层，中涂底漆层还应具有对底漆层、原子灰层、旧涂层、面层的良好配套性。目前，在汽车上使用的底漆层、原子灰及面漆层品种繁多，性能各异，正确选择中涂底漆层非常重要，这不仅关系到合理使用涂料，发挥中涂底漆层的品质，还关系到节约面漆，降低成本，方便施工以及提高面漆层的装饰性等一系列问题。

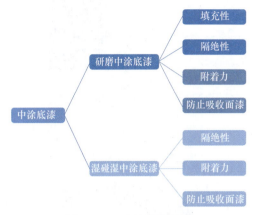

图 5-1-18 中涂漆的功能

另外，中涂底漆涂层的施工方法和条件，如漆膜厚度、干燥条件、喷涂技术、稀释剂的选用、涂料黏度、施工设备、施工环境及原子灰作业的质量等都会影响中涂底漆层涂装后的质量，进而影响面涂层的质量。因此，必须重视中涂底漆层在涂层中的作用，重视中涂底漆层的施工质量。中涂漆的功能如图5-1-18所示。

中涂漆还应具备一定的保护车体面板免受碎石弹击伤害的性能及防潮性等功能。表5-1-9为中涂漆性能对比。

表 5-1-9 中涂漆性能对比

类型 性能	1K 丙烯酸中涂	聚氨酯中涂	1K 硝基中涂
附着力	◎	◎	⊗
填充性	◎	◎	○
隔离性	◎	◎	⊗
抗水性	⊗	◎	⊗
干燥性	◎	○	◎
打磨性	◎	◎	◎
防吸收性	⊗	◎	⊗
配合面漆颜色	⊗	◎	⊗

注：⊗差；○一般；◎好。

2. 中涂漆的施工

（1）底材准备。在喷涂中涂底漆之前，使用 P240 打磨砂纸配合双轨道偏心 7mm 打磨机打磨底层，要求不漏底，无漏磨。如图 5-1-19 所示。

如果砂纸过于粗糙，打磨划痕将会过深。这样，中涂底漆将会喷得过厚，推荐的干燥时间因此会显得太短，结果砂痕就会显现。如图 5-1-20 所示。

图 5-1-19 P240 号砂纸研磨范围

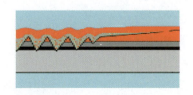

图 5-1-20 砂纸痕太粗

(2)中涂漆混合。按照比例要求混合中涂漆（中涂漆的调配比例可在产品手册或包装上查到）。以施必快多功能中涂漆8590为例，其调配比例为3∶1＋(5%～10%)的比例添加3309/3310硬化剂和稀释剂，调配好后最好放置一段时间。

(3)中涂漆喷涂。喷涂中涂漆应选择大口径的喷枪。重力式：1.6～1.7mm；吸力式：1.9～2.0mm。中涂漆喷涂2～3层（约80～120μm），每层相隔5～10min（根据环境而定）。第一喷涂层是对底层的初步密封，因此要喷得薄一些（屏蔽涂层），这将避免在后续填充中涂底漆的溶剂渗透到旧的油漆层中引起隆起。第二和第三涂层是真正起到作用的填充中涂底漆涂层。如图5-1-21所示。

当第一层经过充分地闪干静置后（直到无光泽），便可以喷涂第二层，再经过闪干静置第二层（直到无光泽），然后才喷涂第三层。要确保每一层填充中涂底漆的喷涂面积都要比上一层的喷涂面积宽出一掌的范围。

(4)中涂漆干燥。中涂底漆喷涂完后需静置5～10min，便可使用烘房或红外线烤灯进行烘烤干燥，干燥时间根据产品性能、厚度和温度而定，详细情况需参考相关产品技术资料。烘房干燥时温度设定为60℃，时间设定为20～30min；红外线烤灯干燥需要10～15min。在环境温度为20℃时需5h以上才能干燥。

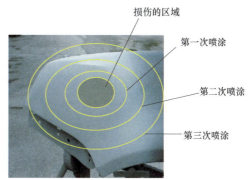

图5-1-21 中涂漆喷涂示意图

(5)中涂漆研磨（图5-1-22）。研磨中涂漆需根据待喷涂的面漆颜色选择研磨砂纸。如面漆的颜色较浅，应选择较细的砂纸研磨（P400以上），如面漆颜色较深，可选择P320～P400砂纸研磨。

使用P320～P400干磨砂纸配合双向（3mm/5mm）研磨机研磨干燥后的中涂底漆，如有需要在研磨边角位置可用P500号海绵砂纸或灰色百洁布研磨。研磨时，刮涂原子灰区域可先配合手工打磨至平整。如有需要使用特殊的双组分原子灰填补细小的砂眼及划痕，但只限细小的砂痕及针孔。

图5-1-22 研磨

 中涂漆施工处理操作示范

步骤、作业内容及技术要求	图　解
1. 清洁被涂部位 在施工前要对被涂部位进行清洁，目的是防止油污影响漆面效果，防止产生缺陷 温馨提示 在使用除油剂时应佩戴防毒面具、耐溶剂手套，工作鞋、工作服应始终穿戴好	

续表

步骤、作业内容及技术要求	图　解
2. 调配中涂底漆 根据产品手册说明调配中涂底漆,此处选用的是杜邦施必快高浓中涂漆5310,其配套固化剂是3310,比例是4∶1 温馨提示 中涂底漆调配时应根据被涂部位面积调配合适的量,以免产生浪费	
3. 调试喷枪 喷涂中涂漆应选用1.6～1.7mm口径喷枪,RP喷枪气压为2.5×10^5Pa 温馨提示 喷枪调试主要目的是更好地施工,一定不要图方便而不做此步骤	
4. 喷涂中涂底漆 在对工件喷涂中涂漆时应先喷涂原子灰及磨穿部位,再对整个工件喷涂,一般施涂两道即可达到理想效果 温馨提示 每道中涂漆喷涂完成后均需要闪干	
5. 烘烤中涂漆 中涂漆经过闪干后即可进行烘烤。这里采用的是燃油加热式烤漆房,温度设定在60℃,时间为30min 温馨提示 烘烤前要确保车内无易燃易爆物品	
6. 施涂指示层 在烘烤结束后即可进行中涂漆研磨。研磨前应施涂一层指示层,以便研磨 温馨提示 指示层涂上即可,不宜过多	
7. 用手工磨板研磨 使用手工磨板配合P320砂纸对原子灰处的中涂漆研磨,以保证漆面平整 温馨提示 采用米字形研磨方法,推平原子灰处的痕迹	
8. 机磨中涂漆 使用3#研磨机配合P400～P500砂纸进行中涂漆研磨。研磨至没有亮点即可 温馨提示 研磨时不要把中涂漆磨穿。边角采用灰色菜瓜布研磨	
9. 清洁 对漆膜表面进行清洁。使用吹尘枪除掉灰尘,使用除油剂清洁油污	
10. 进行工具和场地整理工作	

七、面漆施工

面漆喷涂是技术性要求很高的工作,过去汽车面漆喷涂以素色漆(白、蓝、黑、红等单色以及相关复色等)为主,相对来讲对修补漆的喷涂要求不高。随着汽车漆档次的越来越高,汽车修补漆的性能不断提高,对喷漆工的要求也提高了。然而随着金属闪光漆以及珠光漆的迅速增长,甚至过去比较少见的浅色金属闪光漆也越来越多。例如对喷涂浅色金属漆的施工稳定性、色差等质量控制,都存在不同程度的难点,尤其是它的"视角闪色效应"(从正面、侧面观察其明度、色相以及彩度等的不相同)上比深色漆要敏感得多。所以在面漆喷涂时,更应该按照所采用的汽车修补漆供应商提出的施工要求,严格地控制涂装条件及工艺。

面漆喷涂时,不仅要认真选择所有的材料、施工工具,而且对施工环境(温度、湿度)的控制、冬夏季节稀释剂的选择以及喷枪的调整等都必须认真对待,最终才能使漆面的色彩和光泽度达到理想的效果,同时漆膜的附着力、硬度和耐久性得到提高。如果忽视任何一个环节都可能造成严重的后果。

面漆涂层是指涂于工件最外层的漆膜,是涂层组合中唯一可见的部分,起着装饰、标示和保护底材的作用。它直接与各种气候条件(如雨、雪、阳光、寒冷、酷暑等)及有害物质(如酸、碱、盐、二氧化碳、硫化氢等)接触,是阻挡这些物质侵蚀的第一层,并配合底漆起到对底材的保护作用。

耐候性是面漆的一项重要指标,要求面漆在极端温变、风雪雨雹的气候条件下不变色、不失光、不起泡和不开裂。

面漆涂装后的外观更重要,要求漆膜外观丰满、无橘皮、流平性好、鲜映性好,从而使汽车车身具有高质量的协调和外形。

面漆还应具有足够的硬度、抗石击性、耐化学性、耐污性和防腐性等性能,使汽车外观在各种条件下保持不变。

1. 面漆施工工序分类

根据面漆施工工序分类如图 5-1-23 所示。

喷涂同一种涂料即形成完整的面漆涂层的喷涂系统,称为单工序面漆。单工序面漆通常只用于素色漆施工。如图 5-1-24 所示。

喷涂两种不同的涂料才能形成完整的面漆涂层的喷涂系统,称为双工序面漆。双工序面漆通常是先喷涂色漆,然后再喷罩光清漆,两种涂层结合在一起才能形成有质量保证的完整的面漆层。多用于素色漆、银粉漆及珍珠漆。如图 5-1-24 所示。

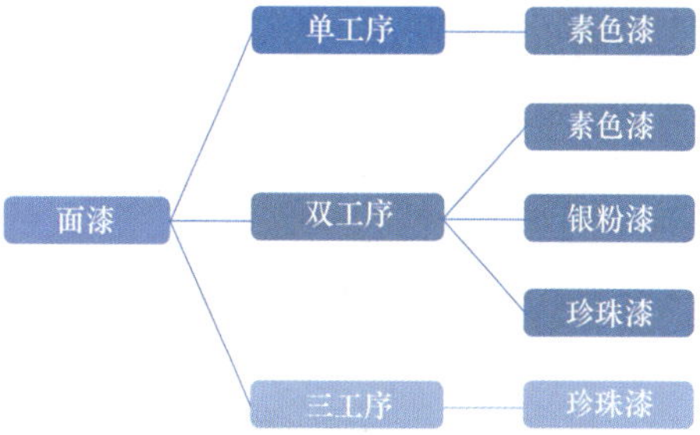

通常是先喷一层打底色漆,然后喷一层珍珠漆,最后喷罩光清漆,三个涂层结合才能形成完整的面涂层,称为三工序面漆。在喷涂珍珠漆时,三工序面漆系统是最常用的。如图 5-1-25 所示。

图 5-1-23 面漆施工工序分类

在面漆系统里,色漆层主要提供色彩和遮盖力,清漆主要起到保护色漆、抗紫外线及提高光泽度,使车体显现出饱满、艳丽的色泽。

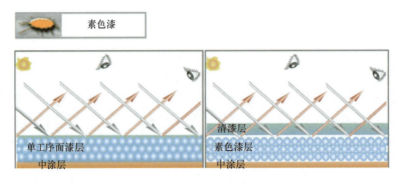

图 5-1-24　单工序与双工序素色面漆系统示意图

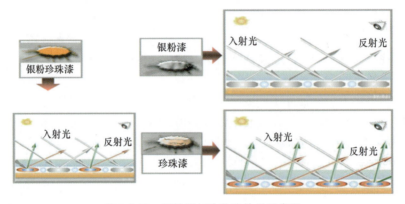

图 5-1-25　银粉漆与珍珠漆效果示意图

在涂装修补中，往往要先判断涂层的类型，确定修补方法。根据涂层的特点，维修技师常采用以下方法来判别涂层的类型：使用白色棉布（棉花）配合细抛光蜡，擦拭涂层表面。双工序涂层表面是罩光清漆所以擦拭后没有颜色脱落；单工序涂层颜料和树脂混合在一起，擦拭后会有颜色脱落。

2. 面漆的施工处理

（1）面漆前处理。面漆施工的第一步是对待喷涂的底材进行清洁，清洁的质量会影响面漆施工的效果。如果底材有油则会导致面漆出现缩孔；如果底材有水则会使面漆出现气泡等弊病。用除油剂将待涂表面的油污清除后，用粘尘布粘除表面的灰尘，确保待涂表面没有任何油污灰尘。如图 5-1-26 所示。

图 5-1-26　清洁

图 5-1-27　第一道色漆（雾喷）

（2）色漆喷涂。根据不同的颜色，第一道色漆层一般按 50%～70% 的颜色遮盖进行喷涂，涂层不能喷涂得太湿。这一道涂层的主要作用是适应底材及帮助检查底材是否有缺陷，最大限度地降低挥发时间，减少产品消耗。如图 5-1-27 所示。

第二层色漆喷涂前需闪干，闪干至表面哑光后才可喷涂第二层。第二层要求涂层是均匀的湿涂层（100%遮盖），完全覆盖住中涂底漆。如图 5-1-28 所示。

第二涂层经过闪干处理（达到均匀无光泽）之后，喷涂最后一道涂层（效果涂层），喷涂时加大喷枪和面板之间的距离。这一步骤对颜色匹配和最后涂层的效果非常重要。

如果发现色漆有瑕疵或尘点，可进行（P800）打磨，任何瑕疵或尘粒都可以从底色漆涂层上排除。如图 5-1-29 所示。

图 5-1-28　第二道色漆（湿喷）

图 5-1-29　第三层色漆（效果层）

（3）清漆喷涂。混合清漆（使用修补清漆 MS8000 以 2∶1 比例混合相应硬化剂，按施工温度添加硬化剂和稀释剂）。中浓度清漆喷涂两层，每层相隔 5～10min，静置 10～15min 后可进行烘烤干燥。如图 5-1-30 所示。

（4）面漆干燥。干燥面漆可采用强制干燥和自然干燥两种方法。强制干燥可用烤房或烤灯烘烤，升温至 60℃（金属表面温度），时间为 30min。如果是热空气加热型烤房最好能将烘烤温度定在 60～70℃左右。自然干燥是将喷涂好的车辆至于常温环境温里（20℃）干燥，一般需要过夜才可干燥至可抛光的硬度。

图 5-1-30　清漆喷涂

面漆施工处理操作示范

步骤、作业内容及技术要求	图　解
1. 除油粘尘 在施工前要对被涂部位进行清洁，使用清洁剂对钣件除油，使用粘尘布对钣件粘尘 温馨提示 在使用粘尘布时要先将粘尘布完全拆开，然后揉成一团对钣件轻轻擦拭即可	
2. 调配色漆 根据产品手册说明调配色漆，此处选用的是杜邦施必快 293/295 系列色漆，稀释剂是 3056/3054，比例是 1∶65% 温馨提示 色漆调配时要严格按照产品手册说明添加稀释剂，在喷涂前要充分搅拌均匀	

续表

步骤、作业内容及技术要求	图　解
3. 色漆过滤 对于银粉漆应选用 200～230μm 的滤网进行过滤后方可喷涂 温馨提示 如果喷涂的是水性漆则滤网应具备耐水性	
4. 调试喷枪 在对工件喷涂前应先调试喷枪。色漆喷涂应选用 1.3～1.4mm 的喷枪喷涂。本次施工选用的是 SATA HVLP 喷枪，气压要求 $2.0×10^5$ Pa 温馨提示 在调节喷枪时应先调扇面再调出漆量及气压	
5. 喷涂色漆 不同品牌的色漆，施工方法也不同，但大体上喷涂 2～3 遍即可达到预期效果。对于施必快 293/295 系列色漆喷涂方法是雾—湿—雾 温馨提示 根据产品要求施工，层与层之间要闪干	
6. 调配清漆 根据产品手册说明调配清漆。本次施工选用的是施必快清漆 8035，固化剂是 3309/3310，稀释剂是 3364/3365，比例 2：1：（5%～10%） 温馨提示 清漆调配后最好放置一段时间再施工，放置时间参见产品手册	
7. 调试喷枪 喷涂清漆应使用 1.3～1.4mm 喷枪。本次施工选用的是 SATA HVLP 喷枪，气压要求 $2.0×10^5$ Pa 温馨提示 在调节喷枪时应先调扇面再调出漆量及气压	
8. 喷涂清漆 不同品牌的清漆施工方法也不同，但大体上喷涂 2～3 遍即可达到预期效果。对于施必快 8035 清漆喷涂方法是半湿一道再湿喷一道 温馨提示 8035 清漆层与层之间不需闪干	
9. 烘烤 对面漆进行烘烤，温度调节到 60℃，时间设定在 30min 即可	
10. 进行工具和场地整理工作	

第二节　抛光工艺

一、抛光缺陷评估

抛光是为了打磨漆面修复的表面，使其显得和未经漆面修复的原始表面相似。如果漆面修复表面和原始表面有差异，必须对修复表面打磨，以使该表面形成流向原始表面的连续纹理。

汽车油漆施涂在车身表面是一个复杂的过程，过程中会因为施工工艺、条件和设备的原因，经常会导致喷涂后的漆面出现各种涂装缺陷。已涂装油漆的车辆在使用过程中同样会因为环境、气候、洗车、工业污染等原因导致出现一些涂装缺陷。这些缺陷很多时候可以采用抛光的方法解决。在原厂的生产线上有时也会出现一些小缺陷，这些缺陷同样需要使用抛光的方法进行清除。

1. 抛光前的干燥评估

涂料的干燥（固化）时间由涂料生产商指定，表 5-2-1 为干燥所需时间的示例。

表 5-2-1　干燥所需时间的示例

油漆的状况	时间/h	干燥的情况
无尘	0.5	灰尘不会黏附到涂料表面
不沾手	3	即使施加压力也没有黏性
足以安装零部件	12	干燥到可以安装零部件
干燥固化	24	固化到足以进行某些其他的作业

干燥时的注意事项：

（1）烘烤后须完全冷却；

（2）自然干燥最少 24h 后或根据产品的干燥要求；

（3）热塑性丙烯酸/硝基漆完全干燥后（没有通过化学干燥）；

（4）当漆面用手指测试仍留有指纹，便不可进行打蜡、抛光；

（5）干燥测试需在遮蔽纸上进行，如图 5-2-1 所示。

图 5-2-1　指触干燥法

2. 漆面缺陷及预防补救方法

抛光能清除的缺陷有轻微走珠/鱼眼、轻微溶剂泡、水印、轻微砂纸痕、氧化物沉积、轻微擦伤、未伤到色漆层、轻微色差、轻微垂流（流挂）、轻微橘皮、颗粒、尘点、漆雾、失光等。缺陷图如图 5-2-2 所示，漆面缺陷及预防补救方法见表 5-2-2。

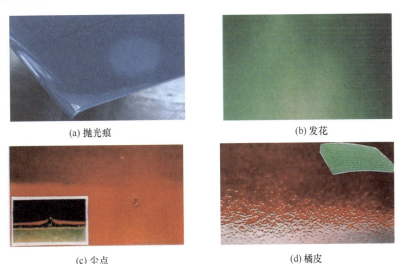

(a) 抛光痕　　(b) 发花

(c) 尘点　　(d) 橘皮

图 5-2-2

(e) 针眼

(f) 痱子

(g) 流挂

(h) 失光

图 5-2-2　漆面缺陷

表 5-2-2　漆面缺陷及预防补救方法

缺陷类型	定义	缺陷的产生原因	缺陷的预防方法	缺陷的补救办法
抛光痕	不同大小的抛光圆印,特征为光泽减退,或是抛光不足时漆面留下的印迹	(1)在面漆未干透前抛光;使用的砂纸或抛光蜡性质太粗 (2)漆面抛光不足,以至抛光时留下较粗的蜡痕	(1)抛光前检查面漆是否完全干透 (2)使用制造商建议用于特定面漆的抛光蜡和抛光设备 (3)抛光有凸起部分的漆面时要小心	确定面漆已经干透后再抛光,如受影响部分仍明显地显现蜡痕,须打磨后重新喷涂
发花	漆膜表面混浊无光(银粉聚为一团),铝片(银粉)离位	(1)不正确的喷漆黏度、喷涂方法、静止时间或喷房温度 (2)不正确的喷枪喷嘴(口径),喷涂压力 (3)不合适的稀释剂	(1)利用黏度杯和调漆尺准确地调整喷涂黏度 (2)喷涂时保持喷枪与喷涂表面平行 (3)选用合适的喷枪与喷嘴(口径) (4)选用制造商推荐的稀释剂 (5)依照制造商提供的技术资料所建议的施工方法	(1)在清漆干燥后加以打磨和重新喷涂 (2)涂上厚膜或清漆前,先涂上薄覆盖层
尘点	涂层表面有微粒突出	(1)车身表面在涂漆前没有经过适当的清洁 (2)空气过滤网已到更换时候 (3)喷漆房气压过低 (4)喷漆工穿着不正确、不清洁的衣服	(1)喷涂前须确定已使用清洁剂清洁车身及确定已经用粘尘布清洁车身表面 (2)定期检查过滤网 (3)穿着不带绒毛的工作服 (4)确保喷漆房环境清洁	(1)轻轻打磨和抛光受影响的部分 (2)打磨整个喷涂部分,然后用除硅清洁剂加以清洁,再重喷
橘皮	表面固化太快而不能流平(表面自我平整的运动)	(1)不正确的喷涂压力或黏度、喷涂方法或施工温度 (2)使用的硬化剂和稀释剂不适合喷漆房的环境 (3)底材打磨不足 (4)油漆没有搅匀	(1)严格按照油漆技术资料所建议的混合和施工方法 (2)正确地准备和打磨底材 (3)避免在极高或极低温度和湿度下喷涂,同时应注意喷涂重叠、气压及远近距离	将表面打磨光滑,然后利用适合当时环境的硬化剂、稀释剂调节妥当,再重新喷涂,使用P1500～2000水磨砂纸磨平后,进行抛光
针眼	针刺状小孔,深及中间漆	(1)玻璃纤维底材 (2)聚酯填充料(原子灰)混合不足 (3)经打磨的表面仍留有溶剂泡 (4)聚酯填充料(原子灰)打底不足	(1)彻底混合聚酯填充料(原子灰) (2)不可打磨溶剂泡,或将问题漆膜完全清除 (3)填充足够的聚酯填充料(原子灰)	(1)清除有毛病的面漆 (2)打磨后涂上聚酯填充料(原子灰) (3)喷涂上底漆后重新喷涂面漆

续表

缺陷类型	定义	缺陷的产生原因	缺陷的预防方法	缺陷的补救办法
痱子	漆面呈现小泡和泡痕。溶剂空气藏在漆膜内,其后逸出,留下泡痕	(1)漆膜喷涂过厚,使用快干固化剂或稀释剂 (2)喷枪喷嘴(口径)或喷涂黏度或喷涂气压不正确 (3)加温干燥前静止时间不足或烤漆房气流不足	(1)使用正确的喷涂黏度、喷涂气压、喷嘴口径 (2)使用适当的固化剂和稀释剂 (3)给予足够静止时间。定时检查烤房内的气压和湿度	烘干后打磨,在受影响的范围重新喷涂中间漆,打磨后再喷面漆
流挂	油漆在车身垂直流下	(1)不正确的喷涂黏度、喷涂方法、道层间的静止时间、漆膜厚度 (2)喷嘴口径不正确或喷涂气压不正确 (3)油漆、底材或喷漆房的温度过低,选用不正确的硬化剂和稀释剂	(1)依照技术资料所建议的施工方法;确定喷枪操作良好 (2)将喷涂工件和油漆升温到20℃室温。注意喷涂重叠、气压及远近	面漆彻底硬化后,利用砂纸打磨及棉纱团和抛光材料清除涓流及垂流。必要时打磨后重新喷涂
失光	颜色因时间流逝及质量问题而失去光泽及发生褪色	(1)面漆下涂层多孔,它便会吸收涂料,从而造成褪色 (2)涂膜还没有干透时就使用抛光剂 (3)涂膜的稳定性差 (4)使用过量稀释剂,或不合适的稀释剂	(1)避免长时间于烈日下暴晒 (2)选用配套的稀释剂,避免稀释剂过量,或改用双组分油漆	(1)褪色,必须打磨后重新喷涂漆面 (2)失光,可尝试使用抛光打蜡的方法重拾光泽

3. 评估方法

抛光能修复车身漆面的纹理,当对损伤漆面进行抛光的同时,一定要考虑到周边的车身纹理是否一致,并且对于车身常出现的缺陷进行评估,才能保证车身漆面的完美性,同时能顺利交车。对于抛光缺陷的评估一般建议用以下两种方法评估。

(1)目测:就是用眼睛去观察缺陷的情况。在观察的时候要选择光线充足的地方或者在检测灯的帮助下观察。观察时要迎着光线,分不同角度评估,并用记号笔做好标记。

(2)手摸:是用手去检查漆面缺陷的程度。例如橘皮与纹理的区别,必须采用手摸才能判断。评估时从多个方向仔细检查,在检查时注意手表、戒指等硬物,防止划伤漆面。

 抛光缺陷评估操作示范

步骤、作业内容及技术要求	图　解
1. 检查干燥情况 采用指触干燥法检测漆面干燥状况 小技巧 操作人员不能用手直接接触喷好的漆面,一定要等漆面完全冷却后,才能对遮蔽纸区域的油漆进行检测,避免硬物接触漆面	
2. 撕掉遮蔽纸 必须在漆面有一点余温时撕掉遮蔽纸,一定要顺着胶带的方向去撕,避免胶带断裂等现象	

续表

步骤、作业内容及技术要求	图解
3. 评估漆面 采用手摸、目测等方法进行漆面评估，根据缺陷类型的表格进行分析，是何种缺陷，是什么原因导致出现的，采用何种方法进行补救 温馨提示 评估时避免用硬物触碰漆面	
4. 进行设备和场地整理工作	

二、抛光前处理

1. 抛光设备

（1）打磨块：去除脏点和其他的小缺陷，如图 5-2-3 所示。

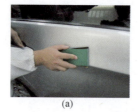 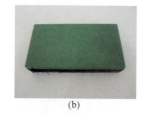

(a)　　　　　　　　(b)

图 5-2-3　打磨块

（2）砂纸：配合打磨块进行去除缺陷，根据缺陷的类型，所用到的打磨砂纸的号数也有所不同，如图 5-2-4 所示。

图 5-2-4　砂纸 P1200～P1500/P2000

(a) 电动抛光机　　　(b) 气动抛光机

图 5-2-5　抛光机

（3）抛光机：有电动及气动两类，根据不同的需求抛光机的种类也有多种，如图 5-2-5 所示。

（4）抛光蜡：粗蜡、中等粗度蜡及镜面蜡，见表 5-2-3。

（5）抛光盘：羊毛盘、黄色海绵盘、黑色海绵盘。

羊毛盘优点：能够快速清除车身表面的砂纸痕及微小划痕。

海绵盘优点：抛光时工件不会过热、施工不会对漆膜有很大的损害。

（6）清洁剂。不含硅酮的表面黏土润滑剂和除垢剂，其配方能够轻松去除化合物和抛光剂残留。能有效去除涂层、玻璃和电镀上的斑点、指纹及涂料污迹。使面漆清洁，有光泽。对于细黏土而言是很好的润滑剂。

（7）黏土条：快速去除表面污物，例如涂料误喷、工业沉降物、尘土、新鲜水渍、小虫

表 5-2-3　抛光蜡

粗蜡	中等粗度蜡	细蜡
能够轻松清除 P1200～1500 粒度粗砂划痕，与羊毛垫一起使用，易于清洁，不留下涡状痕迹，适用于所有面漆涂层表面	一种设计去除严重化合物漩涡、轻度氧化与轻度砂纸痕迹的侵蚀性、耐久切削平整釉料。不含蜡或硅酮，清洗快速容易，与细海绵垫一起使用	与细海绵垫一起使用。一种光滑切削平整釉料，设计用于去除化合物薄雾，轻度划痕已经漩涡痕迹，用于深色涂料效果更佳，可增加颜色深度，不含蜡或硅酮，清洗快速容易

残骸以及树的汁液等。在所有类型的表面上均可安全使用，例如：干净涂层和单级涂料、玻璃、金属和塑料。

2. 抛光方法

需要抛光的修复表面主要有纹理不一致、尘点及流挂等几种类型，如图 5-2-6、图 5-2-7 所示。抛光阶段可以分为三个阶段，见表 5-2-4。

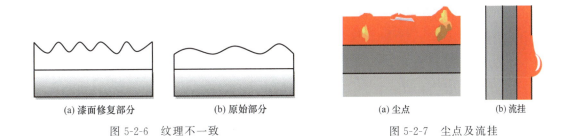

图 5-2-6　纹理不一致　　　　　　　图 5-2-7　尘点及流挂

表 5-2-4　抛光阶段（以纹理不一致为例）

抛光的阶段	阶段说明	阶段示意图
第一阶段	通过湿打磨的方式进行纹理修复	
第二阶段	用粗颗粒的抛光剂调整光泽	
第三阶段	用细颗粒的抛光剂制造光泽	

（1）检查涂料纹理，见表 5-2-5。

表 5-2-5　检查涂料纹理

面漆纹理	圆拱高度偏差	纹理状况
	原始纹理(标准)	无
	相同(无需抛光)	修复表面和原始表面无纹理上的区别

续表

面漆纹理	圆拱高度偏差	纹理状况
	相同（需要抛光）	修复表面和原始表面上的纹理有轻度不同
	中等（需要打磨和抛光）	修复表面和原始表面上的纹理有明显的区别
	大（需要漆面修复）	极度凹凸不平，需要打磨和修复
	大（需要漆面修复）	修复的纹理圆拱比原始纹理低

（2）检查有无尘点和流挂。

检查涂料尘点和流挂，如有，决定适当的抛光方法。

使用湿的打磨石磨掉小的局部的尘点和流挂。

如果在面板很大范围内均有流挂，则表面必须被修复。

使用湿的打磨石去除尘点和流挂，如图 5-2-8 所示。

为了修复颗粒和垂挂，使用 P1500～P3000 的砂纸去除此缺陷。

如果漆面修复部分和原始部分的纹理不一致，需用 P1500～P2000 砂纸打磨粗糙的纹理，使其光滑。如图 5-2-9 所示。

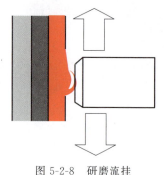

图 5-2-8 研磨流挂

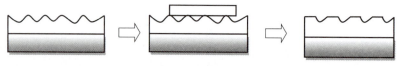

图 5-2-9 研磨纹理

当上述缺陷的研磨阶段完成后，即可使用抛光机进行抛光。

（3）抛光作业中的注意事项：

① 在涂料干燥后已经去除遮蔽胶带的边界处重新铺上遮蔽胶带；

② 如图 5-2-10 所示，抛光时双手紧紧握住抛光机，将电源线绕过一个肩膀；

③ 涂料表面不得留有任何抛光剂，否则会损伤涂料；

④ 在打开抛光机前，将抛光垫抵住表面；

⑤ 抛光时必须保持抛光机移动；

⑥ 抛光中使用水来防止面板温度上升，烧焦抛光剂；

⑦ 面板边缘附近的涂层以及特征线非常薄，可以很轻易地被打磨掉，因此需用保护胶带遮蔽这些部位；另外，需按照图 5-2-11 所示，使抛光垫接触到作业表面；

⑧ 需用浸过水的抹布迅速拭去粘在涂料上的抛

图 5-2-10 使用抛光机抛光

光剂;

⑨ 抛光垫需完全接触到工件表面,或稍微抬起一点;
⑩ 完成抛光作业后,需彻底清洗抛光垫,并使其干燥。
⑪ 抛光驳口区域(应从新漆面向旧漆面的方向抛光),如图 5-2-12 所示。
⑫ 抛光后清洁车辆。

温馨提示:
不要用毛巾等粗纤维材质,否则会在涂料表面形成细微的划痕。

图 5-2-11 粗抛

图 5-2-12 抛光机运动方向

 | 抛光前处理操作示范 |

1. 抛光前实施步骤

步骤、作业内容及技术要求	图　解
1. 选择砂纸 根据不同的漆面缺陷采用不同的砂纸类型进行打磨 温馨提示 操作人员应根据以下推荐进行: 流挂,P800~P1500 橘皮,P1500~P2000 失光,P3000 尘点,P1500	
2. 使用打磨块 根据不同的漆面缺陷采用不同的打磨块进行打磨,打磨时的方法需灵活运用 小技巧 操作人员在操作打磨块时,握住打磨石的下部可以保持稳定性,并可减少对涂料表面的损害。如果握住打磨石的上部,打磨石会晃动,容易对涂料表面造成意外的损伤。要以尽可能小的圆圈移动打磨石,以减少对颗粒周围表面的损伤。而如果仅以一个方向移动打磨石,会造成表面不平	
3. 评估漆面 采用材质较软的橡胶刮板或者纯棉的毛巾进行评估表面,以此判断漆面的缺陷是否被去除 小技巧 若表面未被去除,需评估表面是否可以继续进行打磨,以避免漆面被磨穿,若表面存在凹凸面,则表示打磨的方法使用不当,应及时更换打磨的方法	

2. 抛光实施步骤

步骤、作业内容及技术要求	图　解
1. 使用抛光蜡 根据漆面缺陷的大小判断需要抛光蜡的量 小技巧 　　操作人员应根据实际情况来确定需要的量。若漆面的纹理差别大，则需要先选择粗蜡抛光，再选用细蜡收光。若漆面为浅色，则根据漆面的状况选择粗蜡，若漆面为深色，则一定要用细蜡进行抛光 　　应用于单组分涂料的抛光蜡不适用于烤漆。不要使用含有硅的抛光蜡，环保的水性涂料可以进行抛光 　　质量好的抛光蜡不应该在工件表面留下瑕疵，而且容易从表面清除，施工时注意使用的量，太多会造成浪费，而且需要大量的清洁工作	
2. 使用抛光机 采用单向抛光机配合正确的抛光方法进行抛光作业，针对一些深色的漆面需使用离心式抛光机 小技巧 　　在涂料干燥后已经去除遮蔽胶带的边界处重新铺上遮蔽胶带。在打开抛光机前，将抛光垫抵住表面 　　抛光时必须保持抛光机移动 　　抛光中使用水来防止面板温度上升，烧焦抛光剂 　　面板边缘附近的涂层以及特征线非常薄，可以很轻易地被打磨掉。因此需用保护胶带遮蔽这些部位，使抛光垫接触到作业表面	
3. 评估漆面 采用纯棉的毛巾进行评估表面，判断车身的纹理是否一致，车身漆面是否还存在涂装缺陷 温馨提示 　　评估时尽量选择在有光的地方进行	
4. 进行设备和场地整理工作	

三、抛光打蜡

步骤一　去除缺陷

去除流痕：用P800～P1000号研磨材料配合打磨块，小心地湿磨表面直到流痕消失，和周围一样平整。如图5-2-13所示。

去除脏点和其他的小缺陷：使用P2000、P2500 17/16英寸（1英寸＝25.4mm）的磨片配合专门的打磨"蘑菇头"（用干净水湿润表面）。

去除分布面积较大的不理想区域：用P1500号、150mm或76mm直径，配合软质打磨垫的磨机。（尽量保持表面清洁，无磨灰，因为打磨尘点闭塞打磨材料表面，可能造成打磨时，在漆膜表面留下过深的磨痕）

步骤二　精细打磨

缺陷经打磨后，需要做再次细打磨（更新后的），可用150mm或75mm直径、P3000号、细磨砂盘（用喷壶喷水湿润表面）打磨，以使之前的打磨痕尽量细微。

细微的表面纹理（如微小的脏点，"橘纹"）可以用细磨砂盘研磨掉（图5-2-14），而无须预打磨。

研磨材料打磨非常柔和，所以对于较严重的缺陷，先按照粗打磨的方法打磨，再使用该材料。使用合适匹配的机械磨头。

图 5-2-13　去除流挂　　　　　　　　　　图 5-2-14　细磨砂垫

步骤三　粗抛光（图 5-2-15）

请勿将机器速度设定超过 1200～1900r/min（2 级或 3 级），以防面板受热过快。用直径为 150 mm 的黄色泡沫海绵轮，以及适量的抛光蜡抛亮打磨过的表面缺陷区域（请勿将抛光蜡涂在车体板上，而是涂在抛光轮上）。开始抛光时，施加一定压力，然后缓慢降低压力，以实现抛光蜡的最佳抛光效果。

图 5-2-15　粗抛组合（抛光机、粗盘、粗蜡）

温馨提示：如果海绵轮是新的或干的，用喷雾器使其略微润湿。

步骤四　细抛光（图 5-2-16）

新漆膜（油漆烘干后的 4h 内）应该使用双动作抛光机于开始抛光。对于旋转式抛光，使用适量的抛光蜡配合黑色泡沫海绵轮进行旋转抛光。

如果涂膜完全干燥，建议使用旋转式预抛光，再进行最终的双动作抛光，避免漩涡纹，否则会花费更多的时间恢复完全干燥固化漆膜的光泽。

图 5-2-16　细抛组合（抛光机、细盘、细蜡）

在抛光的每个步骤结束后，都应该在抛光过表面上喷"面漆检查喷雾剂"，然后使用高性能布擦拭。如果擦拭后出现低光泽区域，须重复最后一步抛光步骤。这样可用于检查抛光效果，避免再次出现原有漆面缺陷。

 抛光打蜡操作示范

步骤、作业内容及技术要求	图 解
1. 去除缺陷 采用不同的方法进行漆面缺陷的去除 加油站 　去除流痕：用 P800～P1000 号研磨材料配合打磨块，小心地湿磨表面直到流痕消失，和周围一样平整 　去除脏点和其他的小缺陷：使用 P2000、P2500 17/16 英寸的磨片配合专门的打磨"蘑菇头"（用干净水湿润表面） 　去除分布面积较大的不理想区域：用 P1500 号、150mm 或 76mm 直径、配合软质打磨垫的磨机。（尽量保持表面清洁，无磨灰，因为打磨尘点闭塞打磨材料表面，可能造成打磨时，在漆膜表面留下过深的磨痕）	
2. 细打磨 采用精细的研磨砂盘对漆面进行细打磨 加油站 　缺陷经打磨后，需要做再次细打磨（更新后的），可用 150mm 或 75mm 直径、P3000 号、细磨砂盘（用喷壶喷水湿润表面）打磨，以使之前的打磨痕尽量细微 　细微的表面纹理（如微小的脏点，"橘纹"）可以用细磨砂盘研磨掉，而无须预打磨 　研磨材料打磨非常柔和，所以对于较严重的缺陷，先按照粗打磨方法打磨	
3. 评估漆面 采用材质较软的橡胶刮板或者纯棉的毛巾进行评估表面，以此判断漆面的缺陷是否被去除 加油站 　若表面未被去除，需评估表面是否可以继续进行打磨，以避免漆面被磨穿，若表面存在凹凸面，则表示打磨的方法使用不当，应及时更换打磨的方法	
4. 粗抛 采用单向抛光机配合黄色海绵盘或羊毛盘进行抛光作业 加油站 　请勿将机器速度设定超过 1200～1900r/min（2 级或 3 级），以防面板受热过快。请勿将抛光蜡涂在车体板上，而是涂在抛光轮上。开始抛光时，施加一定压力，然后缓慢降低压力，以实现抛光蜡的最佳抛光效果。如果海绵轮是新或干的，用喷雾器使其略微润湿	
5. 细抛 采用单向抛光机或者离心式抛光机配合黑色海绵盘进行抛光作业 加油站 　请勿将机器速度设定超过 2500r/min，以防面板受热过快。仅用少量抛光剂即可。请勿将抛光剂直接涂在车体面板上，而是涂在抛光轮上。如果是黑色的表面尽量采用离心式抛光机，这样更有利于最终的漆面效果。如果海绵轮是新或干的，用喷雾器使其略微润湿	
6. 进行设备和场地整理工作 温馨提示 　在抛光过程中及完成抛光后，做表面清洁时需要使用干净、无尘的高性能擦拭布	

第三节 调色技术

一、调色材料、工具和设备

调色的材料就是汽车修补涂料中的色母,工具和设备包括调色架、电子秤、色卡资料、颜色登记册、配方光盘或计算机、喷涂样板设备等,条件好的调色间还会配备比色灯箱,改善阴雨天或晚间调色的条件。

（1）容器。剩装色母的容器,有 0.5L、1L、3L、5L 不等。如图 5-3-1 所示。

（2）搅拌尺。用于搅拌色母。如图 5-3-2 所示。

图 5-3-1　调色杯

图 5-3-2　搅拌尺

（3）调色架。又称调色机、调漆机。罐装涂料打开后盖上专用的带搅拌桨的盖子,放在调色架上,调色架启动后,在转动装置的作用下,可以均匀地搅拌调色架上的所有色母。如图 5-3-3 所示。

调色架应放在平整、坚实的水平地面上。

色母上架前应先用振动机摇动 5～10min 将其摇匀,并且色母应每次操作前搅拌色母 15～20min。

搅拌桨盖应保持清洁无尘,及时清除桨盖出漆口处的涂料,否则桨盖的出漆口或通风孔关闭不严,溶剂蒸气放出,成为安全隐患。同时防止由于涂料中的溶剂挥发,使色母在使用过程中逐渐浓缩,影响调色准确性。桨盖出口附着干涸的涂料会影响色母倾倒和滴加的可控性,甚至还会掉进容器内,影响色母的精确性。

（4）调色天平。调色天平作为称量色母的工具,是精密的设备。它应该放置在调色架的附近以方便称量,同时避免在工作中受振动而影响精度。如图 5-3-4 所示。

（5）色卡/颜色配方。所有知名品牌的涂料供应商除了定期为其客户提供国际市场上最新推出的汽车颜色配方外,还会给客户提供这些汽车颜色的色卡。如图 5-3-4 所示。

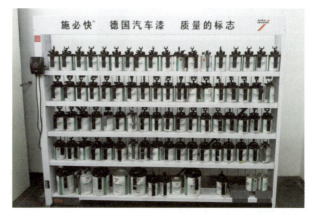

图 5-3-3　调色架

（6）试验样板。如图 5-3-5 所示。

（7）色卡。如图 5-3-6 所示。

（8）烘箱。用于烘烤色板，减少闪干时间。如图 5-3-7 所示。

图 5-3-4　调色天平

图 5-3-5　样板

图 5-3-6　色卡

图 5-3-7　烘箱

（9）调色灯。在阴雨天或晚上光线不足的车间内调配颜色时，需要使用调色灯。调色灯的主要作用是提供一个接近日光的光源。如图 5-3-8 所示。

图 5-3-8　调色灯

（10）色母特性表。色母特性表是油漆生产厂家对自己所有色母特性详细描述的一张表格。

（11）电脑配方查询系统。电脑配方查询是油漆生产厂家针对自身所有颜色配方给予客户进行全球网络配方查询的一种软件。

二、素色漆微调

素色漆也称纯色漆或实色漆。与金属漆不同，喷涂的因素对素色漆颜色变化的影响比较小。所以这类颜色比较容易调配。

素色漆一般都使用单工序喷涂工艺，这样既方便快捷，又省时省工。因此，素色漆色要求有高遮盖力、高饱和度，施工后有高的光泽。但由于调色的需要，一套完整的色母系统中还要求有低遮盖力的色母。

素色漆在喷涂后不会出现侧面色调的效果，往往正面颜色调得准确，侧面也不会有差别。此外,施工条件、施工环境对素色漆的影响很小。这些因素都使得素色漆较容易调配。

调配素色漆时应注意以下几点:

色母的"沉降效果",白色母是最重的一类色母,原因是其颜料的密度大,常产生湿润状态下与干燥后的色板之间明显的色差,如图 5-3-9 所示。如果湿漆中含有一定量的白色漆时,在用调漆尺搅拌并用目视来比较色板时,要求湿漆调配得比标准板的颜色浅、淡。这是因为在搅拌时,重的色母来不及沉降,油漆的颜色就比较浅;而喷涂后在流平时间内则发生沉降,轻的色母在表面聚集较多,颜色就要更纯,外观表现的"暗"一点。刚喷涂完的漆面与干燥后的漆面不同,这也是一个主要的原因。干燥后的漆面会显得偏暗一点。

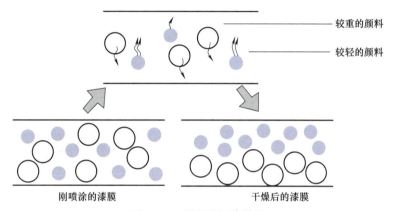

图 5-3-9　颜料的沉降效果

颜色的比较方面应该注意以下几个方面:

(1) 环境

光源的种类及亮度:通常,物体的颜色指的是在阳光下看到的颜色,因此,配色最好在阳光下进行,如果必须在夜晚或雨天进行,那么建议使用配色灯。

背景色:颜色要在不受其他颜色影响的地方进行,所以,配色房中的墙壁应该涂成中性颜色,如白色或灰色。

(2) 物体

表面条件:进行颜色比较的样板需具有相同的光泽,且没有沾污,如果车辆的车身钣金件由于粉化或老化而呈现有缺陷时,那么它必须用抛光剂进行抛光,然后才能进行颜色比较。

样板尺寸:如果试验样板太小,那么颜色比较可能很困难,试杆施涂的最小尺寸应该为 100mm×150mm。

位置:比较的样板最好彼此放得尽可能近,并且试验样板和样板要放在同一平面上。

(3) 观察者

视角:有些涂料在从某个角度观察时是匹配的,但是在从另外一个角度观察时,则完全不同了,涂料样板最少要从三个不同的角度观察,否则不能作出正确的颜色比较。

视距:视距必须根据比较的物体的情况而变化,在比较大的物体时,要站得离比较小的物体时远。

添加所缺量,配色中最重要的一点是鉴定混合物中所缺的颜色,在这个过程中,第一印象最重要,这是因为用于确定所缺颜色的时间越长,那么眼睛就越习惯于样板,从而使判断变得困难,另外微调颜色时要注意尽量不要使用原配方以外的色母,每次加入量要"宁少勿多"。每次进行调整后都要将色板与样板进行比较。

素色漆微调操作示范

步骤、作业内容及技术要求	图　解
1. 查找车身颜色代码 每辆车在出厂前都会在车身某部位标有该车基本信息，其中包括该车颜色代码 温馨提示 （1）车身颜色代码位置根据车品牌型号不同位置各有不同 （2）操作人员身上不要佩戴锋利、坚硬的饰物以免损伤漆面、装饰品等	
2. 比对车身颜色 若没有找出车身颜色代码，或该车改过颜色那么可以选择利用色卡查找相近色进行调配 温馨提示 选择的邻近色尽可能多选择一到两个，预防发生"同色异构"现象	
3. 查询配方 根据车身颜色代码或色卡上提供的色号，进行网络配方查询 温馨提示 选择配方时要选择最新的颜色配方，避免颜色色差较大	
4. 开启调色架 每次调色前应对色母搅拌 15～20min	
5. 检查色母量 检查调色架上的色母是否足够此次调色及受损钣件的喷涂 温馨提示 检查时若色母量不足时应及时补充，更换方法应询问维修主管，并且及时进行登记	
6. 调色设备、工具清洁复位 清洁调色天平及其他调色材料，对调色秤清零 温馨提示 工具的清洁度对称量色母影响很大，应对每个工具及设备进行擦拭	

续表

步骤、作业内容及技术要求	图　解
7. 倾倒色母 按照配方倾倒色母 温馨提示 色母倾倒时应根据色母需求量小心倾倒避免倒入过多造成不必要的浪费	
8. 刮涂样板 进行素色漆调色时刮涂色板可以节省大量的时间 温馨提示 挂图面积以 3cm×3cm 最佳，切记刮涂要均匀且遮盖住底材颜色	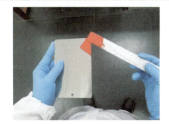
9. 比对颜色 颜色比对时试板应与车身保持同一角度 温馨提示 （1）色板尽可能轻地放在车身表面，以免损伤漆膜 （2）操作人员身上不要佩戴锋利、坚硬的饰物以免损伤漆面、漆面装饰品等	
10. 鉴定所缺颜色 当颜色走向拿捏不准的时候可以借助色母特性表，根据色母特性进行微调 温馨提示 进行微调颜色时避免添加补色，防止彩度降低没办法再调整过来	
11. 添加所缺量 确定所缺色母后进行色母添加 温馨提示 （1）色母倾倒时应根据色母需求量小心倾倒，避免倒入过多造成不必要的浪费 （2）添加色母前调色天平清零	
12. 记录配方 将添加的色母记录下来，便于颜色存档	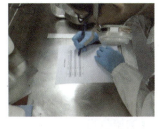

续表

步骤、作业内容及技术要求	图　解
13. 喷涂样板 参照产品说明添加适当的稀释剂，选择 1.3mm 口径喷枪进行色板喷涂 温馨提示 喷涂样板时喷涂的手法应与喷涂工件时一致，并且将底材遮盖住	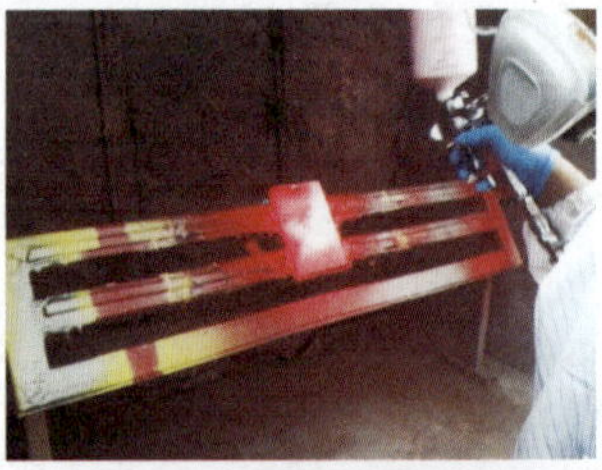
14. 烘烤试板 轻轻将色板放置于烘烤箱进行烘烤干燥。烘烤温度为 65℃ 左右，烘烤时间为 20～30min 左右 温馨提示 烘烤前色板应进行充分闪干，若闪干不充分会造成颜色比对不准确	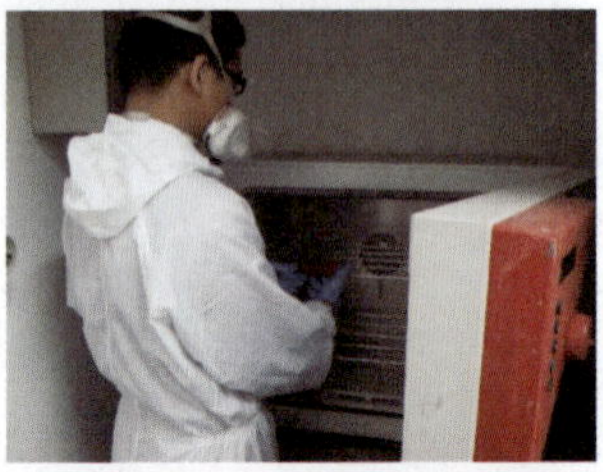
15. 比对颜色 颜色比对时试板应与车身保持同一角度 温馨提示 (1) 色板尽可能轻地放在车身表面，以免损伤漆膜 (2) 操作人员身上不要佩戴锋利、坚硬的饰物以免损伤漆面、装饰品等	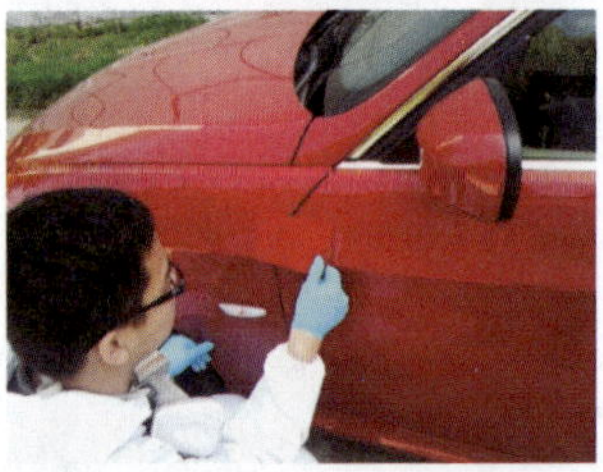
16. 调色完成 测试数据，确保颜色的准确性 温馨提示 颜色数据必然会存在一定的差距，确保在人肉眼无法识别范围以内便可	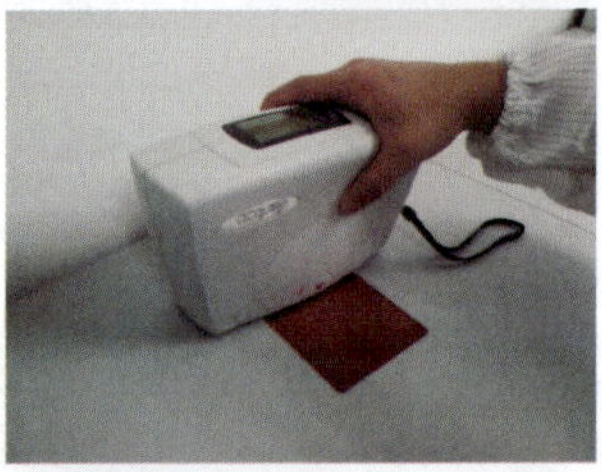
17. 颜色存档 确认颜色后应及时将颜色信息保存 温馨提示 颜色保存信息包括：车辆基本信息、颜色名称、颜色编号、配方数据、喷枪型号、喷涂道数和气压、配方日期、制作人姓名	
18. 调色完成后进行设备及场地整理工作	

三、金属漆微调

金属漆之所以难调准确，主要是因为有侧视色调的需要考虑，再加上金属粉正面反光、侧面透射光的不同，造成金属漆正、侧视变化的复杂性。在调配某个颜色时，每个色母都会对这个颜色的正、侧面产生影响，所以在使用每一个色母时都要考虑到它所造成的影响。

调整侧视效果的手段主要有以下几种：

(1) 改变基调色母之间的比例。基调色母一般成对使用，例如，同是绿色就可以使用一个偏黄和一个偏蓝的色母,当适当改变两者数量时,就能控制正面色调基本保持一致,而侧视色调偏黄或偏蓝。

(2) 选用合适的银粉组合。通过改变银粉组合,能让侧视色调变暗或变亮。

(3) 使用银粉控色剂。多数品牌的修补漆会提供银粉控色剂来帮助调色。使用控色剂的好处是既能最大保证正面色调不变,又能使银粉侧视色调大幅度变亮。虽然能让银粉颗粒显得略粗,在使用要求的范围内,这是可以忽略的。

(4) 尽量多使用透明色母。在银粉中若大量使用遮盖力强的浓色母会使调出来的漆浑浊。

喷涂技术也会影响银粉漆正侧面的亮度。银粉在湿润的色漆层中会自动排列其角度,但如果喷涂手法不正确或环境条件的影响,也会造成银粉排列角度不正确,也就产生色差。如图 5-3-10 所示。

正常

较湿（颜色较深,色漆漂浮）

较干（颜色较淡,较清亮）

图 5-3-10　银粉颜料的排列效果

喷涂手法不正确会出现"起云"的现象,如图 5-3-11 所示一块工件上银粉亮暗不均匀。铝粉颗粒对颜色的影响较大。

由于银粉排列角度造成银粉漆色差的原因见表 5-3-1。

调配金属漆时应采用多角度观察的方法,如图 5-3-12 所示。一般以 15°、45°、115°三个角度的比较结果为依据。

图 5-3-11　银粉排列不均匀

表 5-3-1　银粉漆色差的原因

喷涂类型	涂层 A (直接观察:亮;间接观察:暗)	涂层 B (直接观察:暗;间接观察:亮)
稀释剂用量	多	少
稀释剂种类	快干	慢干
喷涂量	少	多
空气压力	高	低
喷枪距离	远	近
喷涂速度	快	慢
重叠面积	重叠面积小	重叠面积大
枪帽口径	小	大
静置时间	长	短

图 5-3-12 观察色板的角度

 | 金属漆微调操作示范 |

步骤、作业内容及技术要求	图　解
1. 清洁标准色色板 清洁方法根据样板表面情况所定,如遇失光或污点,则抛光即可;如样板已严重损坏,则不建议再做标准配色板 温馨提示 具体抛光方法参照前面介绍	
2. 比对标准色板颜色 查找色卡选择相近色 温馨提示 (1)选择的邻近色尽可能多选择一到两个,预防发生"同色异构"现象 (2)比对色板时要考虑金属漆的正侧面、金属颗粒大小的颜色效果	
3. 查询配方 根据车身颜色代码或色卡上提供的色号,进行网络配方查询 温馨提示 选择配方时要选择最新的颜色配方,避免颜色色差较大	
4. 开启调色架 每次调色前应对色母搅拌 15~20min	
5. 检查色母量 检查调色架上的色母是否足够此次调色及受损钣件的喷涂 温馨提示 检查时若色母量不足时应及时补充,更换方法应询问维修主管,并且及时进行登记	

续表

步骤、作业内容及技术要求	图　解
6. 调色设备、工具清洁复位 　　清洁调色天平及其他调色材料,对调色秤清零 　　温馨提示 　　工具的清洁度对称量色母影响很大,应对每个工具及设备进行擦拭	
7. 倾倒色母 　　按照配方倾倒色母 　　温馨提示 　　色母倾倒时应根据色母需求量小心倾倒,避免倒入过多造成不必要的浪费	
8. 喷涂样板 　　参照产品说明添加适当的稀释剂,选择 1.3mm 口径喷枪进行色板喷涂 　　温馨提示 　　(1)喷涂样板时喷涂的手法应与喷涂工件时一致,并且将底材遮盖住 　　(2)金属漆必须进行喷涂比色	
9. 烘烤试板 　　轻轻将色板放置于烘烤箱进行烘烤干燥。烘烤温度为 65℃ 左右,烘烤时间为 20~30min 左右 　　温馨提示 　　烘烤前色板应进行充分闪干,若闪干不充分会造成颜色比对不准确	
10. 比对颜色 　　颜色对比时两块样板的角度应该保持一致 　　温馨提示 　　(1)当拿捏不准颜色的时候建议多换几种光线观察 　　(2)金属漆颜色比对时应进行多角度颜色比对,才能保证颜色的准确性	
11. 鉴定所缺颜色 　　当颜色走向拿捏不准的时候可以借助色母特性表,根据色母特性进行微调 　　温馨提示 　　(1)进行微调颜色时避免添加补色,防止彩度降低没办法再调整过来 　　(2)金属漆微调时应注意银粉颜料的站立角度,可以借助银粉添加剂进行调节	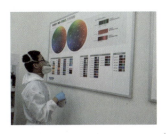

续表

步骤、作业内容及技术要求	图　解
12. 添加所缺量 确定所缺色母后进行色母添加 温馨提示 （1）色母倾倒时应根据色母需求量小心倾倒，避免倒入过多造成不必要的浪费 （2）添加色母前调色天平清零	
13. 记录配方 将添加的色母记录下来，便于颜色存档	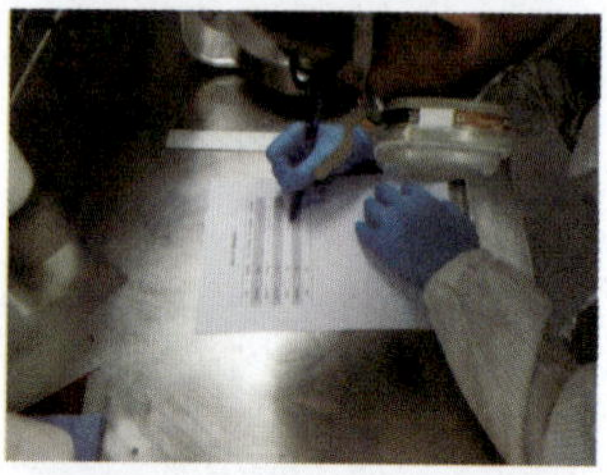
14. 喷涂样板 参照产品说明添加适当的稀释剂，选择1.3mm口径喷枪进行色板喷涂 温馨提示 （1）喷涂样板时喷涂的手法应与喷涂工件时一致，并且将底材遮盖住 （2）金属漆必须进行喷涂比色	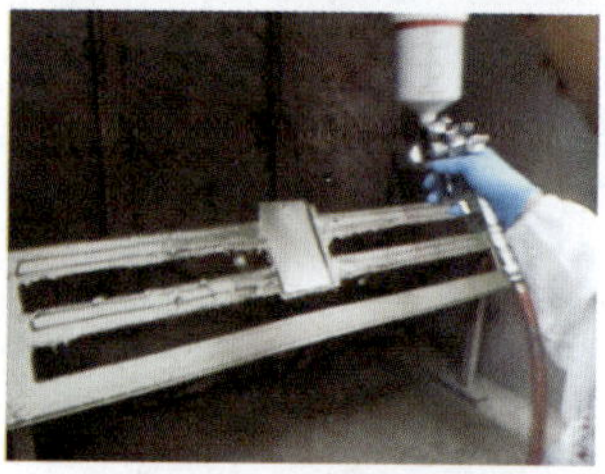
15. 烘烤试板 轻轻将色板放置于烘烤箱进行烘烤干燥。烘烤温度为65℃左右，烘烤时间为20～30min左右 温馨提示 烘烤前色板应进行充分闪干，若闪干不充分会造成颜色比对不准确	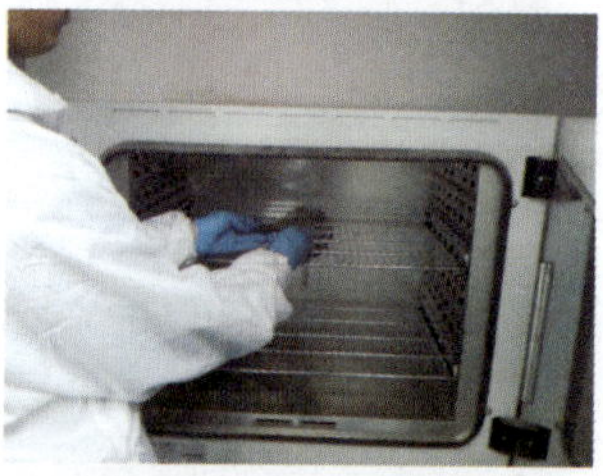
16. 比对颜色 颜色对比时两块样板的角度应该保持一致 温馨提示 （1）当拿捏不准颜色的时候建议多换几种光线观察 （2）金属漆颜色比对时应进行多角度颜色比对，才能保证颜色的准确性	
17. 调色完成 测试数据，确保颜色的准确性 温馨提示 （1）颜色数据必然会存在一定的差距，确保在人肉眼无法识别范围以内便可 （2）金属漆的微妙色差可以采用颜色过渡或驳口的技术手法进行喷涂	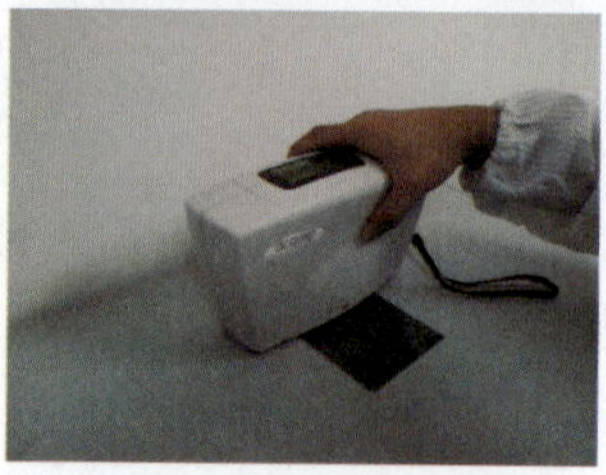

续表

步骤、作业内容及技术要求	图解
18. 颜色存档 确认颜色后应及时将颜色信息保存 温馨提示 颜色保存信息包括：车辆基本信息、颜色名称、颜色编号、配方数据、喷枪型号、喷涂道数和气压、配方日期、制作人姓名	
19. 调色完成后进行设备及场地整理工作	

四、珍珠漆微调

珍珠漆结构如图 5-3-13 所示。

珍珠漆实例色卡实例如图 5-3-14 所示。

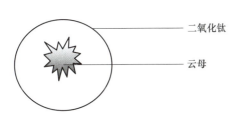

图 5-3-13　珍珠颜料的组成

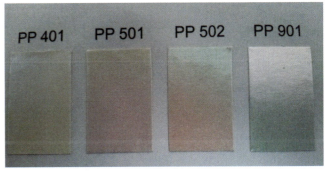

图 5-3-14　珍珠漆色卡

珍珠漆微调技巧：

（1）珍珠色母特性是在直射阳光或类似光源下，变得特别明显，因此对比颜色时，需要直射阳光或类似光源。

（2）根据珍珠云母颜料的添加量多少，涂料的珍珠感变化很大。因此，调色时，计量必须准确，微调时也要小心添加。

（3）由于珍珠云母颜料密度大，会很快沉淀，而且用稀释剂稀释后，这种倾向变得更明显。所以喷涂前，要充分搅拌颜料。若沉在底部就喷涂，就无法得到所需的颜色。

（4）依据涂膜厚度或干、湿喷涂方式不同，珍珠漆的颜色变化很大。因此，在调色时，喷涂的条件必须与喷车时相同。

（5）在珍珠漆的调色中，确立再现性的涂装技巧是很重要的。然而，如果出现不同颜色时，表示喷涂条件不稳定。如果珍珠漆调色是在这种状况下实施的话，将不可能调出所需颜色。因为无法判断颜色的不同是由于不同的喷涂条件或不同的调色方法。

依照珍珠层厚度的不同，珍珠漆颜色会变化。这是因为颜色层的颜色是穿透半透明珍珠层而被看见。而且，在珍珠层内，珍珠云母颜料的排列也会改变颜色。因此，在修补时，必须调整云母颜料的排列（适当的珍珠漆感），调整喷涂道数（膜厚）以及颜色层的调色。

第四节 驳口工艺

一、损伤评估

汽车的局部修补,是通过驳口技术达到完美无痕,艺术性地再现汽车的外观原貌。如果将此称作"完美修补"的话,那么先得给"完美修补"的说法下一个定义,严格意义上说,既然已经修补过了,就不可称为完美。所以"完美修补",是指在必须修补的情况下,达到一种最好的表面状态,就是几乎看不见修补痕迹,也可以称为"无痕修补"。显然,无痕修补来自两个方面的努力,调色的准确性,喷涂的正确性。

谈到准确调色,也许有个观念应澄清,就是颜色的可调性和可喷性。事实上,涂料的颜色(金属漆和珍珠漆)受到其中银粉和珍珠排列的影响,而喷涂时采用的手法、气压、距离等因素,均影响到涂层厚度和均匀程度,从而对银粉和珍珠排列产生影响,最终影响到涂膜的颜色。所以是准确的颜色和恰当的喷涂共同决定了漆膜的颜色。

如果颜色调配有明显的色差,那么无论在喷涂时手法、气压、距离如何,都不可能有准确的漆膜颜色和修补效果;而如果喷涂的手法、气压、距离等因素有了明显错误,则再准确的调色也不能保证得到理想的效果。

所谓与调色的配合,就是通过控制气压、距离、手法等人为因素,达到一个准确的涂膜颜色,实际上是尽量减少色差的程度,这就是要谈的"驳口技术"。所以强调"驳口"技术,就是通过驳口将事实上存在的色差,减少到肉眼几乎看不到的程度。

在驳口技术中,一般分为三步进行修补。一是对车辆进行损伤评估,判断车辆的损伤情况,记录损伤的部位、损伤程度,判断颜色是否难调;二是根据损伤评估的结果选择合适的驳口工艺,不同损伤部位、程度和颜色所采用的驳口工艺不同;三是根据选择的驳口工艺对损伤部位进行修补作业。

车辆入厂评估通常要从损伤情况、车辆颜色、涂层状况三个方面进行全方位评估,这样既可以保证维修质量、维修时间,也可以防止评估不全面、不仔细导致客户与公司产生纠纷。如图 5-4-1 所示。

1. 损伤情况(图 5-4-2)

仔细检查车辆,找出损伤部位,并检查不需要维修的部位是否有其他损伤,以便减少不必要的纠纷。检查时通常应先对车辆清洁,洗掉车身上的泥污,在光线较好的地方绕车仔细查看,以确定损伤位置、损伤处变形量、损伤面积及损伤件数。不同损伤部位、损伤程度所采用的维修方法也不同。

2. 车辆颜色(图 5-4-3)

金属漆的修补,要使修补处与原漆膜颜色 100%的一样是几乎不可能的事。因为喷涂的过程中很多的人为因素和环境因素都会影响油漆中颗粒的排列,从而导致在不同角度下出现明显的颜色差异。对车辆进行损伤评估时要检查车身颜色,判断颜色是否难调、是否适合做过渡以及损伤部位的颜色和相邻钣件是否有色差是非常有必要的。

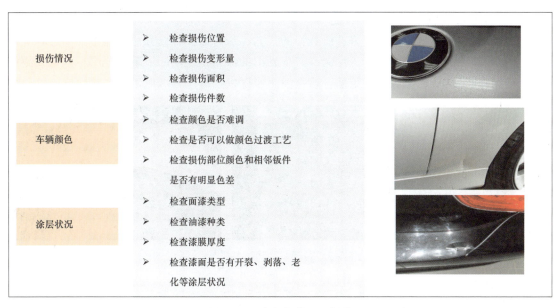

图 5-4-1　车辆损伤入厂评估

图 5-4-2　不同损伤部位采用的维修方法

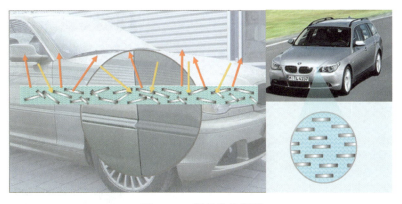

图 5-4-3　颜色色差判断

3. 涂层状况（图 5-4-4～图 5-4-9）

涂层状况鉴别主要是为后续修补所选择的工艺、涂料以及维修方法做铺垫。涂层状况鉴别主要是鉴别涂膜是否使用了单工序涂料，鉴别旧的涂料是否使用了单组分涂料，检查漆面是否有开裂和剥落、老化等涂装缺陷，检查漆膜厚度以判断是否可以进行再次维修。

图 5-4-4　底材锈蚀

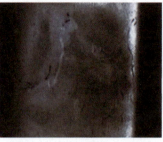
图 5-4-5　塑料开裂/变形

图 5-4-6　底层腻子太厚

图 5-4-7　漆膜硬度不够

图 5-4-8　涂层龟裂

图 5-4-9　漆膜脱落

车辆损伤评估操作示范

步骤、作业内容及技术要求	图　解
1. 清洁车身 用洗车机将车辆彻底清洗，并使用洗车毛巾将水迹擦拭干净，其目的是洗掉水溶性污染物，以方便损伤评估 温馨提示 操作人员身上不要佩戴锋利、坚硬饰品，以免损伤漆面、汽车内饰等易伤物品；洗车毛巾使用前应检查是否干净、是否有异物	
2. 对氧化的漆膜进行抛光处理 为准确判断漆面颜色，利用抛光蜡对氧化的漆膜进行抛光处理，去除氧化层	
3. 评估损伤情况 检查损伤位置，检查损伤变形量，检查损伤面积，检查损伤件数 温馨提示 按照以上四个方面进行全面评估，并做好记录	

续表

步骤、作业内容及技术要求	图　解
4. 评估车身颜色 检查颜色是否难调，检查是否可以做过渡，检查损伤部位颜色和相邻钣件是否有明显色差 温馨提示 一般深颜色比较容易调，浅颜色较难调，且浅颜色喷涂不容易发现接口。观察颜色时要从多个角度仔细观察	
5. 评估涂层状况 检查面漆类型，检查油漆种类，检查漆膜厚度，检查漆面是否有开裂、剥落、老化等状况	
6. 制定修复计划 根据以上的评估，确认损伤范围，并制定出修复方案	
7. 进行工具和场地整理工作	

二、驳口施工

根据损伤位置、面积、损伤程度不同，驳口可分为块驳口、点驳口及复合驳口。

如图 5-4-10 所示，块驳口是指损伤在车身钣件的中间部位，只需喷涂该块就可以修复。一般情况下，块驳口只需小面积喷涂底色漆、清漆系统做板块修补就可以了，通常也不必喷涂到相邻的车身板块。

图 5-4-10　块驳口

如图 5-4-11 所示，点驳口是指损伤在车身钣件的角落不明显部位，只需喷涂该点就可以修复。一般情况下，适合做点驳口的部位多数在汽车 C 区域内，且只需小面积喷涂底色漆、清漆系统做板块修补就可以了，通常也不必喷涂到相邻的车身板块。

图 5-4-11　点驳口

如图 5-4-12 所示，复合驳口是指损伤在车身的 A 钣件上且靠近 B 钣件的部位，需要将颜色过渡到 B 钣件上才可以修复。一般情况下，复合驳口需要将临近损伤钣件一起喷涂，保证修复的钣件颜色没有色差。

图 5-4-12　复合驳口

前面介绍了三种驳口类型，下面介绍三种驳口的施工工艺。

1. **块驳口**（图 5-4-13）

图 5-4-13　需修补区

（1）清洁　对损伤区域进行清洁。采用经过认证的清洁剂对损伤部位进行彻底清洁，保证施工维修部位不受油污、灰尘的污染，为下面的工序做准备。

（2）底材处理　根据需要对修补部位进行原子灰填充，在填充原子灰时注意控制原子灰的刮涂范围，按照原子灰施工工艺对原子灰进行研磨。原子灰作业完成后进行中涂底漆施工，在中涂底漆施工时要注意控制中涂底漆的喷涂面积。研磨中涂底漆时，先使用 P400 砂纸配合 3 号研磨机对中涂漆研磨至无光泽，在研磨时要保证研磨彻底，不磨穿、无漏磨。然后使用 P1500～P2000 号铂金砂网配合 3 号研磨机对需要色漆过渡的区域进行研磨，在研磨时要保证不磨穿，研磨的区域内无光泽。此步骤完成后使用 P3000 号铂金砂网配合 3 号研磨机对需要喷涂清漆的部位进行研磨，研磨时要保证不磨穿，无光泽。

（3）色漆施工　在预先打磨好的区域内喷涂色漆。在喷涂色漆时要注意调整喷枪参数、控制色漆施工范围，尽可能将色漆形状喷成椭圆或菱形，使颜色过渡更自然，更不容易被发现颜色接口。如图 5-4-14 所示。

图 5-4-14　晕色区

（4）清漆施工　第一道清漆的喷涂范围应根据色漆的范围进行控制，也就是说色漆喷到哪里，第一道清漆就应该覆盖到哪里，要保证色漆完全被第一道清漆覆盖住。如图 5-4-15 所示。

图 5-4-15　第一道清漆喷涂

第二道清漆将整个研磨区进行覆盖，达到饱满、光亮的漆膜效果。如图 5-4-16 所示。

图 5-4-16　第二道清漆喷涂

2. 点驳口（图 5-4-17）

图 5-4-17　需修补区

（1）清洁　对损伤区域进行清洁。采用经过认证的清洁剂对损伤部位进行彻底清洁，保证施工维修部位不受油污、灰尘的污染，为下面的工序做准备。

（2）底材处理　根据需要对修补部位进行原子灰填充，在填充原子灰时注意控制原子灰的刮涂范围，按照原子灰施工工艺对原子灰进行研磨。原子灰作业完成后进行中涂底漆施工，在中涂底漆施工时要注意控制中涂底漆的喷涂面积。研磨中涂底漆时先使用 P400 砂纸配合 3 号研磨机对中涂漆研磨至无光泽，在研磨时要保证研磨彻底，不磨穿、无漏磨。然后使用 P1500~P2000 号铂金砂网配合 3 号研磨机对需要色漆过渡的区域进行研磨，在研磨时要保证不磨穿，研磨的区域内无光泽。此步骤完成后使用 P3000 号铂金砂网配合 3 号研磨机对需要喷涂清漆的部位进行研磨，研磨时要保证不磨穿，无光泽。

（3）色漆施工　在预先打磨好的区域内喷涂色漆。在喷涂色漆时要注意调整喷枪参数、控制色漆施工范围，尽可能将色漆形状喷成椭圆或菱形，使颜色过渡更自然，更不容易被发现颜色接口。如图 5-4-18 所示。

图 5-4-18　晕色区

（4）清漆施工　第一道清漆的喷涂范围应根据色漆的范围进行控制，也就是说色漆喷到哪里，第一道清漆就应该覆盖到哪里，要保证色漆完全被第一道清漆覆盖住。第二道清漆喷涂在 P3000 砂纸研磨的区域内，在与旧漆膜接口处喷涂驳口剂，已达到平顺、光滑过渡的效果。如图 5-4-19 所示。

图 5-4-19　清漆喷涂

（5）抛光处理　在烘烤结束后要进行抛光处理。抛光需要注意的是从新漆面向旧漆面抛光，避免抛光时产生台阶及明显接口。如图 5-4-20 所示。

（6）接口处理　修补类似类型的汽车，喷涂油漆通常需要延续较大的车身面积，为了避免进行更大面积的喷涂，可使用驳口天那水进行底色漆与清漆的驳口喷涂，接驳口的位置通常在车身较窄的部位。对于接口的喷涂，通常可利用接口水进行接口喷涂，具体步骤如图 5-4-21 所示。

在喷涂第二道清漆结束后，喷枪内剩余的清漆按照一定比例混合驳口水（此处以施必快 1036 驳口水为例，按照 1∶1 比例添加）对接口处进行喷涂，然后倒掉喷枪里的涂料，加注纯净的驳口水对接口和旧漆处进行喷涂，完成驳口工作。

图 5-4-20　抛光处理

图 5-4-21　接口处理

3. **复合驳口**（图 5-4-22）

图 5-4-22　需修补区

（1）清洁　对损伤区域进行清洁。采用经过认证的清洁剂对损伤部位进行彻底清洁，保证施工维修部位不受油污、灰尘的污染，为下面的工序做准备。

（2）底材处理　根据需要对修补部位进行原子灰填充，在填充原子灰时注意控制原子灰的刮涂范围，按照原子灰施工工艺对原子灰进行研磨。原子灰作业完成后进行中涂底漆施工，在中涂底漆施工时要注意控制中涂底漆的喷涂面积。研磨中涂底漆时，先使用 P400 砂纸配合 3 号研磨机对中涂漆研磨至无光泽，在研磨时要保证研磨彻底，不磨穿、无漏磨。然后使用 P1500～P2000 号铂金砂网配合 3 号研磨机对需要色漆过渡的区域进行研磨，在研磨时要保证不磨穿，研磨的区域内无光泽。此步骤完成后使用 P3000 号铂金砂网配合 3 号研磨机对需要喷涂清漆的部位进行研磨，研磨时要保证不磨穿，无光泽。

（3）色漆施工　在预先打磨好的区域内喷涂色漆。在喷涂色漆时要注意调整喷枪参数、控制色漆施工范围，尽可能将色漆形状喷成椭圆或菱形，使颜色过渡更自然，更不容易被发现颜色接口。如图 5-4-23 所示。

图 5-4-23　晕色区

（4）清漆施工　第一道清漆的喷涂范围应根据色漆的范围进行控制,也就是说色漆喷到哪里,第一道清漆就应该覆盖到哪里,要保证色漆完全被第一道清漆覆盖住。如图 5-4-24 所示。

图 5-4-24　第一道清漆喷区

第二道清漆将整个研磨区进行覆盖,达到饱满、光亮的漆膜效果。如图 5-4-25 所示。

图 5-4-25　第二道清漆喷涂区

 驳口工艺施工操作示范

步骤、作业内容及技术要求	图　解
1. 鉴别、清洁、遮蔽 鉴定涂料类型、使用清洁剂清洁、用除蜡剂处理修补区域、遮蔽不需要修补的区域 温馨提示 在此使用的是杜邦施必快油漆系列 7010 清洁剂	

续表

步骤、作业内容及技术要求	图解
2. 研磨损伤区 使用双向式打磨机配合 P180～P240 号干磨砂纸打磨需修补的区域 **温馨提示** 打磨时尽量在只需要修补的区域内进行打磨,控制最小的打磨区域	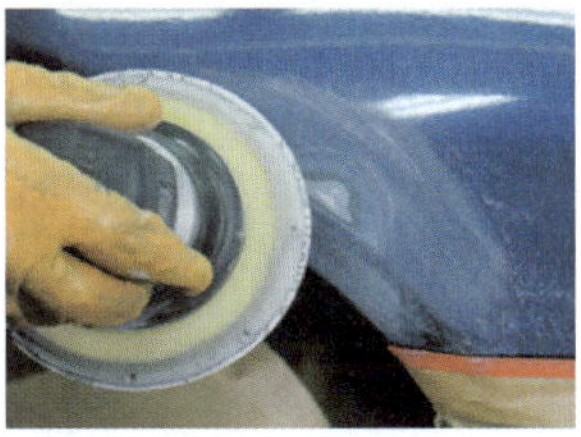
3. 打磨羽状边 使用双向式打磨机配合 P400～P500 号干磨砂纸打磨羽状边缘位置 **温馨提示** 在保证平顺的前提下尽可能将羽状边控制在较小的范围内	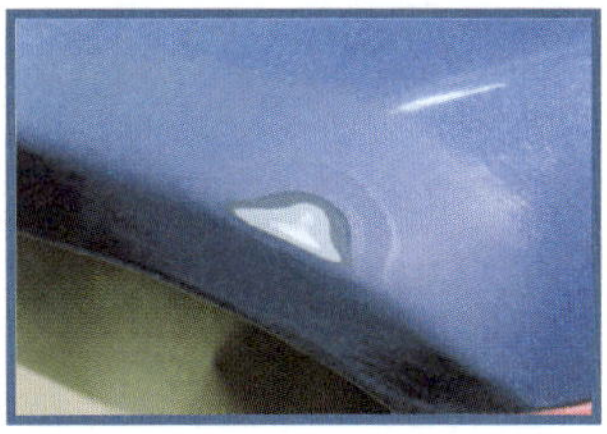
4. 清洁 使用吹尘枪和除硅清洁剂,清除车身的灰尘和油渍 **温馨提示** 使用清洁剂清洁时注意不要对着人喷洒	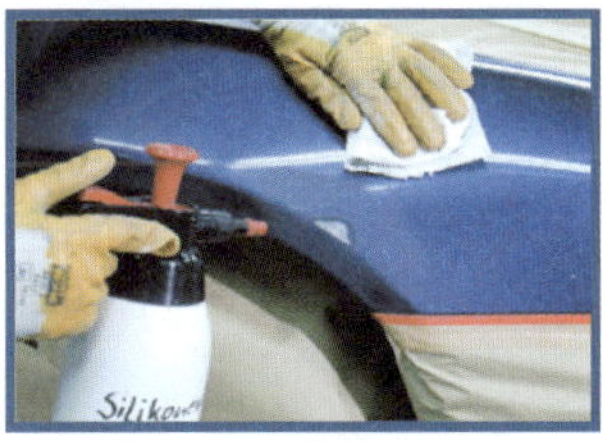
5. 喷涂中间漆 在损伤部位喷涂中间漆,中间漆的喷涂范围在 P500 砂纸范围内即可,喷涂完成后烤干 **温馨提示** 本次使用的是杜邦施必快 HS 中涂漆 8590,湿对湿工序:2∶1＋20％的比例添加硬化剂,喷涂 1.5 层。打磨工序:2∶1＋(5～10)％比例添加硬化剂和稀释剂,喷涂 2 层	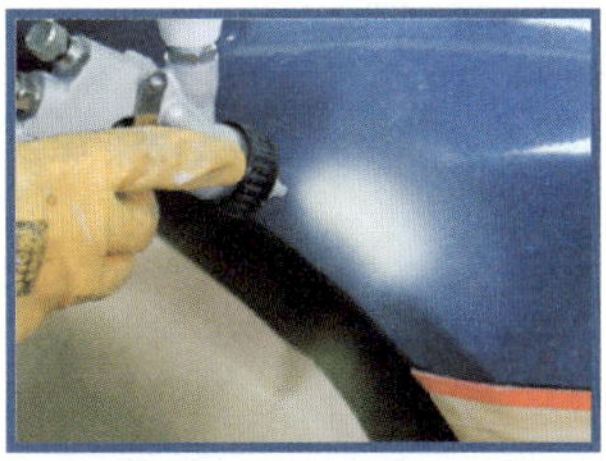
6. 打磨中间漆 使用 P400～P500 号干磨砂纸或 P800～P1200 水磨砂纸打磨中间漆位置 **温馨提示** 研磨时切勿将漆面磨穿	
7. 打磨驳口位置 用 P1500～P2000 水磨砂纸或灰色打磨布配合磨砂剂打磨需喷涂的驳口位置 **温馨提示** 驳口位置要求研磨的痕迹细腻,能被色漆轻易遮盖,故在研磨时一定要仔细	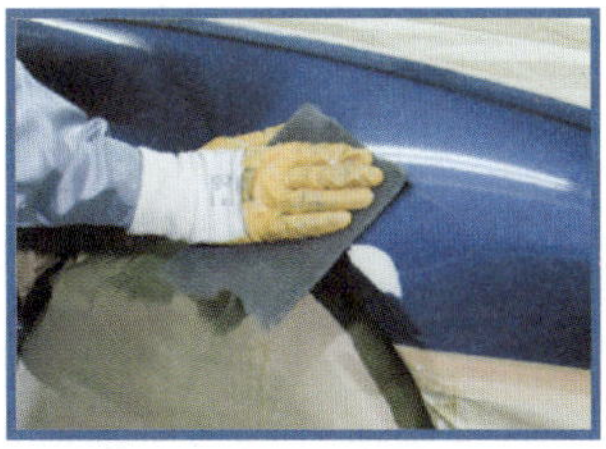

续表

步骤、作业内容及技术要求	图　解
8. 清洁、除尘 　　使用吹尘枪和除硅清洁剂，清除车身的灰尘和油渍 　温馨提示 　　使用清洁剂清洁时注意不要对着人喷洒	
9. 喷涂底色漆 　　按比例添加专用稀释剂，喷涂第一、二层先将受损区域完全覆盖。 　　用同黏度但不同气压$(2\sim3)\times10^5$Pa 去做渐变，以得到平滑的渐变效果 　温馨提示 　　杜邦施必快 293/295 系列的色漆比例(1∶0.65)添加专用稀释剂	
10. 喷涂清漆 　　混合清漆，调试喷枪，先将喷涂色漆的区域完全覆盖 　温馨提示 　　杜邦施必快 8035 清漆 2∶1 添加 3310 稀释剂	
11. 喷涂驳口水 　　将喷剩下的清漆混合驳口稀释剂，在清漆层与驳口处做渐变。然后清空喷枪注入驳口稀释剂扩大驳口渐变位置 　温馨提示 　　杜邦施必快清漆 1∶1 混合驳口稀释剂 1036	
12. 清漆干燥 　　烤房烘烤：60℃（金属表面温度），30min；红外线烤灯烘烤：15min，距离根据烤灯功率调节 　温馨提示 　　如果是热空气加热型烤房最好能将烘烤温度定在 65～70℃	
13. 打蜡抛光 　　如有需要可使用 P2000 号砂纸轻磨驳口位置，并使用抛光剂进行抛光处理 　温馨提示 　　抛光时应从新漆面向旧漆面抛光	
14. 进行工具和场地整理工作	

第六章

车身涂装修复与防治

第一节 汽车车身典型损伤涂装修复

一、车身表面防腐工艺

喷涂车间防止车身发生锈蚀的工作重点应放在使车身金属板清洁,呈化学中性,以及保持涂层下的金属材料与空气隔绝良好。在一些特定的情况下,还需要用以石蜡或石油为主要成分的防腐化合物将金属表面和空气以及水分彻底分隔开来。

(一)防腐材料的选择及类型

1. 选择防腐材料应考虑的因素

① 选择的材料应该薄而能流动,或能均匀地渗入皱缩的焊缝中,从而保护像以点焊直接连接的钢板区域这样的裸露金属发生锈蚀,这种地方的防腐问题特别难解决。

② 选择的材料应该与裸露的金属以及涂层的表面都有良好的附着力。除了保证与表面的附着之外,它还应该具有良好的防水性,并能承受住路上飞溅石头的撞击。在靠近发动机的部位通常使用溶剂类材料。选择的材料还应该同时具备一定的韧性和刚性。

③ 有些溶剂会挥发出持久而难闻的气味,因此在选择防腐材料时要特别注意避免选择含有这类溶剂的材料。

④ 选择的材料应便于用普通和安全的溶剂擦拭干净。

2. 防腐材料的类型

(1)防腐膏 这种用石蜡或石油制成的防腐膏不易氧化脱落,不易出现划痕;它们可作为底层涂料,起到隔离和完全封闭车身表面,防止产生锈蚀或腐蚀的作用。它们一般用于车身底盘和内部板件,能渗入各连接部位和车身表面的裂缝之中,从而形成一层柔韧的保护膜。

(2)车身表面保护剂或密封剂 这种材料可以有效地防止泥水等渗入车身钣件的连接处。在两个相互连接的表面之间防止锈蚀形成,起着重要的作用。

(3)防锈剂 在那些不宜使用防腐材料覆盖的地方,可以使用防锈剂。例如箱形横断面结构，比方说是侧梁和车身立柱等，焊接件的背部不易喷涂，就可以使用防锈剂来解决防锈的问题。

注意：使用防腐材料之前一定要认真阅读包装上的使用说明，并严格按其指导进行操作。车身上同一部件或同一部位可以使用上述几种防腐材料。

（二）车身表面防腐蚀涂层的修补工艺

1. 金属防腐表面的预处理

表面预处理是保证车身钣件和其他金属件能长期耐腐蚀的最重要的步骤之一，一般有三个步骤。

（1）清洗污染物　用去蜡除油剂清除表面的油污。操作时把去蜡除油剂倒在清洁的白布上，覆盖在待清洁处周围各 30～40cm 区域浸泡片刻，然后再用另一块干净的布擦拭表面以除去油污。

（2）用金属洗涤剂清洗　使用金属洗涤剂的目的是进一步清洗金属表面。操作时按说明书的要求稀释金属洗涤剂，然后喷洒到已除油污的表面。稍后用水冲净并且用清洁的布擦干净。

（3）采用金属转化涂层　金属转化涂层是由金属转换剂形成的锌磷酸盐涂层。它对镀层涂料的附着力极强，具有良好的防腐作用。操作时，将转换剂按使用说明书稀释并喷涂在金属表面上，停留 2～5min，在转化剂尚未干固之前用水冲洗，再用抹布将表面擦干净。

对经过预处理的表面再进行防腐处理，其防腐性能将得到明显的增强。

2. 防腐蚀处理的部位

车身表面需要进行防腐蚀处理的部位可分四类：

① 封闭的内表面。包括车身梁和车门槛组件。

② 外露的内表面。包括地板、挡板及发动机罩。

③ 外露的接头区域。如后顶侧板至轮罩及后顶侧板至行李箱地板的连接区域等。

④ 外露的外表面。例如翼子板、后顶侧板及车门外板等。

3. 封闭的内表面防腐

封闭的内表面包括车身下部结构如前梁、后梁及车门槛板。它们是整体式车身汽车的主要承载构件（图 6-1-1），这些构件的腐蚀对汽车的防撞性和耐用性有严重的影响。

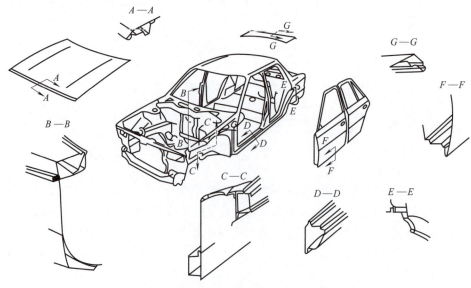

图 6-1-1　车身必须保护的封闭表面

（1）防腐处理　由于这些框型部位的内表面难以用上面介绍的金属清洗剂或转化剂清洗，因而，其内接缝处的污垢和水分的根除相当困难。通常情况下，应在封闭焊接之前，将这些内侧面清洗去蜡除油，涂上底层涂料（防锈剂）之后再进行焊接。此类防锈剂具备良好的导电性能，不会影响焊接质量，而且，控制点焊温度又不至于损坏其防腐性能。目前对封闭的内表面常用的底层涂料有两种：

① 自刻蚀双组分环氧树脂底层涂料。大多数汽车制造商推荐采用这种较新的材料代替标准的环氧树脂底层涂料。使用时，必须遵守制造商的使用说明中有关各标号的规定。

② 焊穿底层涂料。这是富锌的底层涂料，能更好地保护接头。

在已经封闭部位的内部使用底层涂料时，必须应用专门设备，一般采用带有加长喷杆和喷嘴的压力式喷枪，才能深入到各个区域进行喷涂。

（2）恢复封闭的内表面防腐蚀层的一般程序

① 用去蜡除油剂清洗封闭的内表面。

② 在已清洗的区域上涂底层涂料。通常建议采用自刻蚀双组分环氧树脂底层涂料，并按照底层涂料制造厂商的规定给以足够的干燥时间。

③ 底层涂层干燥后，按制造厂商的说明施用防腐蚀化合物（防腐膏）。施用防腐膏可以通过作业孔、检查孔或滴水孔（图6-1-2）使用专门的小型喷杆及其附属设备进行。防腐膏经过1h干燥后，必须清洗滴水孔。

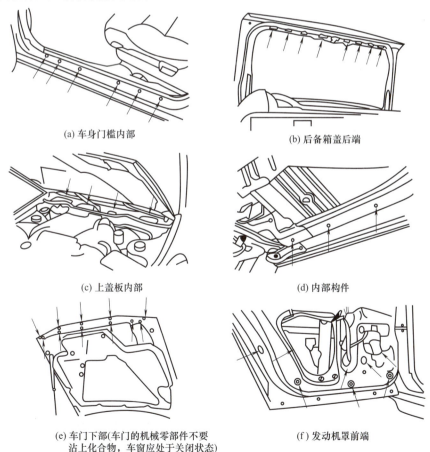

图 6-1-2　典型的作业孔或检查孔

（3）特别封闭内表面的防腐处理　对特别封闭内表面进行防腐处理时，需要使用特别的方法，具体见表 6-1-1。

表 6-1-1　特别封闭内表面的防腐处理方法

部位	处理方法
后备箱	把备用轮胎、工具、地板及侧面的垫层拆下，经去蜡除油剂清洗后，用可弯曲的喷杆从后备箱内喷射位于车轮后面的后顶侧板，喷到后备箱和后顶侧板之间的接缝及后备箱之后缘部分；将可弯曲的喷杆插入后备箱盖原有的孔隙可以喷到箱盖的边缘，以恢复其防腐性能；喷射完毕，将拆卸的部件装回原处，并用溶剂擦除多余的防腐膏
车门	拆下内板后，通过车门的滴水孔或在适当位置钻一个孔，便于喷杆插入车门内部喷射防腐膏；喷射时，把车窗拉起，喷杆插入孔中，直抵车门底部，沿着底部的长度一边慢慢喷射一边慢慢将喷杆抽回；确认全部底边角都喷到后再将喷杆全部抽出，再用相应的塑料塞将孔塞住
后柱和后顶侧板	有时可从后备箱部位向后柱和后顶侧板的背面喷射。为了保证覆盖，常常在后柱上钻一个或多个孔或者拆下通风装置的盖来喷涂轮舱的前缘和后顶侧板的部位，把可弯曲的喷杆伸进后柱上所钻的孔内，在喷射时逐渐抽回喷杆，用塑料塞将孔塞住
前柱和中柱	在前踏板上钻一个孔，钻在与前支承相接的曲线的中心上；把可弯曲的锥形喷杆伸进并彻底喷射；此外，还要喷射前翼板的下缘及其附近的任何有关部位 在踏板和后支承相接的曲线的中心上钻一个孔，用可弯曲的喷杆喷射；若是四门的汽车，喷杆必须到达此中柱的后面，若达不到则在中柱的后面钻一个孔
前翼子板后面	有些汽车在前翼子板后面有箱形穴。可从发动机罩下面或沿着前门柱把可弯曲的锥形喷杆伸进去
车门槛板	在钻任何孔前，应先检查车门槛板两端的下面是否有现成的塞子；如果有，就可用可弯曲的锥形喷杆射车门槛板的全长；若不方便或不希望从上方向车门槛板喷射，可在下面靠近中心处钻孔；如果有内隔板，用可弯曲的锥形喷杆从两个方向喷射车门槛板，必须喷在两边的内隔板上

4. 外露接缝的防腐

车身钣料之间的接缝常有金属焊接的残留物及雨水、雪、尘土、泥浆和油污积聚在一起，很容易产生锈蚀。对于所有的接缝部分都要涂上车身密封剂，使接缝之间没有间隙，为防腐打下基础。

（1）对车身密封剂的要求

① 具有良好的吸附性。填充接缝间隙的密封剂必须能够与裸露的金属和底层涂料良好黏合。在喷漆前密封剂要充分干燥。

② 具有良好的挠曲性。对于整体式车身，接缝密封剂的挠性非常重要，必须能够经受汽车运动的颠簸而不开裂。

③ 具有良好的涂敷性。将密封剂涂在接缝之间时，应根据需要能容易改变其涂敷形状，以达到满意的效果。

注意：硅树脂密封剂不能用作车身的接缝密封剂，因为它不具备可油漆性，随着时间的推移会吸附尘土和污物。

（2）常用密封剂　按照接缝的类型不同，防腐用的接缝密封剂分为四种，见表 6-1-2。

表 6-1-2　常用防腐接缝密封剂

防腐密封剂类型	用途	特点
轻型密封剂	宽度在 3mm 以下的接缝	有良好的吸附性，且挠性好，多用于立面的密封
重型密封剂	宽度在 3~7mm 的接缝	可将接缝覆盖，抗垂弛性、挠性均好，特别适合重叠式接缝的密封
可刷涂接缝密封剂	内车身接缝的密封	可刷涂，有良好的抗油污和抗盐水腐蚀能力，常用在发动机罩下面及车架下面接缝处的密封
固体接缝密封剂	较大间隙，如孔、钣件宽接头	含有 100% 的固体，是条状填充式的，使用时用拇指压入接合处

(3) 外露的接缝防腐操作步骤

① 彻底清洗接头或接缝。

② 涂底层涂料或底层密封剂。

③ 用防腐接缝密封剂将接缝全部填平密封。

④ 涂两道底层涂料或底层密封剂。

⑤ 喷上彩色涂层进行精整。

使用密封剂时，应当查阅行业手册中关于汽车涂密封剂的有关资料，确定涂密封剂的部位，图 6-1-3 为某车身使用密封剂典型部位的示例。

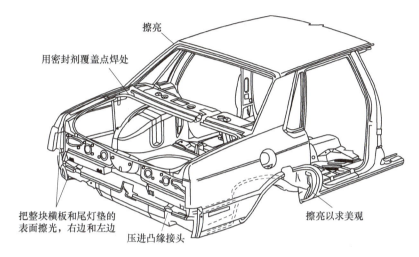

图 6-1-3　车身使用密封剂典型部位示例

5. 外露内表面的防腐

车身下部的底面、车轮罩内面和发动机罩底面等外露的表面，会受到飞石、水分的冲击而损坏，导致锈蚀。金属洗涤剂和转化涂层是不适用于这些内表面的，所以进行防腐处理时，先用去蜡除油剂彻底清洗，一旦表面完全风干，在所有的焊接部位和钣料接缝处喷涂第一层蜡基或石油基底层涂料，然后在整个区域喷上第二道底层涂料。喷涂主要在车身下面采取仰喷的方法，同时还要对不需喷涂的部位做好遮盖工作。

所喷涂的底层涂料可用自刻蚀底层涂料。在整体式车身中，绝不可在裸露的金属上直接涂漆基底层涂料。

在发动机罩下面等一些特别的区域恢复防腐蚀层时，应按下列程序进行：

① 举起发动机罩，向它与轮口之间的前边板喷涂。必须使涂料向下达到防护板的焊珠上。采用可弯曲的锥形喷杆把涂料喷到各个凹处。

② 用 45°扁喷杆向大片外露空间喷涂。

③ 用可弯曲的锥形喷杆喷射发动机罩的主边缘和侧槽。

④ 松开或拆下蓄电池，对蓄电池托架及其周围喷涂。

注意：不要喷涂散热器中心部、蓄电池、空气调节器中心部、风扇、皮带、软管等。

6. 外露外表面的防腐

(1) 外露的装饰用外表面的防腐程序

① 用去蜡除油剂清洗表面。

② 用金属清洗剂清洗金属表面，用水冲洗干净。
③ 施用金属转化涂层，彻底风干后，用水冲洗干净。
④ 涂底层涂料，建议采用两组分环氧树脂底层涂料。
⑤ 使用底涂层填实涂料。
⑥ 喷涂着色涂料。
⑦ 喷涂防腐材料。

（2）车身下表面部分防腐程序
① 用去蜡除油剂清洗表面。
② 用金属清洗剂清洗金属表面，用水冲洗干净。
③ 施用金属转化涂层，彻底风干后，用水冲洗干净。
④ 涂底层涂料，采用自刻蚀性底漆。
⑤ 用防腐化合物和消声材料恢复防腐性能。

车身下表面的防腐一般应将汽车举起自下向上喷涂为宜。在喷涂前应除去任何疏松的残渣和消音材料，特别是在接头周围（在重要部位上的疏松的消音材料或脏污表面只会形成空穴而导致锈蚀，并阻碍防锈材料到达金属表面）。有些汽车需要拆下车轮以进行充分喷涂。挡泥板也应拆下并分开处理。

喷涂时，首先向防护板和轮口喷涂，应特别注意涂覆防护板的焊珠；然后再喷涂车身下面的其余部分，如喷涂地板的底面、焊接处、车架、油箱嵌条及接缝等。

注意：产生高温的部位，如排气管或消声器不能喷涂。悬挂系统、牵引系统、制动毂和其他运动部件也不能喷涂。

7. 安装外饰附件的防腐

在车身上安装铝制保险杠、不锈钢或铝质车身装饰条时应防止产生不同的金属部件之间的电流腐蚀，增加一层屏障是非常重要的，使用塑料或橡胶隔板就很有效。安装时一定要正确操作，如安装装饰条时需要在原有车身或修补后的车身表面钻孔，所有的钻孔操作必须在喷涂底层涂料之前进行，孔的内壁应彻底喷涂上漆。更换装饰件时必须换上全套部件。如果套件小有些部件买不到，可按原样进行精确复制。显而易见，车身装饰物和附件是多种多样的，需要使用许多不同的方法。在各种情况下，都要遵守制造厂商的使用说明，以避免在修理中发生问题。

二、酸雨的损伤与修复

（一）酸雨的腐蚀

酸雨是指由于空气被污染产生的酸性雨水，可能含有硫酸，也可能含有硝酸成分等。

酸雨损坏一般在油漆颜料上发生，尤其对铅基颜料危害更大。酸雨使颜色退色或形成花斑点，甚至形成蚀坑。金属漆层损害是由于酸雨与粒子起反应而把面层侵蚀。

在喷面上喷一道清漆可增加抗酸雨的能力，新型豪华轿车表面上喷清漆的就有防止酸雨对漆面的损坏作用。

（二）酸雨损伤的修复

酸雨损伤程度不同，表面修复的程序也大不相同。图 6-1-4 给出漆面受酸雨腐蚀造成的三种后果（主要表现为深度不同），其修理方法有差异。

1. 轻微损伤

如图 6-1-4 中 A 所示属于轻微损伤，尚未凹入面层，修复过程如下：

① 清洗受损部位表面。

② 用去蜡除油剂清洗该表面。

③ 用碳酸氢钠溶液清洗表面，达到中和目的，随后彻底清洗即可恢复原有光泽。

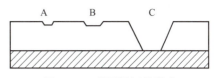

图 6-1-4 酸雨损坏的程度
A—轻微损伤；B—中度损伤；C—严重损伤

2. 中度损伤

如果损坏处凹入面层，如图 6-1-4 中 B 所示。修复过程如下：

① 先按轻微损伤处理至中和。

② 对凹陷处进行抛光。

③ 用 1500 号或 2000 号砂纸和化合物湿磨，如损伤处仍可见，重复用 1200 号砂纸打磨，可达到修复目的。

3. 严重损伤

损伤处已经穿进底层涂料，如图 6-1-4 中 C 所示。修复过程如下：

① 先按轻微损伤处理至中和。

② 用 400～600 号砂纸打磨。

③ 清洗并中和受损区域，然后涂底层涂料，重新喷面漆。

三、表面划痕与擦伤的修理

（一）划痕的修理

汽车漆层一般有几层，所对应的划痕也有深浅，对于较浅的划痕可通过抛光打蜡来解决，对于深度划痕（已涉及底漆层），则需要喷漆处理。

1. 发丝划痕

车身漆面受轻微摩擦而产生的如头发丝般细小的划痕称为发丝划痕，一般用手摸感觉不出凹处。修复发丝划痕的方法如下：

① 用脱蜡洗车液将车体表面洗净、晾干。

② 使用研磨/抛光机配抛光头（白色），转速为 1200～1500r/min。

③ 使用透明微切研磨剂或普通漆抛光剂，并用小块毛巾均匀涂抹于漆面待处理部位。抛光剂不可涂在抛光盘上。

④ 以慢速或中速进行研磨，横向或纵向推进，每次工作面积 $0.5m^2$。研磨一遍后若无效果，可进行第二遍、第三遍，直至研磨剂或抛光剂成干沫状。

⑤ 将抛光剂洗掉、擦净、晾干。

⑥ 用透明漆抛光剂进行抛光，方法与第④步相同。

⑦ 用透明漆、普通漆增光剂或通用还原剂做最后的抛光、还原，方法与第⑥步相同。

⑧ 用防静电海绵清理掉所有残留物。

⑨ 涂以保护性上光蜡（即镀膜产品），用打蜡机进行抛光。

⑩ 如果用强灯微烤后，再做一次抛光效果更好。

2. 微度划痕

比发丝划痕要深，但未穿透色彩漆层的称为微度划痕。修复微度划痕的方法有研磨法、喷涂法两种。

(1) 研磨法

① 用脱蜡洗车液去除车身污垢、残蜡。

② 研磨机配黄色研磨头，转速 1200r/min 左右。

③ 根据划痕深度，选择透明漆中切、深切研磨剂或普通漆微切研磨剂，使用机器研磨，最多打两遍即可。或使用 1500～2000 号砂纸人工水磨，直到划痕消失为止。

④ 重复发丝划痕中的第③～⑩步骤。

(2) 喷涂法

① 用脱蜡洗车液去除车身污垢、残蜡。

② 确定汽车正确的漆号。

③ 电子配漆或找出相应的划痕漆（小瓶装，一般是 30ml 左右）。将配制好的漆倒入微型喷枪。

④ 先将喷枪在废纸上试喷，直到喷射均匀为止。

⑤ 把喷枪放在距划痕约 6mm 处，开始喷漆，以常速沿划痕覆盖式喷涂，不宜过厚。每 2～3min 涂上一层，直到把划痕全部覆盖住为止。

⑥ 将划痕周边溅的漆擦掉。

⑦ 如果是透明漆，应将喷枪的漆罐换上透明漆，然后再覆盖两层。清理、储存好喷枪。

⑧ 漆干后，用 P-115 研磨剂或 2000～2500 号砂纸将新喷的漆磨平。

⑨ 重复发丝划痕中的第③～⑩步骤。

3. 中度划痕

穿透色彩漆层，但未划破中涂漆层的称为中度划痕。修复中度划痕的方法如下：

① 用脱蜡洗车液去除车身污垢、残蜡。

② 用细毛笔、漆笔或喷枪将中涂漆涂在划痕处，1～3 层。

③ 重复喷涂法步骤。

4. 深度划痕

可看到底漆，但未伤及金属的称为深度划痕。

① 用脱蜡洗车液去除划痕中的残蜡。

② 再用 600 号砂纸将划痕的棱角打圆（打圆后再用溶剂清洗一下）。

③ 使用含原子灰的底漆涂于划痕处，1～3 层。

④ 重复中度划痕的治理步骤②和步骤③。

(二) 擦伤的修理

汽车车身被擦伤留下凹坑，暴露出下面的金属板，就必须重新喷涂底漆，然后重新喷涂面漆。修补步骤如下：

① 金属受到严重创伤，须用专用工具进行钣金整形后，用深切研磨剂将整块钣件研磨，除污除锈。

② 用80～150号水砂纸将划痕处磨出7mm左右宽的金属层；用脱蜡液或溶剂将划痕处洗净、晾干。

③ 将速干原子灰覆盖在金属层上；原子灰干后（约30min,不可用灯烤），用400号干砂纸将原子灰打平；再次用脱蜡液洗车将划痕处擦净。

④ 把不喷漆的地方用专用胶纸遮盖住。

⑤ 用喷枪轻轻地喷上两层封闭底漆，然后再喷三层中涂漆，待15min干后（用灯烤5min即可），用600号砂纸将底漆磨平；如果划痕处仍低于漆面，可薄喷涂3～5层中涂漆，并重复清洁步骤；用1500～2000号砂纸将周围部分（凡是圈在贴胶内的）打平，用溶剂擦干净。

⑥ 将调好的色彩漆先薄薄地覆盖住中涂漆，然后用浓漆喷涂3～5层，每层间隔5～10min；用小压力，轻轻地开始向划痕周围处喷洒，每次向外延伸2.5～5cm，直到满意为止。

⑦ 漆干燥后，用中等压力将透明漆喷在划痕修补处，同时向外延伸2.5～5cm，等5～10min后再涂一层。超过上次的延伸线2.5～5cm；如果有必要，可用同样方法涂第三层透明漆。

四、汽车表面锈蚀的修理

锈蚀是由于汽车表面漆层出现裂缝，水分和空气渗透到油漆层的下面，使钢板生锈的结果（图6-1-5）。锈蚀发展下去将会使钢板锈穿。有锈蚀现象发生必须修理，重新补漆，消除产生锈蚀的条件。锈蚀的修理过程如图6-1-6所示。

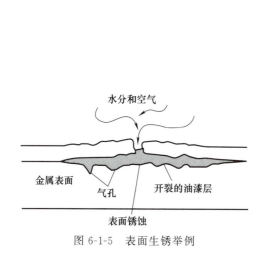

图 6-1-5　表面生锈举例　　　　图 6-1-6　锈蚀的修理过程

（一）表面生锈的修理

对于轻微的表面锈蚀，只需磨去锈层，对金属表面进行必要处理，使之达到重新喷漆的条件，重新喷漆修补即可。

1. 表面准备

① 打磨之前，先用较淡的洗涤液清洗锈蚀处，后用去蜡和除油脂清洗剂清洗，并在锈蚀附近表面粘贴防护条。

②用砂轮打磨锈蚀区的油漆和锈斑。轻型气动砂轮适用于此类打磨。由于打磨会产生火花和砂粒，磨屑应向下飞溅，以防止伤及操作者的脸部。操作时要戴护目镜及防护口罩。

③打磨时，手持砂轮机，在确认砂轮机不会碰及其他物件的前提下，可启动气门让砂轮机旋转。砂轮与被打磨表面应成10°左右角（切勿平行），利用砂轮边缘2～3cm的部分对锈蚀部位进行磨削，清除锈斑。而后，再用砂轮机上的钻孔附件，清除气孔、金属板边缘和其他难以到达的锈蚀部位的锈斑。

④涂装要求较高的或者锈蚀面积较大的，打磨后的裸金属表面应进行磷化处理，喷涂底漆，以提高防腐能力。

2. 涂敷原子灰

①对打磨过的凹陷部位涂敷原子灰，涂层应较薄，但要用力使原子灰进入凹陷内。

②原子灰硬化后，用180号砂纸和打磨垫块磨平。打磨时，应戴防尘面罩。

③用压缩空气吹除打磨的粉末，视表面上凹陷和针孔情况，再涂一层油灰（幼滑原子灰）。待油灰全部干燥后，再打磨。经检查达到要求即可。

3. 喷涂中涂漆和面漆

喷涂中涂漆和面漆见前面章节内容。

（二）小范围锈穿部位的修理

小范围锈穿往往是由于金属板（非涂漆面）锈蚀到一定程度而引起的。当面漆发生隆起现象时，说明金属板已经锈穿，如图6-1-7所示。小孔锈穿的修理方法如下：

1. 对表面进行处理

①使用砂轮机和24号刚性砂轮对锈穿部位打磨，清除锈斑和油漆。用尖锉对锈穿孔修整，清除松散的锈皮，捣碎已锈蚀的金属层，造成一个漏斗形的凹陷，以防止填充剂从孔中漏掉。最后用金属调节剂清洗。

②对于金属的背面，也应清除灰尘和内涂层，将穿孔的反面金属也暴露出来。然后，在反面涂除锈剂。这种除锈剂能与铁锈发生反应，生成一层黑色的聚合物，隔离空气与水分，避免进一步锈蚀。

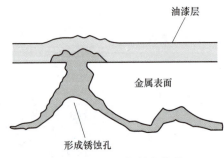

图6-1-7 金属板锈穿情况

③打磨后的裸金属表面应进行磷化处理，喷涂底漆，以提高防腐能力。

2. 涂敷原子灰

①经过金属调节剂清洗之后，锈穿孔产生的微粒中和，然后向锈穿孔内填入防水的含有玻璃纤维的原子灰。填充时用刮板将填料压入孔内（切勿使用带有滑石粉的塑性填充剂，因为它容易吸收水分，形成新的锈蚀源）。

②防水原子灰硬化后，将表面打磨光滑，并用清洁布擦干净表面。

③在已经填充过的孔上面涂一层一般原子灰。但在这一层原子灰尚未完全硬化时，要用粗齿油脂锉修平隆起处。

④原子灰完全硬化后，将修理部位打磨到与金属板表面相同的高度，并形成薄边。

3. 喷涂中涂漆和面漆

喷涂中涂漆和面漆见前面章节内容。

第二节 汽车塑料件的漆装修理

汽车塑料件的漆装修理一般包括以下三方面的作业：塑料件的机械损伤修理、喷漆前的表面处理和喷涂面漆。

一、塑料件的损伤修理

1. 塑料件的损伤与黏结剂

（1）塑料件的损伤　一般来说，塑料件表面的漆面受到损伤总要波及零件本体，使之产生相应的损伤，如划痕、裂纹、擦伤、撕裂、刺穿等。修复损伤漆面，首先要将塑料件修复，使之达到可供喷涂面漆的要求。对于上述损伤的修理，一般都采用化学黏结剂黏结法。

（2）黏结剂

市场上出售的黏结剂是两种原料混合而成的。一种是以环氧树脂或氨基甲酸乙酯为基体与硬化剂混合调均匀使用的黏结剂；另一种是以聚酯为基体与硬化剂混合调均匀使用的黏结剂。两种原料在未投入使用之前必须分开存放。近年来，有超级胶声誉的氰基丙类酸酯以其新颖特性，被逐步运用于塑料的黏结之中。

2. 塑料件损伤的修理

（1）塑料件的划痕和裂纹的修理

塑料件的划痕和裂纹通常采用黏结剂修理。修理工艺如下：

① 用水和塑料清洁剂清洗待修理部位，对待结合表面进行除蜡、除油脂处理。

② 使用黏结剂之前，应将塑料件加热至20℃左右。

③ 将催化剂喷至裂纹一侧，然后在该侧敷好黏结剂。

④ 将划痕或裂纹两侧按原来位置对好，迅速压紧，约1min后即可获得良好的黏结效果。最后，黏结部分应有3～12h的硬化时间，以达到最大的黏结强度。

如果原来油漆没有损坏而且黏结位置准确，不必重新喷漆，但这种情况较少，一般都要重新喷漆。

（2）擦伤、撕裂和刺穿的修理

修理擦伤、撕裂和刺穿的工艺大致如下：

① 用有去除石蜡、油脂和硅树脂功能的溶剂浸湿在布上彻底清除损伤部位的污物，然后擦干净。

② 将擦伤孔边6～10mm宽处磨削成斜面以便于黏结，图6-2-1所示为砂轮磨削的情形。磨削出粗糙表面有利于黏结。如果磨削部位出现滑腻现象，可涂黏结促进剂，以利黏结。

③ 用精细砂轮削去修理部位边缘的油漆，如图6-2-2所示。这种磨削应选用精细的砂轮，使孔边附近3cm左右表面的油漆全部被清除掉。然后进行必要的清洁处理。

④ 对孔边进行火焰处理，改进黏结性能。使用喷灯火焰在斜面处不断移动，使斜面处略呈棕色为止。

⑤ 用去硅树脂和去蜡剂清洗修理部位的背面，然后贴上带有强黏结剂的铝箔和能防潮的胶带，把孔完全覆盖住。

⑥ 按照说明准备黏结材料。大多数黏结剂都分别装在两根管中。在一块金属板面或木

板上分别挤出等量的黏结材料，将它们充分搅拌，混合均匀，待用。

 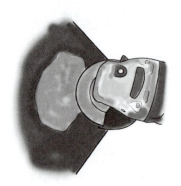

图 6-2-1　用砂轮把损伤部位的边缘削斜　　　图 6-2-2　用精细砂轮削去修理部位边缘的油漆

⑦ 用刮板把混合好的黏结剂分两步填充到孔洞中。第一步填充孔底，第二步将孔洞填平。填充动作要快，因为这种黏结剂在 2～3min 内会固化。填充完毕，硬化 1h 后用粗细砂轮磨去表面的凸点，并清除修理部位的碎屑、灰尘等污物。

⑧ 第二次调好的黏结剂填满修理部位，用刮板刮平整形。待干固后用 80 号砂纸把周围修整出一个粗轮廓，然后再用 180 号和 240 号砂纸打磨，对表面精修。如出现高低不平或针孔，可用填充剂填平。

⑨ 用 320 号砂纸进行最后的精磨。打磨过后清洁修理部位，做好涂面漆的准备。

(3) 塑料件黏结修理工艺流程　见表 6-2-1。

表 6-2-1　塑料件黏结修理的工艺

序号	不同塑料	
	大部分塑料（磨削时产生磨料）	聚乙烯、聚丙烯及类似材料（磨削时熔化和熔流）
1	清洗损伤部位	清洗损伤部位
2	用 80 号砂纸磨	用 80 号砂纸磨
3	用 180 号砂轮把边磨薄	用 180 号砂轮把边磨薄 使用黏结促进剂
4	使用黏结修理材料	使用黏结修理材料
5	用 180 号和 240 号砂轮磨	用 180 号和 240 号砂轮磨 使用黏结促进剂
6	使用软填料	使用软填料
7	用 320 号砂轮磨削	用 320 号砂轮磨削 使用黏结促进剂
8	使用软密封层	使用软密封层
9	用 320 号砂轮摩擦	用 320 号砂轮摩擦 用密封层擦窜可使用黏结促进剂
10	喷漆	喷漆

二、塑料零部件的喷漆准备

通常塑料分为硬塑料（刚性塑料）和软塑料（半刚性塑料）。汽车制造厂提供的塑料备件，有的已经涂过底漆，另外一些未涂底漆。对未涂过底漆的，都应使用专门的塑料底漆、底漆密封剂或乙烯清漆或涂料来提高漆层的黏合力。如果表面不涂底漆，面漆与底板之间就不能牢固地黏合。在车身外面的 ABS 塑料涂敷底层涂料，同样可明显改善黏合性能。

1. 软塑料零部件的处理

对于未涂底漆的软塑料零部件处理方法如下：

① 用一块在水中浸湿的布蘸上去蜡、去油脂和除硅清洗剂清洁整个表面，并擦干。

② 用 320 号砂纸打磨划伤处和用填充剂修补过的表面，吹除灰尘，并用黏性布擦拭。

③ 调制并涂敷 4 层中等干燥的软性腻子。

④ 让表面干燥至少 1h，然后用 400 号砂纸和打磨垫导体进行打磨，再用全盘 400 号砂纸打磨整个表面，清除所有光泽，为涂敷面漆做准备。

2. 聚丙烯塑料零部件的处理

树脂漆打底后便可涂面漆。聚丙烯塑料件表面处理过程如下：

① 用去蜡和除硅清洗剂清洗表面。

② 按照包装说明，涂一层较薄的聚丙烯底漆湿涂层，让底漆快速干燥 1～10min。

③ 在快速干燥时间内，涂一层传统的内部树脂面漆，并让面漆干燥，然后才可以安装这一零部件。

3. 刚性零部件的处理

刚性零部件的处理与玻璃件处理方法相同。

① 对于新零部件，必须用干净的布蘸上酒精擦洗表面。

② 用去蜡、去油脂清洗剂彻底清洗表面。

③ 打磨已暴露出来的玻璃纤维。手磨时，使用 220 号或 280 号砂纸；用磨光机打磨时，用 80～120 号砂纸。

④ 用干净布重新擦干净表面。

⑤ 如果有需要填平的接缝、气穴，应在整个表面上涂一层车身填充剂。干燥之后，再打磨、清洁。最后再涂一层保护层或两层环氧铬酸盐涂料。

⑥ 按照包装上的说明，将腻子涂在表面上。干燥之后用细砂纸磨光，用压缩空气吹除灰尘，用黏性布擦拭干净。

⑦ 涂面漆。

三、塑料件面漆

经过处理之后的塑料件表面，可以涂敷面漆。

1. 汽车塑料件常用的油漆

表 6-2-2 为塑料件常用的油漆。

表 6-2-2 塑料件常用的油漆

塑料代号	塑料名称	标准的挥发漆	柔性的挥发漆和磁漆	聚丙烯漆	乙烯树脂漆	尿烷漆
ABS	丙烯腈—丁二烯—苯乙烯三元共聚物	内部/无底漆 外部/无底漆				
ABS/PVC	ABS/乙烯树脂（软）		内部/无底漆 外部/无底漆		内部/无底漆	
EPI、EPII 或 TPD	EPR 乙烯丙烯橡胶			外部/SP *		
PA	尼龙	外部/底漆				
PC	聚碳酸酯	内部/无底漆				

续表

塑料代号	塑料名称	标准的挥发漆	柔性的挥发漆和磁漆	聚丙烯漆	乙烯树脂漆	尿烷漆
PE	聚乙烯	不许可	不许可	不许可	不许可	不许可
PP	聚丙烯			内部/SP		
PPO	聚苯撑氧	内部/无底漆				
PS	聚苯乙烯	不许可	不许可	不许可	不许可	不许可
PUR、RIM 或 RRIM	热固聚氨酯		外部*			外部
PVC	聚氯乙烯（乙烯树脂）		内部/无底漆 外部/无底漆		外部/无底漆	外部 内部/无底漆
SAN	苯乙烯丙烯腈共聚物	内部/无底漆				
SMC	气塑模化合物（聚酯）	外部/底漆				
UP	聚酯（玻璃纤维）	外部/底漆				
TPUR	热塑性聚氨酯		外部*			外部
TPR	热塑性橡胶		外部*			外部

注：*——规定使用柔性的底漆或添加剂；SP——专用底漆/助黏剂。

大多数硬塑料不涂底漆，面漆就能很好地黏附在其表面上。在半硬性（柔性）塑料的漆层中需要加入"柔性剂"，能使漆层在基体膨胀时具有一定的变形能力而不致脱落或开裂。对于塑料件的喷涂，最好使用一套厂家提供的配套材料，如柔性剂、面漆、内涂层材料、冲淡剂和稀释剂等。

2. 硬塑料件的喷漆

（1）内部硬塑料件的喷漆　硬塑料件（如 ABS）一般不需要喷底漆和腻子。内部塑料件面漆的颜色由车身编码牌上的调整号决定，其面漆主要用丙烯酸漆。各大型油漆厂都向用户提供内部漆图表，包括内部漆的供应号、名称、光泽系数及调整号。

喷涂内部硬塑料件方法如下：

① 用溶剂清洗塑料件表面。

② 按调整号码喷涂一般的内部丙烯酸漆。

③ 按油漆厂规定时间干燥漆层，然后再装到车上。

（2）外部硬塑料件的喷漆　外部硬塑料件一般也不必喷底漆即可喷面漆。但也有个别厂家建议先喷一层底漆再喷面漆的情形。不论哪种情况，喷面漆的方法是相同的。

① 用清洗剂彻底清洗零件表面。

② 喷涂适当颜色的面漆：可选用丙烯酸漆、丙烯酸磁漆、尿烷漆或底层加光亮层漆。

③ 待漆面完全干燥之后，再把零件装到车上。

④ 对玻璃纤维件喷漆之前，应先涂腻子再按照喷涂车身钢板的方法喷面漆。

对原先已喷过气塑模化合物的硬塑件进行局部修理前，需先喷一层助黏剂。操作时用 400 号湿砂纸打磨损坏部位，然后涂底漆、涂助黏剂再喷面漆。

3. 弹性塑料件的喷漆

大多数弹性（半硬）塑料件的漆层中需要加入弹性剂，以使漆面在变形时不致开裂。加入了弹性剂的漆面称为弹性漆层。弹性漆层的喷涂方法如下：

① 用 400 号砂纸彻底打磨整个表面，并用清洁剂清洗整个表面。

② 按照制造厂的规定，将底漆、弹性剂和溶剂混合在一起。混合时，先将底漆与弹性剂混合，再根据车间的温度加入适量的溶剂。

③ 将喷枪压力调到规定值,喷涂足量的双层湿涂层,以便完全遮盖表面。

④ 让底层干燥 30~60min,然后喷涂光亮层,待干燥后,装在车上使用。

4. 塑料件喷漆实例

(1) 聚丙烯保险杠喷漆　聚丙烯零部件喷漆时,由于这种塑料很硬,应先喷一层专门的底漆——内部聚丙烯漆,然后才能喷面漆。

用聚丙烯塑料制成的保险杠如图 6-2-3 所示。聚丙烯保险杠的漆层,要加入黏性剂和柔软剂,且需用聚丙烯专用底漆作内涂层喷面漆,才符合使用要求。喷涂面漆方法如下:

① 用溶剂清洁表面。

② 按制造厂要求,喷涂经过稀释的、混合均匀的聚丙烯底漆,干燥 1~2h,然后喷面漆。

③ 喷涂比例适当(含硬化剂)的丙烯酸磁漆,干燥 8h,确保漆层硬化(由于是硬塑料件,面漆中不加弹性剂)。

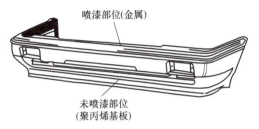

图 6-2-3　用聚丙烯塑料制成的保险杠

④ 采用底层加亮漆层时,应先喷底漆,干后再喷丙烯酸漆,干 15~30min 再喷光亮漆层。

⑤ 受损伤的聚丙烯保险杠重新喷漆如图 6-2-4 所示,聚丙烯保险杠重新喷漆工艺过程见表 6-2-3。

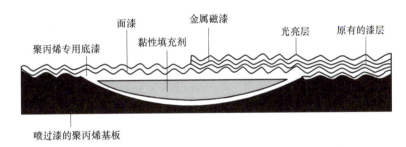

图 6-2-4　对损伤的聚丙烯保险杠重新喷漆

表 6-2-3　聚丙烯保险杠重新喷漆工艺

序号	修复工艺
1	形成薄边
2	喷涂聚丙烯底漆并干燥(整个保险杠)
3	涂敷环氧树脂黏性填充剂并干燥(损坏部位)
4	修理损坏部位
5	喷涂聚丙烯底漆并干燥(修理部位)
6	喷涂面漆
7	喷涂金属漆并干燥

(2) 尿烷保险杠喷漆　尿烷保险杠有两种:经过喷漆的彩色保险杠和经过染色的黑色保险杠。后者由于加入了添加剂,可以防止日晒和雨淋造成的变形。如果对它喷漆,由于添加剂的作用,会使颜色发生变化,故一般不对黑色保险杠喷漆。

彩色尿烷保险杠喷漆过程如下:

① 对邻近部位进行遮盖,用硅溶剂清洗需要修理的部位。

② 在整个表面上涂一层腻子，修理所有的划痕。
③ 用 600 号砂纸湿磨整个表面，重新对整个表面喷漆。
④ 重新喷面漆使用两种成分混合型的丙烯酸尿烷漆，并加入柔软剂。如果喷金属漆，喷涂后应快速干燥 5min，然后再喷涂光亮层。

尿烷保险杠重新喷漆工艺过程见表 6-2-4。

表 6-2-4　尿烷保险杠重新喷漆工艺

序号	修 复 工 艺
1	形成薄边
2	去油和清洗
3	喷涂腻子并干燥
4	打磨
5	再一次去油和清洗
6	喷涂面漆并干燥

（3）乙烯树脂车顶外部的喷漆　乙烯树脂车顶的外部可采用乙烯基漆、丙烯酸漆或乙烯基喷漆喷涂。喷涂方法如下：

① 用漂白型洗涤剂、刷子和足量的水刷洗车顶。再用干净水彻底冲洗车顶和整个轿车外表。
② 用漆面清洁剂充分洗净车顶。
③ 吹除所有缝隙中的灰尘，用黏性布擦拭车顶。
④ 将整个发动机盖和后备箱盖罩上，以免乙烯基漆溅黏在这些表面上。
⑤ 喷漆时，以低气压和较小的喷射直径喷涂带状涂层。
⑥ 按照制造厂的规定增大气压，正常喷射直径从轿车边缘向中心喷涂乙烯基漆。
⑦ 从轿车另一侧，由中心开始向另一侧喷涂湿涂层，使每个行程与上一行程约有 50% 的重叠，以保持漆层湿润。
⑧ 喷涂第二层湿涂层，以便完全遮盖表面。
⑨ 表面再喷一层 200% 稀释的乙烯基漆，经 1h 干燥后，可取下遮盖物，再经 4h 干燥即可投入使用。
⑩ 在乙烯车顶外部可以喷一层透明的保护层，起防水、防尘和抵御阳光、盐、雪等的侵蚀。一般用海绵在表面上抹上薄薄的一层保护层，经 10~20min 干燥即可。汽车上其他乙烯树脂类物件涂有乙烯基漆处都可以涂保护层。

第三节　汽车车身涂装涂膜的缺陷与防治

在汽车车身修复工作过程中或涂装后常产生涂膜缺陷，造成返修和较大的经济损失。涂膜缺陷也称为涂膜病态，指涂膜质量与规定的涂层质量标准相比所存在的毛病、差异及不完整性，或投入使用不久就产生涂膜损坏现象（如产生起泡、失光、锈蚀等涂膜弊病）。

作为一名汽车涂装工作者，应熟知漆膜缺陷的产生原因及其防治方法，积累丰富的实践经验。检验人员常常在修理前和修理后发现车身表面出现各种各样的涂膜缺陷，分析其产生的原因及防治方法是修复涂膜表面的前提。

一、涂膜缺陷的产生

1. 涂料的影响

涂料是形成涂膜的主体。所以，涂料的品质对涂膜影响较大。应特别注意以下问题：

（1）涂料品种选择是否合理；

（2）底面层涂料的相互间配合是否合适；

（3）涂料的品质是否符合规定的质量指标；

（4）涂料中的助剂是否符合要求，如流平剂、消泡剂、催干剂、消光剂等，调配比例是否符合要求。

2. 稀释溶剂的影响

为了调节涂料黏度，必须使用相关的溶剂稀释剂，如二甲苯、乙酸丁酯类。有下列不合格因素可能会产生不良结果。

（1）溶剂中含水量的影响。未经蒸馏或分层处理过的溶剂往往含水，含水量对涂膜质量影响较大，主要有：

① 使漆膜泛白；

② 使大多数涂料的涂膜浑浊；

③ 使 PU 类涂装涂膜出现大面积气泡。

（2）溶剂挥发速度的影响：直接影响到干燥性、流动性等。

（3）设备的影响：光线、压缩机、烘干设备、传动装置等对涂膜均有影响。

（4）涂装工具的影响：喷枪、气泵、毛刷等工具的清洁程度和使用保管对涂膜质量有一定影响。

（5）湿度、温度、清洁状况、光照等对作业及干燥过程的影响。

（6）涂前处理的影响：指金属表面处理，包括底材处理、羽状边打磨、原子灰填补、烘干打磨等。

（7）涂装作业的影响。

① 正确配料：一是按厂家说明严格调配；二是掌握使用时间。

② 加强层间研磨，以消除膜气泡，增加层间附着力，增加涂膜平整度。

③ 经常核对色板、样品，纠正色差。

④ 正确掌握涂料涂布量：涂层厚度的控制对可能出现的气泡、流平性、丰满度和干膜的渗性都有影响。

二、涂膜缺陷的分类

按涂装作业进行过程和存放使用期间出现的缺陷进行分类，主要有三类。

（1）涂装作业时所产生的缺陷：气泡、发白。

（2）涂装作业后在干膜上产生的缺陷：针孔、油窝、桔纹、色差、光泽不良、变色、回沾、散花、粗糙。

（3）存放使用过程中涂膜可出现的缺陷：裂纹、剥落、白斑。

综上所述，针对缺陷产生的原因应采取相应的预防和解决方法，避免产生涂膜缺陷。

三、常见缺陷及防治

1. 气泡

面漆上的气泡形如麻点,中间有小孔,凸出于涂层的表面。在成膜过程中,涂膜表面泡状鼓起,或产生气泡现象,烘干过程中易产生这种缺陷。

主要原因:面漆喷得太厚,或施工黏度偏高,层间的闪干时间太短。此种原因造成的溶剂挥发速度太快,底材、底涂层或被涂面含有(或残留有)溶剂、水分或气体。双组分面漆烘烤前,闪干时间太长。

预防方法:

(1) 使用配套的稀释剂,黏度不宜过高。

(2) 按施工说明时间晾干,温度过高的天气晾干时间可适当延长。涂层烘烤时升温不宜过快。

(3) 被涂面应彻底清洁,干燥处理。

(4) 涂料混合搅拌后应静置15min再喷涂。

补救方法:气泡是涂膜破坏性的弊病,只能铲除,重新进行表面处理,刮原子灰及重新喷涂。

2. 橘纹

涂层表面不均匀,存在程度不一的纹理,看起来像橘子皮。

主要原因:喷涂时喷枪距工件太远;压缩空气压力太低,油漆雾化不好;喷漆的涂层太薄,施工黏度太高。

预防方法:

(1) 选用合适的溶剂,添加流平剂或挥发较慢的高沸点有机溶剂,调整合适的黏度,以改善涂料的流平性。

(2) 调整喷涂气压与出漆量,喷涂距离与走枪速度,选用雾化性能良好的喷枪,使涂料达到良好的雾化。

(3) 延长晾干时间,不宜过早进入高温烘干。

(4) 被涂物应冷却至50℃以下,室温维持在20℃左右。

补救方法:

(1) 待漆膜完全固化后,视橘皮皱纹之严重性,以极细砂纸或粗砂蜡磨去橘皮皱纹。

(2) 严重部分则以细砂纸磨平,并重新喷涂。

3. 白化

涂装过程中和刚喷涂完的涂层表面呈乳白色,涂膜不仅发白,而且像云一样变白无光泽的现象称为白化。发白这种情况,多发生在高湿环境下喷涂挥发性涂料的场合,严重时完全失光,涂层出现微孔。

主要原因:漆内溶剂急速蒸发,使漆面温度降低,导致大气中湿气在漆面凝结,沉入涂膜中致使树脂析出而变白;喷涂场所的空气湿度过高;所使用的稀释剂品质不良,挥发太快;喷涂场所的气温寒冷,尤其是在被涂物的温度低于室温场合;喷漆室内空气流通不良,又缺乏加热设备。

预防方法:

(1) 对喷涂场地进行适当加热,增加干燥度,提高环境温度。

（2）使用品质好的、挥发较慢的稀释剂。

（3）在稀释剂内添加防潮剂，使用量要小，否则会减慢干燥速度。在涂装前使被涂料的温度高于环境10℃左右。

补救方法：

（1）轻微白化——待其空气固化后，再以抛光蜡打磨去除其不良处。

（2）严重白化——在该区域内喷涂慢干稀释剂或防潮剂。

（3）在白化极严重的部位，可能有水分残留在漆膜内，让其干固，湿打磨再重新喷涂。

4. 流挂

流挂现象是小的液滴、小的连珠甚至是一些较大团的油漆沿着垂直的喷漆表面流淌而下形成的漆膜弊病。

主要原因：喷枪的喷嘴太大；喷枪离工件太近或喷枪移动的速度太慢；涂层喷得太厚或太湿。

5. 咬底

咬底一般发生在新喷面漆涂层与旧涂层之间的驳口处或填补过原子灰的中涂层上面。

主要原因：对旧涂层打磨不充分；底漆或原子灰太厚或未干透，底漆、中涂、面漆之间不配套。

总之，涂膜的缺陷多种多样，在涂装工作中只有不断积累经验，总结教训，分清各种缺陷是在什么情况下产生的，才能有效地防治。

参 考 文 献

[1] 周晓飞. 汽车钣金喷漆工入门全程图解. 北京：化学工业出版社，2015.
[2] 宁德发. 图解汽车钣金喷漆一本通. 北京：化学工业出版社，2016.
[3] 汪立亮，章宏. 汽车涂装工快速上岗全程图解. 北京：机械工业出版社，2015.
[4] 汪立亮，章宏. 汽车钣金工快速上岗全程图解. 北京：机械工业出版社，2014.
[5] 王文庆. 汽车涂装. 南京：江苏教育出版社，2013.
[6] 郭有瑞. 车身修复. 南京：江苏教育出版社，2013.
[7] 潘旺林，徐峰. 汽车车身修复入门. 广州：广东科学技术出版社，2012.